Im Haushalt leben

Realschule

von
Cornelia A. Schlieper

Dr. Felix Büchner – Handwerk und Technik · Hamburg

Lösungen

S. 37, Ökologie:
① belastend, langer Transportweg ② belastend, Einwegflasche ③ belastend, überflüssige Pappbanderole ④ umweltfreundlich, kurzer Transportweg ⑤ belastend, Folienverpackung ⑥ umweltfreundlich, kurzer Transportweg ⑦ umweltfreundlich, artgerechte Tierhaltung ⑧ umweltfreundlich, Selberpflücken ⑨ belastend, langer Transportweg ⑩ belastend, langer Transportweg ⑪ umweltfreundlich, Mehrwegflasche ⑫ umweltfreundlich, wiederverwendbare Verpackung

S. 91, Getreide:
① Weizen ② Roggen ③ Hafer ④ Hirse ⑤ Mais ⑥ Reis ⑦ Gerste

S. 114, Kräuter:
① Kerbel ② Rosmarin ③ Thymian ④ Estragon ⑤ Majoran ⑥ Petersilie ⑦ Dill ⑧ Liebstöckel ⑨ Basilikum ⑩ Salbei ⑪ Schnittlauch ⑫ Bohnenkraut

S. 116, Gewürze:
① Paprika ② Wacholderbeeren ③ Zimt ④ Nelken ⑤ Ingwer ⑥ Lorbeer ⑦ Safran ⑧ Curry ⑨ Muskat ⑩ Kümmel ⑪ Pfeffer ⑫ Cayennepfeffer

S. 137, fettreiche Pflanzen bzw. Pflanzenteile
① Ölpalme, ② Sojabohne, ③ Erdnusspflanze, ④ Sonnenblume, ⑤ Oliven, ⑥ Kokospalme, ⑦ Raps, ⑧ Kürbis

Bezugsquelle für Teststäbchen:
Macherey-Nagel GmbH & Co. KG, Postfach 10 13 52, 52313 Düren
Tel. 0 24 21-9 69-0, Fax 0 24 21-9 69-1 99, E-Mail: sales@mn-net.com

ISBN 978-3-582-0**7440**-9

Verlag Dr. Felix Büchner – Verlag Handwerk und Technik G.m.b.H.,
Lademannbogen 135, 22339 Hamburg; Postfach 63 05 00, 22331 Hamburg – 2008
E-Mail: info@handwerk-technik.de – Internet: www.handwerk-technik.de

Umschlaggestaltung: Verlag Handwerk und Technik. Abbildungen s. Bildquellenverzeichnis.

Technische Umsetzung: CMS – Cross Media Solutions GmbH, 97080 Würzburg
Druck und Bindung: B.O.S.S Druck und Medien GmbH, 47574 Goch

Inhaltsverzeichnis

1 Lernbereich Wohnen

- *Was sehe ich, wenn ich mir meine Wohnung vorstelle?*
- *Welche Farben und Formen verbinde ich mit meinen Vorstellungen?*
- *Wie fühlen sich die gewählten Materialien an?*
- *Welche Geräusche höre ich, wenn ich die Fenster öffne?*
- *Was sehe ich, wenn ich aus dem Fenster schaue?*
- *Wonach riecht es in meiner Wohnung?*

Projekt – Wir gestalten unseren Klassenraum

Zielvorstellung: Unser Klassenraum soll so werden, dass uns das Lernen noch mehr Spaß macht.

Ideensammlung:
In Gruppen sammeln wir zunächst Ideen, wie wir unseren Klassenraum ansprechend gestalten können, z. B.:

- Blumen auf den Fensterbänken,
- selbst gemalte Bilder an einer Wand,
- farbliche Gestaltung der Wände,
- Umstellen der Tische.

Vorplanung:
Jede Gruppe wählt sich nun ein Thema und überlegt, wie sie vorgehen will. Bei dieser Planung müssen auch die entstehenden Kosten und der notwendige Zeitfaktor berücksichtigt werden.

Planung des Vorhabens:
In der Klassengemeinschaft stellen nun die einzelnen Gruppen vor, was sie genau machen wollen.

Eine Gruppe berichtet z. B.: „Wir wollen Blumentöpfe farblich gestalten und dann aus selbst gesammelten Blumensamen Pflanzen in diesen Töpfen ziehen. Für die Pflege der Pflanzen erstellen wir einen Plan, der allen zeigt, wer jeweils dafür zuständig ist."

Die Vorhaben der einzelnen Gruppen müssen bei dieser Besprechung aufeinander abgestimmt werden und alle sollen mit der Planung einverstanden sein.

Durchführung des Vorhabens:
Alle Gruppen machen sich nun an die Arbeit und führen gemeinsam die anstehenden Aufgaben durch. Dabei können Kameras oder ein Video genutzt werden, so können die Arbeiten später anderen Klassen vorgestellt werden.

Auswertung des Vorhabens:
Alle Schülerinnen und Schüler werden nach ihrer Meinung gefragt: „Was gefällt dir? Was könnte evtl. noch verbessert werden?"

Nun macht das Lernen in unserem Klassenraum noch mehr Spaß.

Klassenraum vorher

Planungsphase des Projektes

Gruppen bei der Arbeit

Klassenraum nachher

Kommunikationsbereich

Individualbereich

Haustechnischer Bereich

1.1 Wohnbedürfnisse

Wohnen ist ein Grundbedürfnis des Menschen. Kinder bauen sich eine Höhle unter dem Tisch oder wünschen sich ein Zelt im Freien. Junge Menschen drängen aus der komfortablen Wohnung der Eltern in die meist einfachere eigene „Bude". In Wohngemeinschaften ist es neben den Gemeinschaftsaktivitäten wichtig, dass jeder einen Raum hat, in den er sich zurückziehen kann.

Wohnen befriedigt zunächst das Grundbedürfnis des Menschen nach Schutz und Geborgenheit vor äußeren Gefahren, Störungen und Witterungseinflüssen. Darüber hinaus muss die Wohnung folgende Bedürfnisse erfüllen:

- Familienleben und Geselligkeit,
- Erholen und sich zurückziehen können,
- Selbstverwirklichung und individuelle Entfaltung,
- Versorgung der Haushaltsangehörigen.

Aus diesen Wohnbedürfnissen werden folgende Funktionsbereiche einer Wohnung abgeleitet:

Kommunikationsbereich
Hier werden Unterhaltungen miteinander geführt, z.B. Planung von gemeinsamen Unternehmungen, die gemeinsamen Mahlzeiten werden eingenommen, Gäste werden empfangen usw. Hierzu gehören u.a. der Wohn- und Essbereich.

Individualbereich
Der Einzelne möchte sich zurückziehen, erholen und seinen eigenen Interessen nachgehen, z.B. schlafen, Hobbys und ungestört Arbeiten ausführen. Hierzu gehören u.a. der Schlaf-, Spiel- und Arbeitsbereich.

Haustechnischer Bereich
Arbeiten für die Versorgung der Haushaltsangehörigen wie Waschen, Nahrungszubereitung und Hauspflegearbeiten werden in diesen Bereichen ausgeführt. Hierzu gehören Küche, Bad, WC, Abstellraum und Hausarbeitsbereich.

1.2 Suche nach der eigenen Wohnung

Claudia und Sabine haben einen Ausbildungsplatz im Zentrum der Nachbarstadt gefunden. Nun suchen sie dort eine gemeinsame Wohnung. Die Eltern wollen ihnen jeweils einen Mietzuschuss von 150,00 € zahlen. Vor der Wohnungssuche ermitteln Sabine und Claudia ihre Wohnbedürfnisse.

Beantworte die folgenden Fragen für Claudia und Sabine.

Lage der Wohnung innerhalb der Ortschaft/ Stadt
Soll die Wohnung im Orts-/Stadtzentrum oder am Orts-/Stadtrand liegen?

Entscheidungskriterien für die Lage der Wohnung sind u. a.

- störende Einflüsse, z. B. Lärm durch Straßenverkehr, Geruchsbelästigung durch Industrie,
- Anbindung an das Verkehrsnetz, Nebenkosten durch Fahrgelder,
- Entfernung zum Arbeitsplatz, zu Schulen, Einkaufsmöglichkeiten, Dienstleistungsangeboten, kulturellen Angeboten.

Lage der Wohnung innerhalb des Hauses
Wird eine Wohnung im Erdgeschoss benötigt, z. B. für eine gehbehinderte Person?

Welche Himmelsrichtung sollen die Räume haben? Lichteinfall und Wärme werden durch die Himmelsrichtung bestimmt. Wünschenswert wäre: Küche nach Norden, Wohnzimmer nach Süden, Schlafzimmer nach Osten.

Wohnungsgröße
Wie viel Räume werden benötigt bzw. wie groß sollen die Räume sein?

Welche Wohnungsgröße ist erforderlich?

Entspricht der Wohnwert den Kosten und den zur Verfügung stehenden Mitteln?
Wie viel Geld kann monatlich für Miete und Nebenkosten (NK) – Heizung, Strom usw. – eingeplant werden?

Zeitungsanzeigen helfen bei der Wohnungssuche

Aufgaben

1. Lies die Mietgesuche. Welche Zeitungsanzeige könnten Sabine und Claudia aufgegeben haben?
2. Lies die Mietangebote. Welche Wohnung könnte für Sabine und Claudia geeignet sein?
3. Welche Angaben müssen in einer Immobilienanzeige enthalten sein, damit der Leser über das Angebot informiert ist?
4. Welche Anzeigen enthalten keine ausreichenden Informationen?
5. Entwirf ein Mietgesuch für Sabine und Claudia für eine Zeitungsanzeige. Die 2-Zimmer-Wohnung soll in einer Nebenstraße im Stadtzentrum liegen. Die Miete darf pro Monat höchstens 300,00 € einschließlich Nebenkosten betragen. Der Umzug soll in den Sommerferien erfolgen.

IMMOBILIENMARKT

Mietgesuche

Eine verzweifelte Familie hat einen Hund und eine Katze und findet keine Wohnung, 3½–4-Zimmer-Whg., 475,– € warm, ges., Tel. …

2-Zim.-Whg. m. Bad u. Balkon im Norden v. sehr ruh., alleinst., berufst. Dame dring. ges., Tel. …

Kinderloses Ehepaar sucht 3-Zi.-Whg. zum 1.8., Tel. …

Fam. m. 2 Kind. sucht in ECK od. näherer Umgebg. 4-Zi.-Whg. od. Haus m. kl. Garten zu mieten, Chiffre …

3- bis 4-Zim.-Altb.-Whg., im Zentrum gesucht. Sbd. ab 16 Uhr, Tel. …

500,– Belohnung! Jg. Ehep. su. zum 1.10. 2½–3-Zi.-Whg. oder Halbhs. mit Balkon od. Garten, bis 250,– warm (Stadtrand/Land), Chiffre …

Suche für meine Tochter 1–2-Zim.-Whg. bis 300,– € warm, z. 1.8. od. später, Chiffre …

Jg. Fam. sucht kl. Haus od. Whg. ca. 80 m², mit Garten, bis 450,– €, bis 15 km Umkreis, Tel. …

Handwerker sucht Hauswartwhg., neben- od. hauptberuflich, Tel. …

Jg. Paar su. 2–3-Zi.-Whg. z. 1.7., bis 350,– € warm, Tel. …

Vermietungen

2-Zim.-Whg., Kü., Bad, WC, Diele, 64 m², 350,– € + NK/MSH z. 1.7. frei
Eichinger Whg.-Vm., Tel. …

3-Zim.-Whg., Vollbad, Hzg., 90 m², 1. Etg., Balkon, Nh. Bahnhofstr. 430,– € u. Hzg., zu verm., Chiffre …

STADTNAH – IM GRÜNEN, 5 km z. Bahnhof, exkl. mod. 3-Zim.-Whg., Einzelhs., mit gemütl. kl. Garten, ruh. Bestlage, 75 m², ab 1.8. zu verm., 500,– € + NK, Chiffre …

City, 3-Zi.-Whg., 89 m², 425,– € warm, Garage 90,–, Tel. …

Top-Lage
Nachmieter f. mod. sonn. 2-Zi.-Whg., 70 m², große Einbaukü., Bad, WC, Fernhzg., Teppichbod., Fahrstuhl, Möllingstr. 2, 6. OG, schöne Aussicht, 450,– € + NK, ab 19 Uhr, Tel. …

4½-Zi.-Komf.-Whg., gr. Balkon, in ruh. schöner Lage zu verm., Chiffre …

3-Zi.-Whg. mit Du., 350,– € kalt + NK, Zentr., Chiffre …

3-Zim.-Whg., 66 m², Kü., Bad, Zhzg., geg. nebenberufl. Hausw'dienstleistung verbill. an Ehep. sof. zu verm. Tel. …

1-Zimmer-Wohnung, ca. 38 m², zum 1.7. zu vermieten. Miete: 278,60 € zuzüglich Heiz- u. Nebenkosten.
Angebote ab Montag, Tel. …

Zi. in WG für Mädchen frei, ab Montag, Tel. …

2-Zi.-Whg., m. sonn. Balk., Bad, ruh. Geg., II. Etg., zu verm., Tel. …

Nachmieter z. 1.8. ges., 395,– €, 3-Zi.-Whg., 63 m², Tel. …

Abkürzungen – Beispiele: Whg. – Wohnung / Zi. – Zimmer / Etg. – Etage / Balk. – Balkon / WG – Wohngemeinschaft / exkl. – exklusive / Hzg. – Heizung / KM – Kaltmiete / NK – Nebenkosten / Kaut. – Kaution

Mietvertrag

Der (Die) Vermieter ______________________________

____

wohnhaft in ______________________________

und der (die) Mieter ______________________________

____

schließen folgenden Mietvertrag:

§1 Mieträume

1. Im Hause ______________________________
   (Ort, Straße, Haus-Nr., Etage)
   werden folgende Räume vermietet:
   ___ Zimmer, ___ Küche/Kochnische, ___ Bad/Dusche/WC, ___ Bodenräume/Speicher Nr.: ___,
   ___ Kellerräume Nr.: ___
   ___ Garage/Stellplatz Nr.: ___, ___ Garten, ___ gewerblich genutzte Räume
2. Der Mieter ist berechtigt, Waschküche, Trockenboden/Trockenplatz, ______________ gemäß der Hausordnung mitzubenutzen.
3. Dem Mieter werden vom Vermieter für die Mietzeit ausgehändigt:
   ___ Haus-, ___ Wohnungs-, ___ Zimmer-, ___ Boden-/Speicher-, ___ Garagenschlüssel

Der Mietvertrag ist bindend für Vermieter und Mieter, deshalb muss der Vertrag genau gelesen werden. Alle Vereinbarungen sollten schriftlich gemacht werden.

Die Miete setzt sich zusammen aus Kaltmiete, Nebenkosten (Betriebskosten) und Heizungskosten. Daneben können einmalige Zahlungen für Makler/Mietsicherheit beim Bezug der Wohnung entstehen.

Die **Kaltmiete** wird pro m² Wohnfläche berechnet. Sie wird bestimmt durch Lage, Alter des Wohnhauses, Ausstattung und Größe der Wohnung. Der örtliche Mietspiegel bietet eine Vergleichsmöglichkeit, ob die Miethöhe angemessen ist.

Nebenkosten: Hierzu gehören die Gebühren für Müllabfuhr, Straßenreinigung, Wasser, Treppenhausbeleuchtung usw. Sie sind im Mietvertrag geregelt.

Sozialwohnungen (öffentlich geförderter Wohnungsbau): Die Wohnungen wurden mit staatlichen Mitteln gebaut. Die Miethöhe ist gesetzlich geregelt. Zum Bezug einer Sozialwohnung benötigt man einen Wohnberechtigungsschein, den man bei der örtlichen Gemeinde beantragen kann.

1.3 Räume werden unterschiedlich genutzt

Aufgaben

Lies den Text.

1. Wie werden die verschiedenen Räume bei der Familie Steinmann genutzt?
2. Welche Vorteile bzw. Nachteile haben die verschiedenen Familienmitglieder durch diesen Zimmertausch?
3. Welche weiteren Probleme haben die Steinmanns bei der Wohnungswahl nicht bedacht?
4. Mache weitere Vorschläge für die bessere Nutzung von Räumen, z. B. andere Zimmereinrichtung
5. Familie Hanse zieht mit ihrer Tochter in die Wohnung, vgl. Grundriss S. 13.

   Mache Vorschläge für die Nutzung der Räume.

   Zeichne die Grundrisse im Maßstab 1:50 in dein Heft:
   a) Schlafzimmer:
      Länge 4 m und Breite 2,5 m,
   b) Kinderzimmer:
      Länge 5 m und Breite 3,6 m
      (1 m ≙ 2 cm).

   Wie werden die Räume wohl genutzt?

Frau Steinmann wohnt mit ihrem Mann und dem kleinen Sohn in einer Neubausiedlung bei Köln in einer typischen Etagenwohnung im dritten Stock zur Miete. Als Besuch kommt, meldet sich Patrick aus dem Kinderzimmer: „Guck mal, was ich gebaut habe!" Das Kinderzimmer ist ein heller 18 m^2 großer Raum mit riesiger Spielfläche. Die Familie Steinmann hat eine übliche Etagenwohnung gemietet, aber nicht in üblicher Weise genutzt. Die Eltern schlafen in dem gut 10 m^2 großen „Kinderzimmer".

Die Familie hat den Zimmertausch vor drei Jahren vollzogen, Patrick war vier Jahre alt. „Das Zimmer war einfach zu klein für ihn", erklärt Frau Steinmann. „Nachdem wir Bett und Schrank aufgestellt hatten, blieb überhaupt kein Platz mehr zum Spielen. Und unser Junge bringt oft Freunde mit."

Als die Steinmanns einzogen, haben sie es zunächst „wie alle anderen" gemacht: die Schlafzimmermöbel in dem als „Elternschlafzimmer" ausgewiesenen Raum aufgebaut, dem Sohn das als „Kinderzimmer" bezeichnete Zimmer gegeben.

„Mir ist das heute unverständlich", sagt die Mutter, „aber so ist es halt: Man handelt einfach gedankenlos. Man denkt gar nicht nach über die Wohnbedürfnisse der einzelnen Familienmitglieder. Wenn das Kind dann seine Spielsachen überall hinträgt, dann schimpft man und nennt es unordentlich."

Dass die Schlafzimmerschrankwand jetzt in Patricks Zimmer steht, nehmen die Eltern bewusst in Kauf. Es kommt schon einmal vor, dass man sich nachts in das Zimmer des Sohnes schleichen muss, um ein Kleidungsstück zu holen: „Aber wir haben das Für und Wider des Zimmertauschs gegeneinander abgewogen. Entscheidend ist doch, dass ein Kind, das ohne Garten und ohne guten Freispielplatz aufwächst, sich wenigstens innerhalb der Wohnung etwas entfalten kann." Jetzt hat Patrick einen großen Maltisch.

Was er auf dem Boden aufbaut, kann stehen bleiben bis zum nächsten Tag. Ein Kind, das dauernd Spiele abbrechen muss, wird nicht nur ungehalten, es wird darüber hinaus nervös und unkonzentriert.

Probleme ergeben sich auch aus der Tatsache, dass der Sohn über dem Schlafzimmer der älteren Mieter in der zweiten Etage spielt.

In der Mittagspause muss die Mutter Patrick in die Küche oder ins Wohnzimmer holen. Frau Steinmann betont, dass sie für ihr Kind keine Ideallösung gefunden hat, sondern nur „die beste unter den möglichen".

Im Falle eines berufsbedingten Umzugs würde sie sich bemühen, eine Parterrewohnung zu finden: „Nicht zuletzt auch deswegen, weil Kinder, die unten wohnen, erwiesenermaßen viel häufiger an die frische Luft gehen."

Ob die Steinmanns ihre Traumwohnung finden?

Aufgaben

Durch Lärmbelästigung kommt es oft zu Streitigkeiten in einer Hausgemeinschaft. Diskutiert in der Klasse, ob es sich jeweils um eine zumutbare oder unzumutbare Lärmbelästigung handelt:

a) Patrick spielt in der Mittagspause in seinem Zimmer über dem Schlafzimmer der älteren Mieter in der zweiten Etage.

b) Familie Schulze feiert abends mit Freunden. Laute Musik, Gesang, Tanzgeräusche und Unterhaltung dringen durch die geöffneten Fenster in das Schlafzimmer von Familie Meier. An Schlaf ist nicht zu denken.

c) Familie Meier will das Wohnzimmer neu tapezieren. Nach Dienstschluss beginnen die Arbeiten: Sie tapezieren, klopfen, bohren, sägen, streichen.

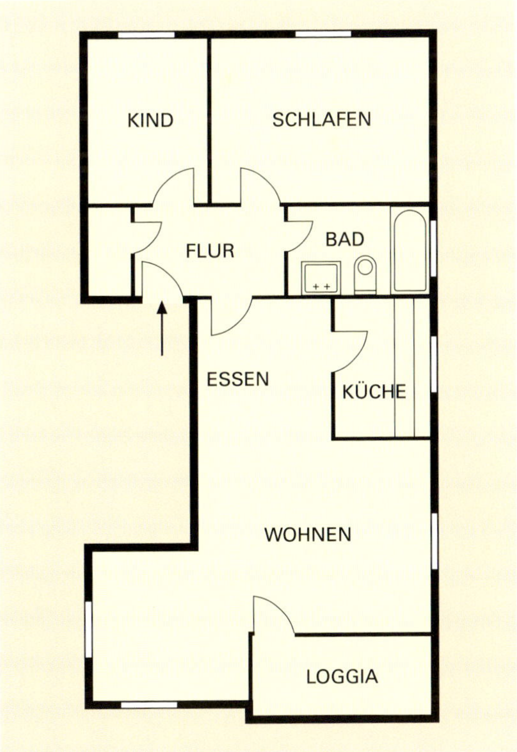

Beurteilung von Wohnungsgrundrissen

Aufgaben

1. Übertrage die Tabelle auf S. 15 in dein Heft.
2. Bildet Gruppen. Tragt für Sabine und Claudia jeweils Vor- und Nachteile für eine der drei Wohnungen in eine Tabelle ein.
3. Vergleicht anschließend eure Ergebnisse. Stellt fest, ob eine der drei Wohnungen in dem Mietshaus den Bedürfnissen von Sabine und Claudia entspricht.

Da Sabine und Claudia bisher keine passende Wohnung gefunden haben, gehen sie zu einem Wohnungsmakler. Er zeigt ihnen den Grundriss einer Etage in einem Mietshaus. Insgesamt sechs Wohnungen befinden sich hier. Die Wohnungen 1, 3 und 5 sind bereits vermietet. Die Wohnungen 2, 4 und 6 stehen noch leer. Claudia und Sabine wollen feststellen, ob eine dieser Wohnungen für sie geeignet sein könnte. Ihre übrigen Wohnbedürfnisse, z. B. Lage der Wohnung innerhalb der Ortschaft, werden mit diesem Angebot weitgehend erfüllt. Auch die erforderliche Miete können sie aufbringen.

Wohnungsgrundrisse informieren – maßstabgetreu verkleinert – über die Größe und Anzahl der Räume und über die Raumzuordnung. Es ist auch zu erkennen, nach welcher Himmelsrichtung die Räume liegen. Fenster und Türen sind ebenfalls eingezeichnet. Außerdem kann festgestellt werden, in welcher Richtung die Türen zu öffnen sind.

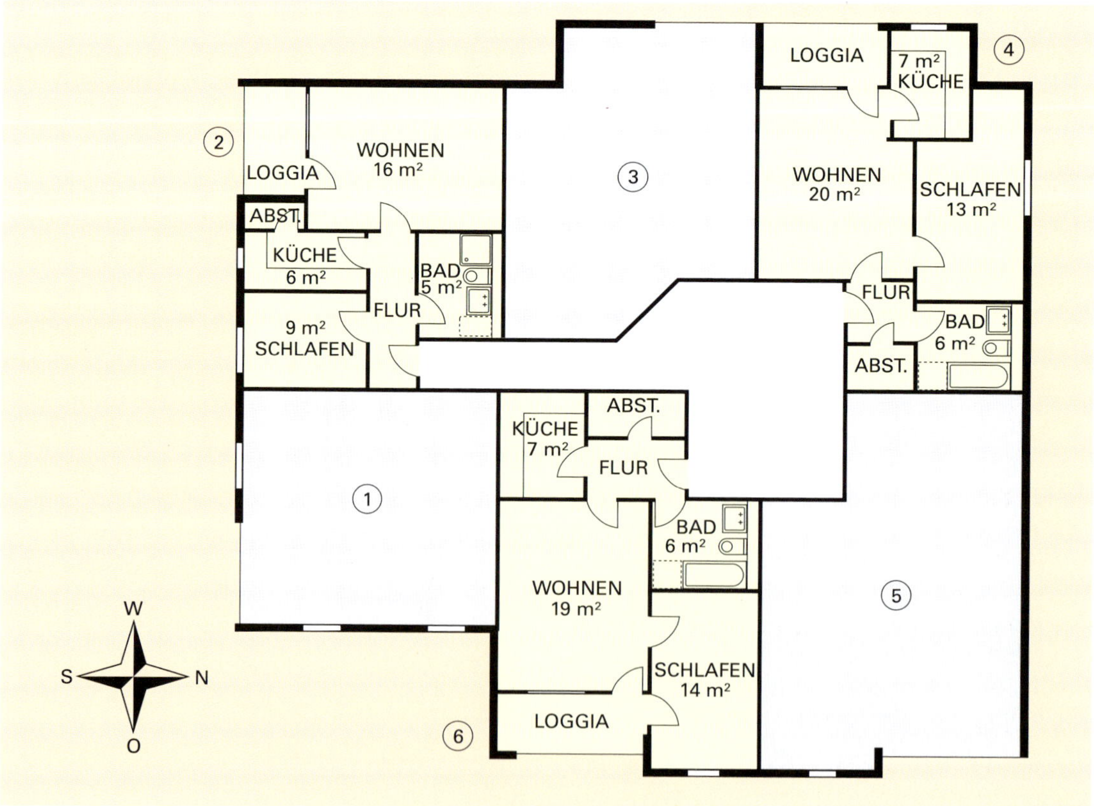

Kriterien	Küche	Bad	Raum 1	Raum 2
Himmelsrichtung der Räume	?	?	?	?
Fenster	?	?	?	?
Größe der Räume	?	?	?	?
Lage der Räume zueinander	?	?	?	?
Nutzung der Räume	?	?	?	?
Ausstattung	?	?	?	?
Sonstiges	?	?	?	?

Forderungen an die Raumzuordnung und Raumproportionen

- Das Bad sollte neben den Schlafzimmern liegen, um die erforderlichen Wege zu verkürzen.
- In größeren Wohnungen ist ein zweites WC wünschenswert bzw. Bad/Dusche und WC sollten getrennt sein.
- Küche und Essplatz sollten miteinander verbunden sein, damit bei den Mahlzeiten nicht zu lange Wege zurückzulegen sind. Falls kleinere Kinder im Haushalt leben, sollte der Weg zwischen Küche und Kinderzimmer möglichst kurz sein. Evtl. lässt sich auch eine Spielecke im Essbereich einrichten.
- Ein Abstellraum ist wünschenswert. Je nach der Nutzung (Aufbewahrung von Reinigungsgeräten, Vorräten) sollte er eine zentrale Lage innerhalb der Wohnung haben oder sich möglichst in der Nähe der Küche befinden.
- Das Schlafzimmer sollte getrennt vom Wohnraum liegen. Durchgangszimmer sind ungünstig, da sie nur begrenzt genutzt werden können. Alle Räume sollen also vom Flur bzw. der Diele zu erreichen sein.
- Raumproportionen sind ebenfalls zu beachten. Lange schmale Räume sind schwer zu nutzen.

Türen und Fenster sollten so angeordnet sein, dass die Stellwände für Schränke usw. bis in die Ecken genutzt werden können.

Eine starre Trennung in Wohn- und Schlafbereich sollte vermieden werden. Die Räume sollen nicht nur für Grundfunktionen, sondern auch für Zusatzfunktionen zur Verfügung stehen.

Deshalb sollten die Räume umfunktioniert werden können, z. B.

- Schlafzimmer mit einem Arbeitsplatz,
- Esszimmer in ein weiteres Kinderzimmer,
- optische Trennung des Kinderzimmers durch eine Schrankwand in zwei Bereiche.

Empfohlene Mindestgrößen für verschiedene Räume	
Wohnzimmer	18 m^2
Wohnzimmer mit Essplatz	20 bis 24 m^2
Essplatz	6 bis 8 m^2
Zimmer für zwei Personen	14 bis 18 m^2
Zimmer für eine Person	8 bis 10 m^2
Küche	8,5 bis 12 m^2
Bad mit WC	4 bis 6 m^2
WC	1,5 m^2
Abstellraum	1 bis 2 m^2
Balkon	7 m^2

1.4 Gestaltung von Wohnräumen

Einrichtung eines Jugendzimmers

Aufgaben

Claudia und Sabine haben ihre Wohnung gefunden.

1. Beurteile die Größe der verschiedenen Räume und die Raumzuordnung.
2. Entwirf ein Schreiben für Claudia und Sabine, in dem sie ihren Wunsch mitteilen, die Wohnung zu mieten.
3. Erstelle eine Tabelle:
   In ihrem Zimmer will Claudia
   - schlafen,
   - Musik hören usw.

   Hierfür benötigt Claudia
   - Bett
   - usw.

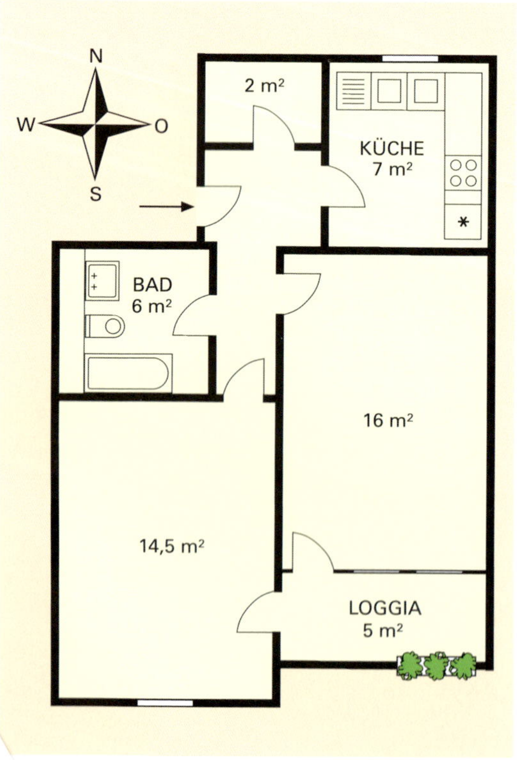

Ein Jugendzimmer bzw. ein Zimmer in einer Wohngemeinschaft ist ein Mehrzweckraum. In diesem Raum sollen unterschiedliche Wohnfunktionen möglich sein: z. B. schlafen, Schreibarbeiten erledigen, in der Freizeit einem Hobby nachgehen, Musik hören, lesen, Geselligkeit pflegen, z. B. Feste feiern. Gleichzeitig ist dieser Raum für diese unterschiedlichen Funktionen meistens knapp bemessen. Dieses Problem lässt sich oft nur lösen, wenn Einrichtungsgegenstände mehrere Funktionen erfüllen, z. B. Liege nachts als Schlafgelegenheit und tagsüber als Sitzgelegenheit.

Claudia möchte ihr neues Zimmer möglichst kostengünstig und wohnlich einrichten. Bettcouch, Schrank und Arbeitstisch will sie von zu Hause mitnehmen. Alle zusätzlich benötigten Möbel, Lampen, Vorhänge und Teppichboden usw. will sich Claudia nach und nach ihren eigenen Wünschen entsprechend beschaffen.

Claudia überlegt gemeinsam mit Sabine, wie sie die vorhandenen Möbel in ihrem neuen Zimmer aufstellen könnte. Sabine schlägt vor: „Zeichne den Grundriss von deinem Zimmer auf ein Stück Papier, so kannst du später durch Hin- und Herschieben der Möbelsymbole unterschiedliche Möblierungsmöglichkeiten beurteilen."

Claudias Zimmer hat folgende Maße:
Länge: 4,8 m, Breite: 3 m, Fläche: ca. 14,5 m^2

Die **Breite der Zimmertür** beträgt 70 cm. Links neben der Tür ist ein Abstand von 15 cm zur Wand, die Tür wird nach außen geöffnet.

Die **Breite der Balkontür** beträgt 80 cm. Rechts neben der Tür ist ein Abstand von 80 cm zur Wand, die Tür wird nach innen geöffnet.

Die **Fensterbreite** beträgt 1 m. Das Fenster liegt genau in der Mitte der Wand.

Vorhandene Möbel

Arbeitstisch
1,00 x 0,70 m

Kleiderschrank
1,20 x 0,60 m

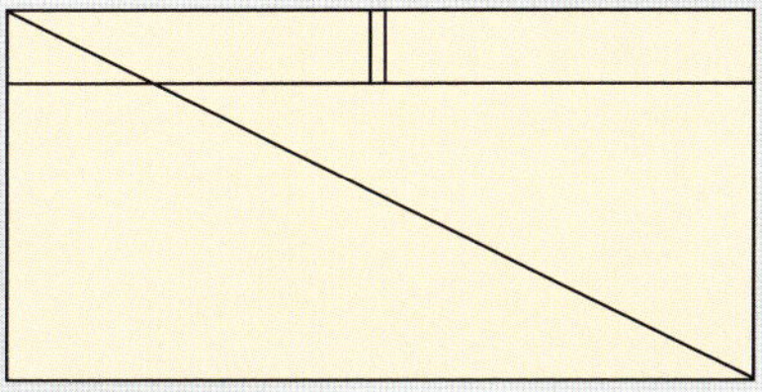

Bettcouch
2,00 x 1,00 m

Aufgaben

1. Zeichne den Grundriss von Claudias Zimmer in dein Heft. Benutze den Maßstab 1:50 (1 m ≙ 2 cm).

2. a) Zeichne die vorhandenen Möbel im Maßstab 1:50 auf ein Blatt Papier. Schneide die Symbole für die Möbel aus.

   b) Versuche durch Hin- und Herschieben eine besonders günstige Anordnung der Möbel in Claudias Zimmer herauszufinden.

   c) Ergänze die Einrichtung in Claudias Zimmer. Stelle dir dabei folgende Kontrollfragen:
   - Welche Einrichtungsgegenstände benötigt Claudia evtl. zusätzlich für Schlafen, Arbeit, Freizeit?
   - Bleibt genügend Platz zum Bewegen?
   - Sind die entstehenden Kosten zu verwirklichen?

3. Welche Einrichtungsgegenstände – Fensterdekorationen usw. – können selbst gefertigt werden?

4. Beurteile unten stehendes Möbelangebot.

Modernes Jugendzimmer
Kiefer-Nachbildung
nur 349,00 €

Aufbaujugendzimmer
Echt Kiefer
Sonderpreis 999,00 €

Fundgrube
Jugendzimmer
4-teilig, gut erhalten
günstig abzugeben

Farben und Muster verändern den Raum

Aufgaben

1. Zeichnet vier Räume, vgl. die Abbildung unten.
2. Wählt Farben und Formen für Decke und Wände, die den Raum
   a) höher,
   b) niedriger
   erscheinen lassen.
3. Wählt Farben und Formen für Decke und Wände, die den Raum
   a) weiter,
   b) enger
   erscheinen lassen.
4. Sammelt Bildmaterial von Wohnräumen aus Katalogen. Nennt aufgrund dieser Bilder
   a) kalte Farben, die den Eindruck von Ferne vermitteln,
   b) warme Farben, die Nähe ausdrücken,
   c) harmonische Farben,
   d) Farben, die einen Hell-Dunkel-Kontrast ergeben.
5. Vergleicht und beurteilt eure Raumgestaltungen.
6. Hennings Zimmer liegt in Richtung Osten und ist verhältnismäßig niedrig. Macht Vorschläge für Farben und Formen, die den Raum wärmer und höher wirken lassen.

Bei der Gestaltung von Wänden, Decke und Fußboden muss beachtet werden, dass Farben und Formen – Muster – wichtige Faktoren bei der Wohnraumgestaltung sind.

Farben und Muster können einen Raum optisch verändern, sie heben Flächen hervor oder drängen sie zurück. Der Raum wirkt größer, kleiner, schmaler, enger, breiter, höher oder niedriger.

Die Wirkung der Farben ist jedoch gleichzeitig von dem farblichen Umfeld abhängig, z.B. wirkt Gelb auf einem schwarzen Hintergrund kräftiger als auf einem weißen.

Senkrechte Linien lassen einen Raum höher erscheinen, waagerechte Linien machen ihn optisch breiter.

Farben und Muster sollen zu den Einrichtungsgegenständen passen. Auch die Lichtverhältnisse sind zu berücksichtigen. Für sonnige Räume sollten kühle Töne und für dunkle, sonnenarme Räume warme, helle Töne ausgewählt werden.

Jede Farbgebung und Musterung sollte vorsichtig vorgenommen werden. Muster und Farben sind häufig der „Mode" unterworfen, man „sieht sie sich schnell über". Grundsätzlich gilt: Für alle Räume, in denen man sich länger aufhält, sollten unaufdringliche Farben und Muster gewählt werden.

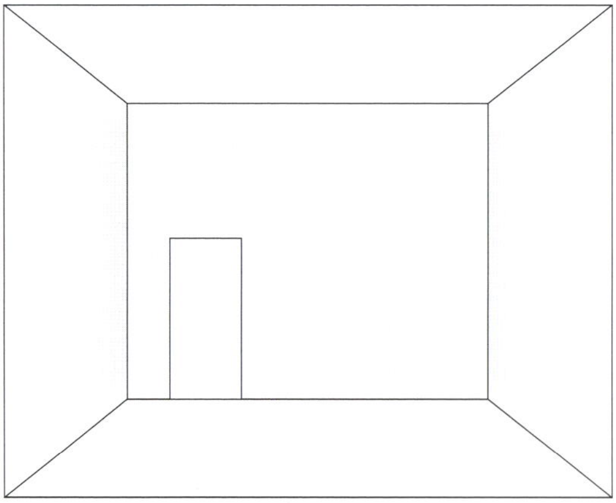

Hohe Räume erscheinen niedriger, wenn
- für die Decke und den Fußboden dunkle bzw. kräftige Farben gewählt werden,
- quer gestreifte oder entsprechend gemusterte Tapeten verwendet werden.

Niedrige Räume erscheinen höher, wenn
- Tapeten mit senkrechten Streifen oder Mustern gewählt werden,
- für die Decke helle Farben genommen werden.

Kleine Räume erscheinen größer, wenn
- ein heller Anstrich oder
- eine Tapete mit kleiner Musterung gewählt wird. Für kleine Räume eignen sich weder Tapeten mit auffälliger Musterung noch dunkle Farbanstriche.

Große Räume wirken kleiner, wenn
- ein dunkler Anstrich oder
- eine Tapete mit großer Musterung ausgesucht wird. Bilder kommen dabei allerdings kaum zur Geltung.

Schmale Räume wirken kürzer, wenn
- die Stirnwand einen dunklen Farbanstrich bzw. eine dunkle oder quer gestreifte Tapete erhält.

Dunkle Räume werden durch leuchtende Farben freundlicher.

Helle Räume mit voller Sonneneinstrahlung können durch kühle Farben einen Ausgleich erhalten.

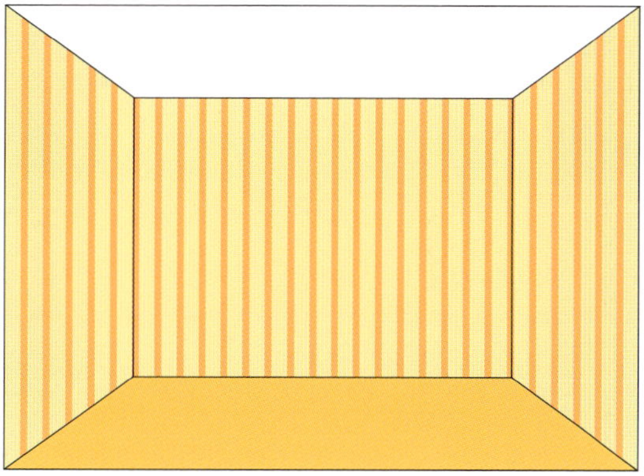

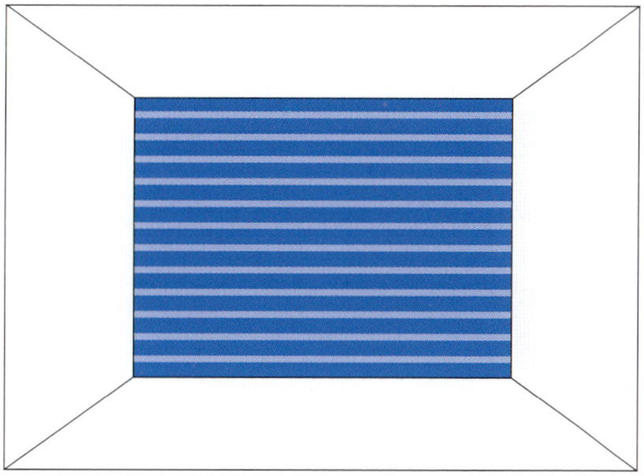

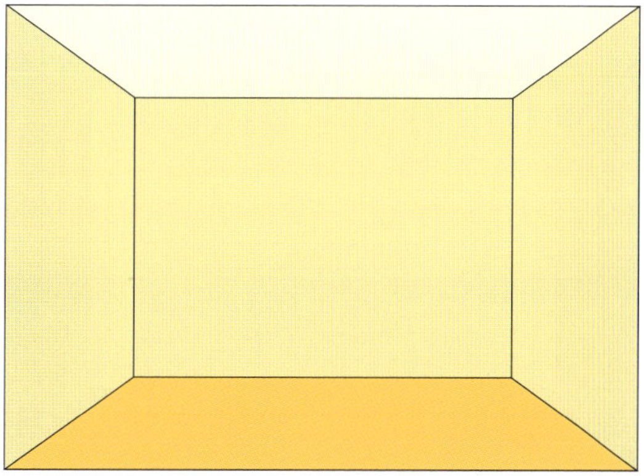

Aufgaben

1. Betrachte die vier Abbildungen.
   a) Beschreibe jeweils die optischen Veränderungen durch Farbe und Muster, z. B.: Der erste Raum wirkt …
   b) Nenne Räume, für die die jeweilige Raumgestaltung angemessen ist.
2. Erstellt Wandzeitungen zum Thema „Raumgestaltung durch Farbe und Muster“.

1.5 Einrichtung von Küchen

Arbeitsbereiche in der Küche

Mit der optimalen Einrichtung von Küchen haben sich nicht nur Innenarchitekten, sondern auch Normungsinstitute beschäftigt. Grundsätzlich unterscheidet man folgende Arbeitsbereiche bei der Küchenplanung:

- **Vorbereitungsbereich:** Arbeitsplatz zwischen Spüle und Herd
- **Kochbereich:** Herd mit Backofen und Stellfläche rechts und links daneben
- **Spülbereich:** Spüle, die Stellfläche rechts davon und die Abtropffläche links davon
- **Vorratsbereich:** Kühlschrank und weiterer Schrank zum Aufbewahren von Vorräten.

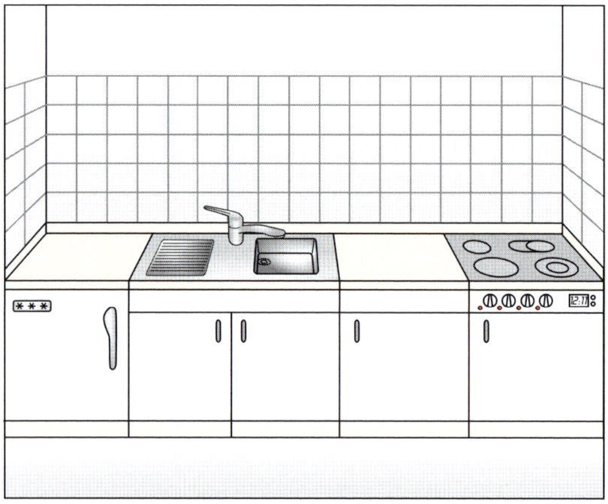

Kochnische

Anordnung der Arbeitsbereiche

Um Wege und so auch die Arbeitszeit zu verkürzen, sollten die Grundelemente der Kücheneinrichtung für Rechtshänder in folgender Reihenfolge von rechts nach links aufgestellt werden:

- kleine Abstellfläche, mindestens 30 cm breit
- Herd, meist 60 cm, besser 90 cm breit
- Arbeitsplatz, mindestens 60 cm breit
- Spüle, möglichst Doppelspüle, 120 cm breit, falls keine Geschirrspülmaschine vorhanden ist
- Abtropf- und Abstellfläche, mindestens 60 cm breit

Wenn drei Mahlzeiten pro Tag in der Küche zubereitet werden, sind entsprechende Wegstrecken zurückzulegen. In der oben angegebenen Reihenfolge entstehen die kürzesten Wege, der beste Arbeitsablauf ist so möglich.

Für Linkshänder sollten die Arbeitsbereiche in umgekehrter Reihenfolge angeordnet sein.

Weitere Maße in der Küche

Die Tiefe der Arbeitsflächen über den Unterschränken beträgt 60 cm. Darüber angebrachte Oberschränke sind 35 cm tief, so kann auf der Arbeitsfläche ungehindert gearbeitet werden. Der Mindestabstand zwischen Arbeitsfläche und Unterkante der Oberschränke sollte 50 cm betragen.

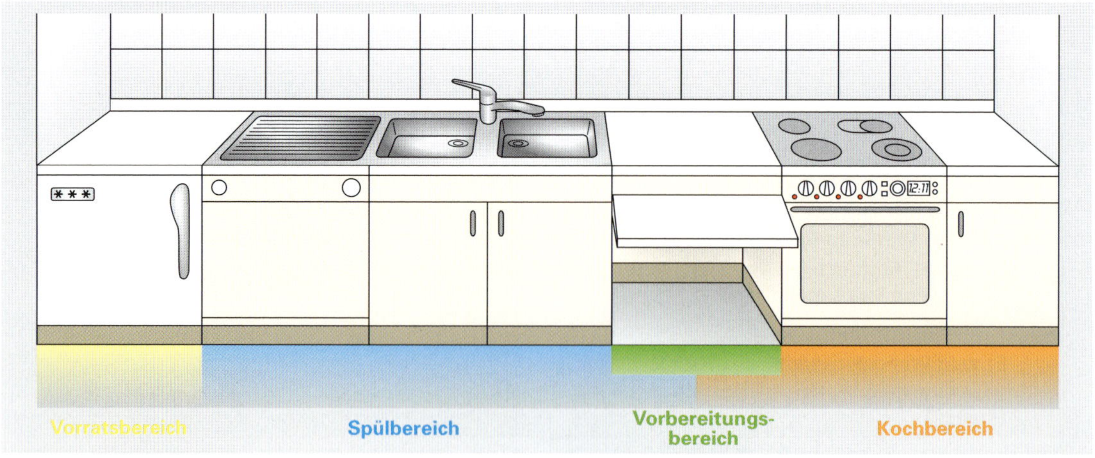

Einzeilige Küche

Küchenformen

Je nach der Anordnung der Arbeitsbereiche werden folgende Küchenformen unterschieden:

- **Einzeilige Küche** – sie ist für schmale Räume geeignet.
- **Zweizeilige Küche** – sie ist für Räume geeignet, bei denen Tür bzw. Fenster an der Schmalseite des Raumes liegen. Der Abstand zwischen beiden Küchenzeilen sollte 1,20 m betragen. Nur so ist bei geöffneten Türen oder Schubladen noch genügend Bewegungsfreiheit gewährleistet. Bei dieser Lösung braucht man sich bei der Arbeit zwischen Arbeitsplatz und Spüle und Herd nur umzudrehen.
- **L-förmige Küche** – sie eignet sich für Räume, in denen die Küchenzeile über einen Querschenkel verlängert werden muss. Hier bleibt evtl. noch Platz für einen Essplatz. Er darf jedoch nicht im Weg sein.
- **U-förmige Küche** – sie ist für größere quadratische Räume geeignet. Für größere Haushalte kann eine U-förmige Küche ausreichend Arbeits- und Schrankflächen bieten.
- **Inselformen** – in großen Küchen kann das Gar- und Vorbereitungszentrum als Insel gestaltet werden.

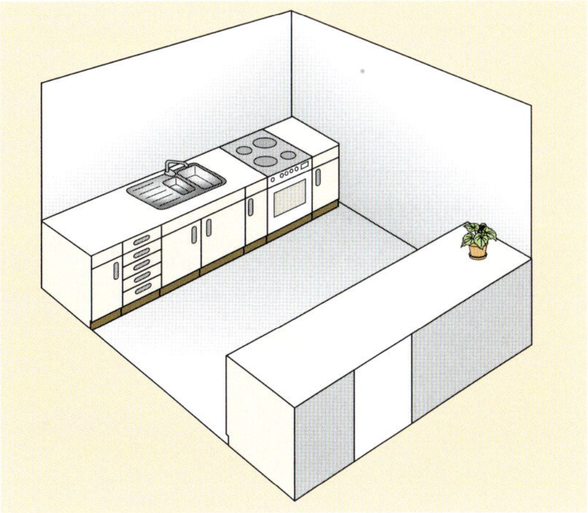

Zweizeilige Küche

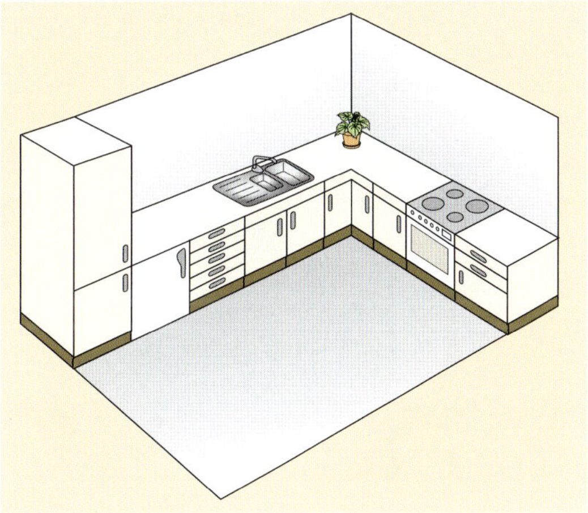

L-förmige Küche

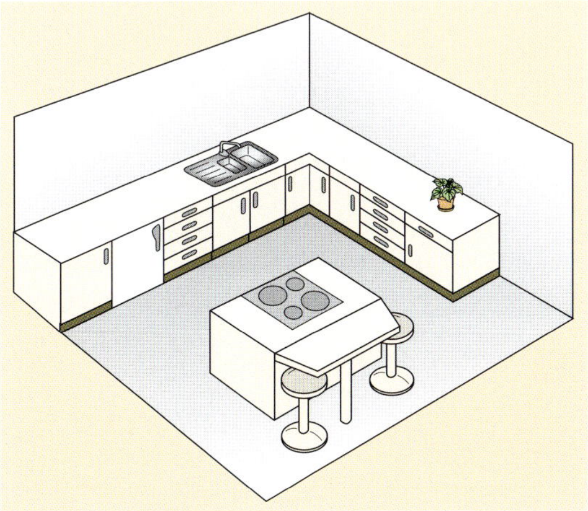

Küche – Inselform

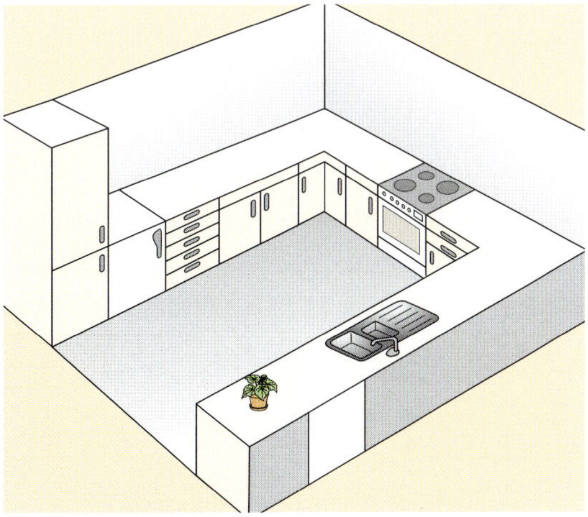

U-förmige Küche

2 Lernbereich Haushalten

Aufgaben

1. Betrachte die Fotos.
2. Benenne die Aufgabenbereiche, die in einem Haushalt zu erledigen sind.
3. In welchen Berufen werden diese Aufgaben sonst erfüllt?
   Z. B. Kochen – Koch/Köchin.

2.1 Partnerschaftliche Haushaltsführung

Rollenspiel – Wer erledigt die Arbeit?

1. Lest die Rollenkarten.
2. Sammelt in Gruppen Argumente für Susanne und Thorsten.
3. Führt das Rollenspiel durch, notiert die Argumente von Susanne und Thorsten.
4. Beschreibt:
   Wie haben die Spieler ihre Rolle dargestellt?
5. Diskutiert die Lösung, die die Spieler gefunden haben.
6. Sucht weitere Lösungsmöglichkeiten für Susanne und Thorsten.
7. Diskutiert das Ergebnis einer Umfrage:
   „Für Väter zählt der Beruf – kaum einer will Hausmann sein."

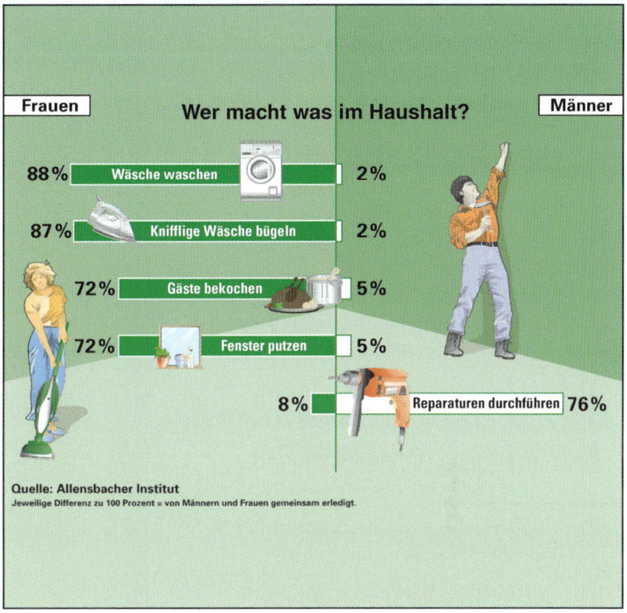

Rollenkarte – Susanne

Beruf: Erzieherin.

Aufgaben im Beruf: Betreuung einer Hortgruppe.

Arbeitszeit: 8.00 bis 16.00 Uhr, 30 Minuten Heimweg.

Danach: Erledigung des Haushalts, Waschen, Staubsaugen, Kochen usw. Oft muss sie auch das Wochenende opfern, da sie nicht alles während der Woche schafft.

Hobbys: Sie findet einfach keine Zeit für Sport oder Ähnliches. Am Wochenende sieht sie meist Thorsten beim Fußballspielen zu.

Erziehung: Sie hat früh gelernt, die Aufgaben im Haushalt zu erledigen, da ihre Mutter berufstätig war.

Du forderst von Thorsten, dass er im Haushalt mithelfen soll. Finde Argumente, die ihn überzeugen und ihn von seinem jetzigen Verhalten abbringen.

Rollenkarte – Thorsten

Beruf: Ausbildung zum Polizisten.

Aufgaben im Beruf: Wechsel zwischen körperlicher und geistiger Arbeit – Märsche …, aber auch viel Schulung.

Arbeitszeit: 7.00 bis 16.30 Uhr, Heimfahrt 1 Stunde.

Hobbys: Fußball – Training Dienstag und Donnerstag, Spiele im Verein am Samstag oder Sonntag.

Erziehung: „Muttersöhnchen" – brauchte zu Hause keine „Hausfrauenarbeit" zu verrichten.

Du siehst es nicht ein, dass es notwendig ist, im Haushalt zu helfen. Du bist der Ansicht, Hausarbeit ist Frauenarbeit. Du versuchst dich den Forderungen von Susanne zu entziehen und erfindest die verschiedensten Argumente, die Susanne zeigen, dass du wirklich nicht mithelfen kannst.

Hausarbeit im Team erledigen

Aufgaben

1. Nenne anhand der Abbildungen auf S. 22 Berufe, die im privaten Haushalt Einsatz finden.

2. Was sollte bei Familie Hauser verändert werden, damit das Zusammenleben harmonischer verläuft?

3. Im Haushalt von Familie Hauser gibt es viele Aufgaben zu erledigen. Alle sollten mithelfen.
   a) Nenne Aufgaben, die bei Familie Hauser erledigt werden müssen.
   b) Welche Aufgaben können Marie und Stefan übernehmen?
   c) Welche Aufgaben könnte Herr Hauser übernehmen?
   d) Welche Aufgaben könnte Frau Hauser übernehmen?

4. Übertrage die folgende Tabelle in dein Heft.
   Erstelle einen Tagesplan für Familie Hauser.
   Beachte dabei Beruf/Schule, Hausarbeit und Freizeit.

Tagesplan

Uhrzeit	Marie	Stefan	Herr Hauser	Frau Hauser
bis 7.15	?	?	?	?
12.45 bis 14.00	?	?	?	?
14.00 bis 18.00	?	?	?	?
ab 18.00	?	?	?	?

Kein ungewöhnlicher Tag bei Familie Hauser

Morgens kurz vor sechs Uhr: Frau Hauser steht auf und geht leise ins Bad und bereitet dann das Frühstück zu. Inzwischen ist auch Herr Hauser aufgestanden. Er kommt um 6.30 Uhr aus dem Bad, geht in die Küche, setzt sich an den Frühstückstisch und liest Zeitung.

Frau Hauser weckt die beiden Kinder Marie und Stefan, deren Unterricht um 7.40 Uhr beginnt. Es ist bereits 6.45 Uhr, Frau Hauser frühstückt mit ihrem Mann. Marie und Stefan liegen noch in den Federn. Frau Hauser ruft sie bereits zum dritten Mal: „Aufstehen – ihr kommt sonst zu spät." Endlich geht Marie ins Bad, Stefan folgt kurze Zeit später.

Schließlich erscheint Marie in der Küche und meckert über das Frühstück: „Schon wieder Erdbeerkonfitüre …, ich habe keinen Hunger." Marie geht in ihr Zimmer, um ihre Schulsachen zu packen. Sie findet den Atlas nicht, ebenso fehlt ein Turnschuh.

Stefan schlingt das Frühstücksbrot herunter. Inzwischen ist es 7.10 Uhr. Marie und Stefan rennen zum Bus. Stefan weiß nicht, ob er alle Schulsachen eingepackt hat, er hatte keine Zeit nachzusehen.

Herr Hauser hat um 7.00 Uhr das Haus verlassen, um ins Büro zu gehen. Er wird um 17.00 Uhr zurückkommen. Frau Hauser verlässt um 7.15 Uhr das Haus. Sie arbeitet halbtags als Arzthelferin. Gegen 12.45 Uhr wird sie wieder zu Haus sein.

Zurück bleibt ein unordentlicher Frühstückstisch, ein übervoller Mülleimer, ein Badezimmer mit herumliegenden Handtüchern, Zahnbürsten usw. In Maries Zimmer sieht es chaotisch aus. Beim Suchen ihres Turnschuhs hat sie einiges aus den Schränken und Regalen auf den Fußboden geworfen. In Stefans Zimmer sieht es auch nicht viel besser aus. Kleidungsstücke liegen herum, kein Bett ist gemacht.

Mittags um 12.45 Uhr
Nach einem anstrengenden Morgen in der Arztpraxis kommt Frau Hauser nach Hause. Was soll sie jetzt schnell kochen? Sie findet in den Vorräten nichts Geeignetes für das Mittagessen. Sie macht sich nochmals auf den Weg, um die notwendigen Lebensmittel für das Mittagessen zu kaufen. Um 13.15 Uhr kommt sie abgehetzt heim und beginnt mit der Zubereitung des Mittagessens.

Es ist 13.30 Uhr
Marie und Stefan kommen aus der Schule zurück. Sie murren, weil das Essen noch nicht fertig ist, und verziehen sich in ihre Zimmer. Stefan legt sich auf sein Bett und hört eine CD. Marie mag diese Musik nicht, die sie aufgrund der Lautstärke auch in ihrem Zimmer hört. Marie legt ebenfalls eine CD in den CD-Player und dreht voll auf, um Stefans Musik zu übertönen.
Türen knallen.

Es ist 14.00 Uhr
Das Essen ist fertig. Frau Hauser, Marie und Stefan sitzen am Mittagstisch. Stefan erklärt, dass er heute um 16.00 Uhr ein Treffen mit seinem Freund in der Nachbarstadt vereinbart hat: „Da musst du mich hinfahren und abends wieder abholen", erwähnt er nebenbei.

Marie hat um 18.00 Uhr Tennisunterricht. Sie will ebenfalls von ihrer Mutter gefahren und nach einer Stunde wieder abgeholt werden.

Frau Hauser überlegt, wie sie das heute alles schaffen kann. Sie muss noch einkaufen, die Wohnung in Ordnung bringen, Wäsche waschen und bügeln, die Hausaufgaben nachsehen, ... und eigentlich wollte sie bei ihrer Freundin einen Krankenbesuch machen und abends mit ihrem Mann einen Vortrag besuchen.
Ob daraus etwas wird?

Ist dies wirklich auch in Zukunft kein ungewöhnlicher Tag bei Familie Hauser?
...

Speisenzubereitung im Team

Aufgaben

Mit einem Ämterplan geht alles leichter.

1. Lies die unten aufgeführten Ordnungsaufgaben.
2. Erstellt einen Ämterplan für die Speisenzubereitung, z. B. Spülamt, Abtrockenamt, Herdamt und Bodenamt, Ordnungsamt.
3. Bei der Erledigung einer Aufgabe, z. B. Geschirr einräumen und kontrollieren, gibt es immer wieder Schwierigkeiten.
   Wie können diese gelöst werden?

2.2 Umweltschutz – eine wichtige Aufgabe

Projekt: Unsere umweltfreundliche Schule

Vorbereitungsphase
Wir überlegen:
Wie können wir unsere Schule umweltfreundlicher gestalten?

- Weniger Müll?
- Geringerer Energieverbrauch, z. B. Heizung und Strom?
- Geringerer Wasserverbrauch?

Durchführungsphase
Wir haben „Schwachstellen" in unserer Schule, z. B. bei der Müllentsorgung, beim Heizen oder beim Stromverbrauch, entdeckt.

Wir entwickeln ein Müllkonzept oder ein Konzept für die Energieeinsparung und planen Maßnahmen zur Verbesserung.

Planungsphase
Wir besichtigen unsere Schule:

- Wo und wie wird der Müll entsorgt?
- Wie wird in den Klassenräumen gelüftet?
- Wo wird Strom verbraucht?
- usw.?

Kontrollphase
Wir überlegen:

- Was haben wir verbessert?
- Hat sich unser Umweltbewusstsein und das unserer Mitschüler/-innen verändert?
- Gibt es weitere mögliche Maßnahmen zum Schutz unserer Umwelt?

Umweltbewusster Umgang mit dem Trinkwasser

Merke

- **Waschmittel und Reinigungsmittel genau dosieren – sparsam verwenden.**
- **Speisereste und Abfälle gehören nicht in das Abwasser – nicht in die Toilette.**
- **Wasserhähne nach der Benutzung richtig schließen.**
- **Öfter duschen statt baden.**
- **Fettreste und Ölreste gehören nicht in das Abwasser.**
- **Zimmerpflanzen und Balkonblumen können auch mit Regenwasser gegossen werden.**
- **Waschmaschinen und Geschirrspülmaschinen nur einschalten, wenn sie voll beladen sind.**
- **Lebensmittel möglichst in stehendem Wasser und nicht unter laufendem Wasserhahn waschen.**

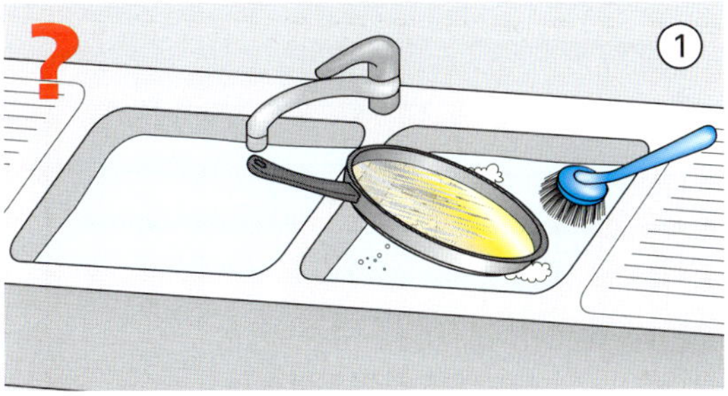

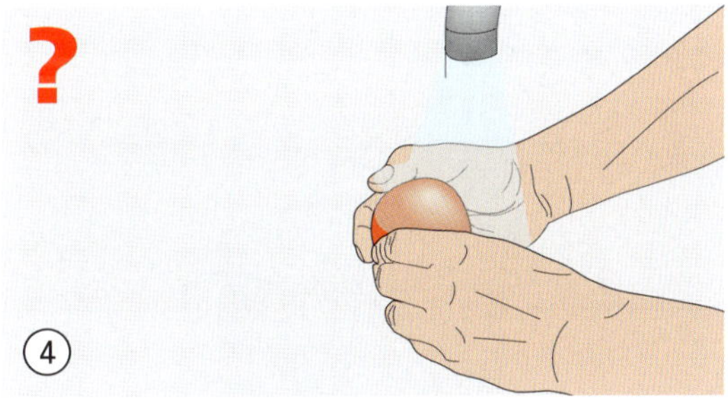

Aufgaben

1. Beschreibe die Vorgänge auf den einzelnen Abbildungen.
2. Ordne die Merksätze den Abbildungen zu.
3. Notiere die Beschreibungen und die Merksätze im Heft.
4. Berechne mithilfe der Abbildung, wie viel Liter Wasser eine Person täglich verbraucht.
5. Wie viel Liter Wasser werden täglich zum Essen und Trinken verwendet?

Umweltbewusster Umgang mit Energie – Strom

Aufgaben

1. Beschreibe die Vorgänge auf den einzelnen Abbildungen.
2. Ordne die Merksätze den Abbildungen zu.
3. Notiere die Beschreibungen und die Merksätze im Heft.

Merke

- **Schocklüften, Fenster im Winter kurz und weit öffnen.**
- **Heizkörper regelmäßig feucht reinigen. Staubige Heizkörper geben schlechter Wärme ab.**
- **Energiesparlampen statt Glühbirnen benutzen.**
- **Mit Topfdeckel garen, damit die Hitze im Topf bleibt.**
- **Kochplatten rechtzeitig zurückschalten, die Nachwärme ausnutzen.**
- **Der Dampfdrucktopf spart Energie.**
- **Auf die richtige Topfgröße achten, bei zu großen oder zu kleinen Töpfen geht Energie verloren.**
- **Gefrierschrank rechtzeitig abtauen, Eis erhöht den Energieverbrauch.**
- **Türen von Kühlgeräten und Gefriergeräten nie länger offen stehen lassen.**
- **Speisen nur abgekühlt und in verschlossenen Behältern in Kühl- oder Gefriergeräte geben.**
- **Beim Kauf von elektrischen Geräten auf den Stromverbrauch – das Energielabel – achten.**

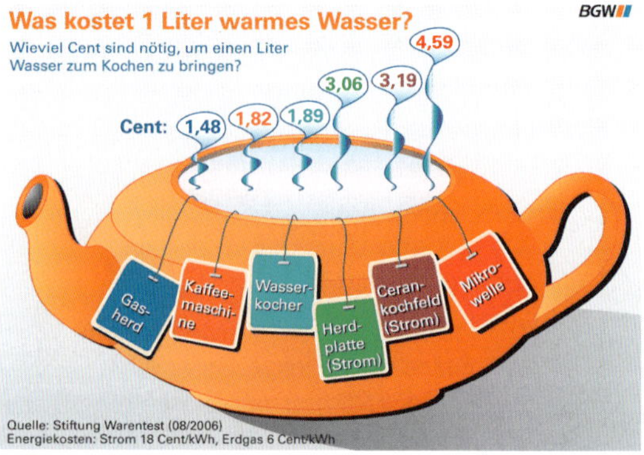

Wir erstellen ein Quiz – Umweltbewusstes Handeln

1. Bildet je nach der Klassengröße vier bis acht Spielteams. Die Teams geben sich Namen und bereiten ein Quiz über Umweltfragen vor, indem sie zehn Fragen und die jeweiligen Antworten zusammenstellen.

2. Sind alle Gruppen mit ihren Fragen fertig, werden die Karten im Uhrzeigersinn an den nächsten Gruppentisch weitergegeben.
   Der Kartenstapel liegt verdeckt auf dem Tisch.
   Ein Gruppenmitglied nimmt eine Karte, liest den Text vor und legt die Karte dann offen auf den Tisch.
   Gemeinsam wird nun die Antwort gesucht.

3. Jeweils zwei Teams spielen gegeneinander, das Los entscheidet, welche Teams sich gegenübertreten.
   Wer eine Zahl über sechs würfelt (zwei Würfel), muss eine Frage beantworten.
   Für jede richtig beantwortete Frage gibt es einen Punkt.

4. Diskutiert, ob ihr diese Spielregeln befolgen wollt. Ihr könnt sie auch abändern.

Mögliche Fragekarten

Nenne drei Möglichkeiten der Wassereinsparung.

Berichte über Recycling eines Produktes.

Nenne drei Möglichkeiten der Energieeinsparung.

Nenne drei „Dinge“, die nicht ins Abwasser gehören.

Nenne drei Produkte, die sich in vielen Haushalten befinden und die Umwelt belasten.

Wie viele Liter Trinkwasser werden täglich pro Person nicht zum Trinken verwendet?

Was sind regenerative Energien?

Erläutere eine umweltfreundliche Art der Warmwasserbereitung.

Wie viel Müll produziert ein Bundesbürger pro Jahr?

Wohin mit dem Müll?

Teebeutel und loser Tee

Müll – ein Problem für die Umwelt

Aufgaben

1. Mache Vorschläge für die weitere Verwertung bzw. Entsorgung der abgebildeten Abfälle.
2. Beschreibe je ein Lebensmittel, das
   a) umweltfreundlich,
   b) umweltbelastend
   verpackt ist.
3. Welche unterschiedlichen Müllcontainer befinden sich in der Schule?
4. Erzähle aus dem „Leben einer Mehrwegflasche".

Müllvermeidung

- Waren in großer, aufwendiger Verpackung ablehnen, z. B. Pralinenkarton oder zweimal verpackte Waren, z. B. Teebeutel mit Einzeltüten und Karton oder Joghurtbecher mit Kartonbanderole.
- Wenn möglich, Nachfüllpackungen kaufen.
- Seifenspender statt kleiner Seifenpackungen verwenden.
- Wasch- und Reinigungsmittel in großen Packungen und als Konzentrat kaufen.
- Groß- statt Portionspackungen verwenden.
- Verpackungsmaterial einsparen.
- Lebensmittel, wie Obst, Gemüse und Fleisch, nicht in Kunststoffverpackungen kaufen, sie werden auch unverpackt angeboten.
- Glas ist besser als anderes Verpackungsmaterial. Eine Pfandflasche kann etwa 10-mal gefüllt werden. Deshalb Getränke und Milchprodukte in Mehrwegflaschen, -gläsern bevorzugen.
- Mehrweg- statt Einwegverpackungen benutzen.
- Dosen vermeiden. Die Aluminiumherstellung stellt eine Umweltbelastung dar.
- Zum Einkauf einen Korb oder eine Tasche mitnehmen, keine Plastiktüten.

Die Müllmenge kann durch einen umweltbewussten Einkauf gemindert werden.

Mülltrennung
Im Betrieb und im Haushalt sollte die Mülltrennung dort beginnen, wo der Müll anfällt.

Es sollten also getrennte Müllbehälter für

- Papier u.a.,
- Glas,
- Leichtverpackungen,
- Biomüll und
- Restmüll vorhanden sein.

Die Abfallbehälter sollten jeweils die üblichen Farben haben.

Im Hausmüll enthaltene Wertstoffe sollen nach Möglichkeit dem Stoffkreislauf wieder zugeführt werden.

Grüner Punkt: Verpackungen aus Pappe, Karton und Papier sowie Leichtverpackungen aus Metall, Kunststoff und Verbundmaterialien tragen daher häufig den Grünen Punkt; sie werden gesammelt und wiederverwertet.

Papier und Pappe gehören in den Altpapiercontainer.

Aus Altpapier lässt sich Verpackungsmaterial und wieder Papier (Umweltpapier) herstellen, z.B. Schreibpapier, Toilettenpapier.

Nicht zum Altpapier gehören Tapeten, Papiertaschentücher, Kohlepapier, Getränkeverpackungen und alle kunststoffbeschichteten Papiere.

Am Briefkasten einen Aufkleber anbringen: „Bitte keine Werbung". Hierdurch wird Müll vermieden.

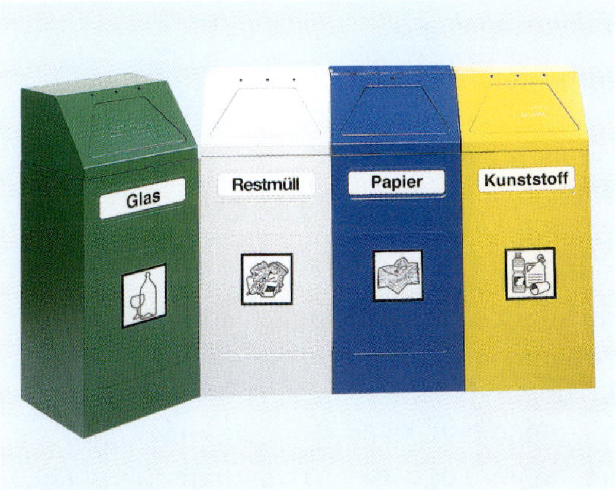

Müllcontainer

Glas wird in Glascontainer geworfen.

Bei Glas ist eine farbliche Sortierung Voraussetzung für das weitere Altglasrecycling. Altglas wird eingeschmolzen und z.B. wieder zu Flaschen verarbeitet. Umweltfreundlicher ist jedoch der Kauf von Mehrwegflaschen.

Mehrwegflaschen haben keinen Grünen Punkt, weil sie nicht weggeworfen werden. Das Recyclingzeichen auf Einwegflaschen besagt nur, dass die Entsorgung geregelt ist.

Küchenabfälle von Obst und Gemüse, Eierschalen, Kaffeesatz usw. machen etwa 30% des Hausmülls aus.

Diese Abfälle können kompostiert werden. Sie gehören in spezielle Müllcontainer bzw. auf den Komposthaufen.

Nicht auf den Kompost gehören gekochte Speisereste, sie könnten Ratten anlocken.

Abfälle nicht in die Toilette schütten. Diese Abfälle müssen mit großem Aufwand wieder aus dem Abwasser entfernt werden, da sie nicht in die Umwelt gelangen dürfen.

Sondermüll – Giftmüll
Viele Gegenstände, z.B. Batterien, Leuchtstoffröhren, Farbreste, Fettreste, Reinigungsmittelreste, gehören in den Sondermüll und nicht in die Abfalltonne, da sie auf der Mülldeponie eine Gefahr für die Umwelt sind.

- Batterien enthalten oft umweltgefährdende Stoffe, diese werden in den Mülldeponien teilweise freigesetzt. Viele Geschäfte nehmen Batterien zurück. Nach Möglichkeit wiederaufladbare Akkus verwenden.
- Brat- und Frittieröle in geschlossenen Gläsern in den Hausmüll geben.
- Medikamente werden in der Apotheke zurückgegeben.
- Auch manche Geräte, z.B. Kühlschränke, müssen gesondert entsorgt werden.

Der Grüne Punkt besagt nur, dass die Entsorgung geregelt ist. Auch für diese Müllabfuhr müssen wir bezahlen.

2.3 Einkaufen

Erkundung – Einkauf in verschiedenen Einkaufsstätten

Einkaufsliste	Preise
1 l Vollmilch, pasteurisiert	€
500 g Vollkornhaferflocken	€
250 g Sultaninen, ungeschwefelt	€
100 g Haselnüsse	€
1 kg Äpfel, Handelsklasse I	€
1 kg Bananen	€
1 kg Zucker	€
2 Zitronen, unbehandelt	€
Gesamtkosten	€

Wer kauft am preiswertesten ein?
Überlegt gemeinsam:
In welchen Einkaufsstätten in eurem Wohnort könnt ihr sämtliche auf der Einkaufsliste genannten Lebensmittel kaufen?

Schreibt die Namen der Einkaufsstätten auf einzelne Zettel.

Nun bildet Gruppen:
Wer in den Supermarkt gehen will, trägt seinen Namen dort ein.

Supermarkt: *Hans usw.*
Discounter: *Helga usw.*
Warenhaus: *Sophie usw.*
Tante-Emma-Laden: *Ole usw.*
Weitere Einkaufsstätten: *Katrin*

Geht nun jeweils gemeinsam (oder getrennt) zu eurer Einkaufsstätte, vgl. S. 33. Notiert dort die Preise für sämtliche Lebensmittel, die auf der Einkaufsliste stehen.

Zusätzliche Aufgabe:
Schreibt außerdem die Lebensmittelkennzeichnungen für:

- Vollmilch, pasteurisiert,
- Vollkornhaferflocken und
- Äpfel, Handelsklasse I

auf einen Extrazettel, vgl. S. 42, 120 f.

Nach der Erkundung:
Tauscht eure Ergebnisse – Preise und Lebensmittelkennzeichnungen – und eure Erfahrungen aus.

Spielregeln:
- Wer ein falsches Lebensmittel ausgewählt hat, scheidet aus.
- Wer die preiswerteste Einkaufsstätte entdeckt hat, bekommt sicher eine extra Portion Müsli!

Ihr könnt selbstverständlich auch andere Lebensmittel oder Produkte für eure Erkundung auswählen.

Tipp: Bevor ihr die Erkundung durchführt, solltet ihr dies mit dem Geschäftsführer des Ladens absprechen.

Einkaufsstätten

- **Tante-Emma-Läden:** umgangssprachliche Bezeichnung für kleines Einzelhandelsgeschäft alten Stils.
- **Fachgeschäfte** haben ein breites Sortiment bestimmter Waren. Der Kunde erwartet hier eine gute Beratung und einen umfangreichen Service.
- **Warenhäuser** haben ein breites Sortiment, z. B. Kleidung, Sportartikel, Haushaltswaren, Kosmetik, Schmuck und oft auch Lebensmittel, im Angebot. Dazu kommen Dienstleistungen wie Gastronomie und Reisevermittlung. Verkauft wird durch Fach- oder Selbstbedienung.
- **Discounter** sind Einzelhandelsgeschäfte, die ein begrenztes Warenangebot zu niedrigen Preisen anbieten. Auf Bedienung, Beratung und Kundendienst wird weitgehend verzichtet.
- **Fachmärkte** haben ein spezielles Warensortiment im Non-Food-Bereich. Sie bieten wenig Bedienung, Beratung und Service, dafür niedrigere Preise.
- **Supermärkte** bieten Lebens- und Genussmittel, aber auch Haushaltswaren und Kosmetikartikel zur Selbstbedienung an.
- **Der Versandhandel** bietet seine Waren per Katalog, Internet oder durch Außendienstmitarbeiter an. Die Waren werden ausschließlich auf dem Versandwege abgesetzt. Der Versandhandel bietet häufig die Möglichkeit der Ratenzahlung.

Kauf beim Erzeuger – Hofladen

Besonders Obst, Gemüse, Kartoffeln und Eier, aber auch andere landwirtschaftliche Produkte können direkt beim Erzeuger gekauft werden.

Der ökologische Anbau, vgl. S. 44, von Obst und Gemüse und die artgerechte Tierhaltung veranlassen Verbraucher, trotz evtl. weiterer Wege und höherer Preise direkt beim Erzeuger einzukaufen.

Auch auf dem **Wochenmarkt** bieten teilweise Erzeuger ihre Produkte direkt an.

Hofladen

Fachgeschäft

Versandhandel

Discounter

Einkauf im Supermarkt

Aufgaben

1. Lies den Text in der rechten Spalte.
2. Notiere Verkaufsstrategien, die das Käuferverhalten von Sabine beeinflussen.
3. Was kaufst du spontan ein? Welche Gründe gibt es dafür? Was kaufst du nicht spontan ein? Welche Gründe gibt es dafür?

Sabine geht zu ihrem Supermarkt. Der Supermarkt begrüßt sie schon von Weitem mit Werbeplakaten und weiteren Sonderangeboten im Eingangsbereich. Sie betritt den Supermarkt und nimmt einen großen Einkaufswagen. Aus dem Lautsprecher ertönt leise Musik, ein Hit, den Sabine besonders gern mag. Zunächst legt sie eine Salatgurke in den Einkaufswagen. In der Obst- und Gemüseabteilung sieht alles knackig frisch aus, ja, dieser Supermarkt ist in Ordnung. Hier gibt es nur frische Qualität.

Dann sieht sie ein Schild: „Sonderangebot – Vollsaftige Apfelsinen 1000-g-Beutel nur … €“. Ein Beutel wandert in ihren Wagen. „Wo mag nur das Brot sein?“, fragt sich Sabine. „Immer muss man durch den ganzen Laden laufen, bis man alles gefunden hat. Haben die die Waren wieder einmal umgeräumt?“

Ein Schüttkorb mit verschiedenen Wurstsorten versperrt ihr den Weg. „Kein Durchkommen“, denkt sie, „erst muss ich wohl den Mann dort durchlassen.“ Sabine ist inzwischen hungrig geworden. So sieht sie sich das Regal mit den Fertiggerichten an. Im zweitobersten Bord steht eine Dose „Gemüsetopf nach Omas Art, 1,56 €“. „Den sollte ich ausprobieren“, denkt sie und legt die Dose in den Einkaufswagen. Interessiert sieht sie sich weiter um. „Feuriger Bohneneintopf“ … und im untersten Bord steht ja eine „Frühlingsgemüsesuppe“ für nur 0,89 €. „Ob die wohl schmeckt?“

Nun aber nichts wie zur Kasse. Der Einkaufswagen ist schon wieder einmal voll. So viel wollte sie eigentlich gar nicht kaufen. An der Kasse warten bereits fünf Kunden, dabei hat Sabine es so eilig. Vor ihr steht eine Frau mit einem Kind. Der Junge greift immer wieder nach den Süßigkeiten. Endlich gibt die Mutter nach und kauft ihm eine Tüte mit Bonbons.

Die Abbildung zeigt einen Supermarkt, in dem „Käuferfallen“, vgl. S. 36, zur Steigerung des Umsatzes versteckt sind.

Bei einer Fantasiereise durch diesen Supermarkt kannst du alle diese Käuferfallen entdecken und so beim nächsten geplanten Einkauf mit einer Einkaufsliste viel Geld sparen.

Aufgaben

1. Suche nach möglichen Käuferfallen in der Abbildung des Supermarktes.
2. Erkundet Käuferfallen anderer Einkaufsstätten.

Der Supermarkt ist so eingerichtet, dass wir möglichst viel kaufen – Käuferfallen

Einige Beispiele:

- Sonderangebote in der Eingangszone sollen die Kunden ins Geschäft locken. Bei „unaufgeräumten" Sonderangeboten in Schüttkörben und auf Wühltischen sollte man deshalb prüfen, ob diese Waren wirklich billiger sind als die in den Regalen. Hier soll der Eindruck erweckt werden, es handele sich um besonders preiswerte Angebote, da man sich nicht einmal die Mühe machte, die Ware richtig einzuordnen.
- Die großen Einkaufswagen ermöglichen Spontankäufe.
- Durch Hintergrundmusik und Hinweise auf Sonderangebote soll zum Mehrkauf verleitet werden.
- Verlockende Angebote sind meist rechts angeordnet, da die meisten Menschen sich zunächst nach rechts wenden und nach rechts greifen.
- Lebensmittel, z. B. Fleisch und Wurstwaren, die täglich frisch benötigt werden, sind oft im hinteren Teil des Ladens untergebracht, sodass man vorher an vielen anderen verlockenden Waren vorbeigehen muss. Es soll zu Spontankäufen kommen.
- Preiswerte Lebensmittel bzw. Lebensmittel, die jeder braucht, liegen häufig unten in den Regalen. Also nicht unüberlegt die teuren Waren in „Augenhöhe" auswählen, sondern die Waren unten in den Regalen beachten.
- Durch Schüttkörbe und Sonderangebote auf den „Wegen" soll der Käufer zum Verweilen und zum Mehrkauf verleitet werden.
- Eine weitere Käuferfalle ist die Kassenzone. Die dort aufgebauten Süßigkeiten, Zeitschriften und Zigaretten werden oftmals während des Wartens vor der Kasse doch noch mitgenommen.
- Artikel, die von Kindern begehrt werden, sind verhältnismäßig niedrig angeordnet.

Ein geplanter Einkauf schützt vor Käuferfallen

- Zu Hause den Einkauf in Ruhe planen. Vor dem Einkauf eine Einkaufsliste schreiben.
- Eilkäufe vermeiden.
- Sich der Verführung durch Werbung, Verpackung, Warenanordnung und gezielten „Kundenlauf im Supermarkt" usw. bewusst sein.
- Sonderangebote kritisch prüfen, sie nur wahrnehmen, wenn man diese Dinge wirklich braucht.
- Überhöhte Preise ablehnen, einen Preis-Qualitäts-Vergleich durchführen, z. B. mithilfe der Lebensmittelkennzeichnung – Zutatenliste, vgl. S. 42. Preiswerte Waren bevorzugen.
- Durch einen monatlichen Großeinkauf in einem Verbrauchermarkt die Möglichkeit nutzen, Geld und Zeit zu sparen.
- Nicht mit leerem Magen einkaufen. Hunger verleitet zu Spontankäufen.
- „No-Name-Produkte" mit herkömmlichen Produkten vergleichen, sie haben oft die gleiche Qualität, sind aber preiswerter.

Bewusstes Einkaufen

Aufgrund der Vielzahl der angebotenen ähnlichen Waren fällt es den Verbrauchern heute schwer, eine bewusste Kaufentscheidung herbeizuführen.

Warenkenntnisse, Qualitätsmerkmale, technische Details und viele andere spezielle Voraussetzungen sind notwendig, um eine richtige Wahl treffen zu können.

Formen des bewussten Einkaufs:

- **umweltbewusstes Einkaufen, z. B.**
  - Papier statt Plastik
  - Glas statt Metall
  - Mehrweg- statt Einwegverpackungen
  - geringe Umverpackung
  - recycelbare Verpackungen
  - Nachfüllpackungen
  - geringe Transportwege
  - Angebote der Saison, vgl. Umschlag vorne innen
  - Umweltzeichen
- **preisbewusstes Einkaufen, z. B.**
  - Angebote vergleichen
  - Sonderangebote nutzen
  - Mengenangaben beachten
  - Mindesthaltbarkeitsdatum beachten
  - nur mit Einkaufsliste einkaufen
- **ernährungsbewusstes Einkaufen, z. B.**
  - energiearme, fettarme Produkte
  - ballaststoffreiche Produkte
  - Produkte mit wenig Zusatzstoffen

Aufgaben

1. Die Abbildung zeigt Lebensmittel, die in unseren Lebensmittelgeschäften angeboten werden. Unterteile die Lebensmittel in
   a) umweltfreundliche,
   b) umweltbelastende.
2. Ergänze weitere umweltfreundliche Lebensmittel.

Merke

Lebensmittel aus der Region und der Jahreszeit bevorzugen.

Werbung muss halten, was sie verspricht

Das neue Verbraucherrecht wird dafür sorgen, dass Händler und Hersteller beim Anpreisen ihrer Waren vorsichtiger vorgehen, weil die Produkte die Werbeaussagen auch einhalten müssen. Weichen die Angaben zu den Eigenschaften eines Produkts in der Werbung oder in der Kennzeichnung von den wirklichen Produkteigenschaften ab, so liegt ein Sachmangel vor.

Beispiel: fehlerhafte Angaben eines Herstellers zum Wasser- oder Stromverbrauch einer Maschine.

Aufgaben

1. Sammle Werbeslogans für eine Produktgruppe.
2. Betrachtet einen Werbespot aus dem Fernsehen für ein Produkt ohne Ton. Schreibt für den Werbespot einen einprägsamen Werbetext.

Werbung – eine Informationsmöglichkeit?

Die Werbung hat folgende Funktionen:

- **Bekanntmachungsfunktion**, indem sie auf Produkte, Dienstleistungen oder Ideen hinweist.
- **Informationsfunktion**, indem sie auf besondere Merkmale wie Produkteigenschaften, Produktqualität, Produktverwendung und Preis hinweist.
- **Neue Bedürfnisse wecken**, Werbung will in den Verbrauchern durch Farben, Bilder und Musik emotionale Kräfte freisetzen, die den Umworbenen den Eindruck vermitteln, mit dem Produkt den Zielen ihrer Wunsch- und Traumwelt näher zu kommen.
- **Imagefunktion** (Vorstellung von einem Produkt), Werbung will das eigene Produkt von anderen gleichartigen Produkten positiv abheben.
- **Erinnerungsfunktion**, durch mehrmaliges Wiederholen der Werbung soll sich das Produkt im Gedächtnis des Verbrauchers einprägen, er soll lernen, dass er dieses Produkt benötigt.

Werbung zielt darauf ab, den Verbraucher zum Kauf zu veranlassen, selbst wenn er die Ware nicht braucht oder nicht bezahlen kann. Werbung will also neue Bedürfnisse wecken. Durch Werbung sollen alte Kunden erhalten und neue Kunden gewonnen werden.

Hersteller und Handel rühren daher kräftig die Werbetrommel in Zeitungen, Zeitschriften, im Fernsehen usw., um ihre Ware bekannt zu machen. Dabei werden verschiedene Werbemittel eingesetzt, z. B. Anzeigen, Fotos, Werbespots, Warenproben.

Ganzseitige Werbeanzeigen in einer Zeitschrift kosten etwa 25 000,00 €, 30 Sekunden Werbung im Fernsehen ca. 20 000,00 €.

Der Einfluss der Werbung bei Kaufentscheidungen wird teilweise unterschätzt.

Für den Verbraucher hat die Werbung jedoch mehrere Seiten: Informiert sie ihn oder manipuliert sie ihn?

Wir untersuchen, für welche Lebensmittel/Produkte geworben wird

1. Sammelt aus Zeitschriften ganzseitige Werbeanzeigen zum Thema Ernährung oder einem anderen Thema eurer Wahl.
2. Erstellt aus den Werbeanzeigen eine Collage.
3. Stellt fest, für welche Lebensmittel
   a) geworben,
   b) nicht geworben wird.
4. Untersucht die Werbeaussagen in der Collage mithilfe des folgenden Fragenkatalogs.
5. Erstellt eine Werbung für eine Lebensmittelgruppe, für die sonst nicht geworben wird.

Wir sammeln ganzseitige Werbeanzeigen für Lebensmittel und erstellen in Gruppen Collagen.

Fragenkatalog zur Auswertung von Werbeanzeigen

- Für welche Lebensmittel wird geworben bzw. nicht geworben?
- Worüber werdet ihr informiert? Z. B. Preis, Hersteller, Inhaltsstoffe, Bezugsquelle.
- Welche Personen stellen die Waren vor und in welchen Grundstimmungen und Lebenssituationen befinden sie sich dabei?
- Welche Personen werden durch diese Werbeanzeigen angesprochen?
  - Gesunde?
  - Kranke?
  - Jugendliche?
  - Kinder?
  - usw.
- Welche Gründe für die Auswahl dieser Waren werden genannt:
  - Gesundheit?
  - Genuss?
  - Wellness?
  - Arbeitserleichterung?
  - usw.?
- Welche Reizwörter – Slogans – werden benutzt?
- Stimmen diese Gründe/Wunschvorstellungen mit der Alltagswelt der abgebildeten Personen überein?
- Was möchtet ihr sonst noch über die abgebildeten Warengruppen wissen?

Wir werten unsere Collagen mithilfe des Fragenkatalogs aus. Nun erstellen wir eine Werbung für Lebensmittel, für die sonst nicht geworben wird.

Eine Sprecherin oder ein Sprecher trägt die Gruppenergebnisse in der Klasse vor.

Reklamation – Garantie

Frau Meier hat in einem Fachgeschäft eine neue Küchenmaschine gekauft. Der Verkäufer hatte ihr versichert, dass die Küchenmaschine eine hervorragende Qualität habe. Die Programme können blitzschnell und bequem eingestellt werden. Noch weitere Vorzüge der Maschine werden in der Gebrauchsanweisung genannt.

Frau Meier und ihre Tochter Claudia nutzen nun die neue Küchenmaschine.

Zufrieden sind Claudia und Frau Meier aber nicht mit der Küchenmaschine: Sie wird schnell heiß und die Zerkleinerung ist ungenügend.

Claudia sagt zu ihrer Mutter: „Wir werden die Küchenmaschine reklamieren.“

„Wir haben die Küchenmaschine doch schon gebraucht, und bezahlt ist sie ebenfalls“, meint Frau Meier. „Geht das jetzt noch?“

Claudia geht in ihr Zimmer und holt ihr Schulbuch. Daraus liest sie ihrer Mutter den folgenden Text vor:

Stellt der Käufer bei einer gelieferten Ware Mängel fest, so muss er diese mündlich oder schriftlich beim Verkäufer reklamieren. Aus Beweisgründen sollten Mängel schriftlich reklamiert werden.

Welche Unterlagen werden für eine Reklamation benötigt?

Gewährleistungsfrist

Grundsätzlich kann der Käufer während der Gewährleistungsfrist von zwei Jahren Mängel reklamieren. Dies gilt nicht für Waren nach Ablauf des Mindesthaltbarkeitsdatums und auch nicht bei natürlichem Verschleiß oder Abnutzung.

Bei arglistig verschwiegenen Mängeln erhöht sich die Gewährleistungsfrist auf drei Jahre.

Beweislastumkehr

Im Recht ist die Beweislast zugunsten des Käufers – Verbrauchers – umgekehrt worden.

Falls sich ein Sachmangel einer Ware innerhalb der ersten sechs Monate nach dem Kauf herausstellt, wird zugunsten des Käufers vermutet, dass die Ware bereits beim Kauf oder bei der Lieferung fehlerhaft war.

In diesem Fall ist nicht der Käufer beweispflichtig, sondern der Verkäufer muss beweisen, dass die Sache entgegen der Vermutung tatsächlich mangelfrei war.

Beispiel: Die neue Küchenmaschine von Claudia und Frau Meier weist nach zwei Wochen schon Störungen auf. Claudia und ihre Mutter müssen in den ersten sechs Monaten nach dem Kauf nicht nachweisen, dass sie sachgemäß mit der Küchenmaschine umgegangen sind. Erst nach dieser Frist muss der Käufer nachweisen, dass er die Störung nicht verursacht hat.

Ausnahme: Hat der Verkäufer beim Verkauf auf einen Mangel hingewiesen, z. B. zweite Wahl, hat der Käufer kein Recht auf eine Mängelrüge.

Aber: Bei Sonderangeboten – ohne Hinweis auf eventuelle Mängel – kann es zu einer Mängelrüge kommen.

Aufgaben

1. Erläutere die Begriffe
   a) Beweislastumkehr,
   b) Gewährleistungsfrist.
2. Nennt Beispiele für Mängel, die nicht reklamiert werden können.

Rechte des Käufers bei einer Reklamation

- **Nacherfüllung durch Nachbesserung oder Ersatzlieferung**
  Wenn mangelhafte Waren geliefert werden, hat der Käufer zunächst nur den Nacherfüllungsanspruch.

Der Käufer kann bei Mängeln – Fehlern – zwischen

- einer **Nachbesserung** – Beseitigung der Mängel – oder
- einer **Ersatzlieferung** einer mangelfreien – fehlerfreien – Ware wählen.

Der Verkäufer muss alle Kosten tragen, die im Rahmen der Nacherfüllung entstehen: Transport-, Wege-, Arbeits- und Materialkosten.

Eine Nacherfüllung gilt erst nach dem zweiten Versuch als fehlgeschlagen.

Nach einem zweiten fehlgeschlagenen Nachbesserungsversuch oder bei Weigerung des Verkäufers zur Nacherfüllung hat der Käufer folgende Rechte:

- **Rücktritt vom Vertrag** und/oder
- **Schadensersatz** oder
- **Minderung, Preisnachlass**.

Beispiel: Die Küchenmaschine funktioniert nicht einwandfrei. Nach erfolgloser zweiter Reparatur hat der Käufer die Auswahl zwischen folgenden Möglichkeiten:

- **Rücktritt und Schadensersatz**
  Da dem Verkäufer die Nacherfüllung nicht möglich ist, kann der Käufer sofort von dem Vertrag zurücktreten. Der Käufer hat zusätzlich Anspruch auf Schadensersatz.

  Beispiel: Der Käufer kann die mangelhafte und nicht nachzubessernde Küchenmaschine zurückgeben und den bezahlten Betrag zurückverlangen.

  Ist dem Käufer in dieser Zeit ein zusätzlicher Aufwand entstanden, z.B. Einkauf fertiger Torten für ein großes Fest, kann er in dieser Höhe Schadensersatz verlangen.

- **Minderung**
  Statt zurückzutreten, kann der Käufer eine Minderung des Kaufpreises verlangen. Die geforderte Minderung muss in einem angemessenen Verhältnis zum Kaufpreis stehen.

Merke

Rechte des Käufers bei Reklamation:

- **Nacherfüllung, d.h.**
  - **Lieferung einer mangelfreien Ware durch Umtausch oder Ersatzlieferung**
    oder
  - **Nachbesserung**

Nach dem zweiten Nachbesserungsversuch:

- **Rücktritt vom Vertrag oder**
- **Minderung, d.h. Preisnachlass**
- **Schadensersatz bei zusätzlichem Schaden**

Aufgaben

1. Lies die folgenden Fallbeispiele. Wie würdest du entscheiden? Nacherfüllung? Ersatzlieferung? Oder?
2. Fertige ein Schreiben an, in dem du die Küchenmaschine für Claudia im Fachgeschäft Küchenwelt reklamierst.

- In einer Bistroschürze wird nach dem Kauf ein winziges Loch entdeckt.
- Sonderangebot – Mindesthaltbarkeitsdatum abgelaufen. Am nächsten Morgen wird festgestellt: Das Brot ist verschimmelt.
- Schlussverkaufsware – vom Umtausch ausgeschlossen. Zu Hause wird festgestellt: Die Farbe auf der Rückseite des Kissenbezugs ist verblichen.

2.4 Warenkennzeichnung

Lebensmittelkennzeichnung

Das Etikett

Folgende Angaben müssen auf Fertigpackungen in deutlich sichtbarer und leicht lesbarer Schrift gemacht werden.

Verkehrsbezeichnung: Durch die Bezeichnung bzw. Beschreibung soll eine Unterscheidung von ähnlichen Erzeugnissen ermöglicht werden, z. B. „Erdbeerquark" und nicht „Sommernachtstraum".

Zutatenliste: Die Zutaten des Lebensmittels müssen in absteigender Reihenfolge ihrer Gewichtsanteile zum Zeitpunkt der Verwendung bzw. Herstellung genannt werden. Die Zutat mit dem größten Gewichtsanteil steht an erster Stelle, die Zutat mit dem geringsten Anteil an letzter Stelle.

Wird eine Zutat in der Verkehrsbezeichnung genannt oder im Bild auf dem Etikett hervorgehoben, so muss die prozentuale Menge, z. B. 7 % Erdbeeren, angegeben werden.

In der Zutatenliste müssen auch **Zusatzstoffe**, z. B. Konservierungs- und Farbstoffe, angegeben werden. Zusatzstoffe dürfen generell nicht gesundheitsschädlich sein, trotzdem können manche Zusatzstoffe Allergien auslösen.

Wird die Zutatenliste genau beachtet, so können Lebensmittel ohne Zusatzstoffe ausgewählt werden. Frische unverarbeitete Lebensmittel enthalten keine Zusatzstoffe.

Mindesthaltbarkeitsdatum: Unter angemessenen Aufbewahrungsbedingungen behält das Lebensmittel bis zu diesem Datum seine Eigenschaften. Ist das Mindesthaltbarkeitsdatum nur bei Einhaltung bestimmter Temperaturen gewährleistet, so ist ein entsprechender Hinweis zu geben, z. B. „bei +8 °C mindestens haltbar bis …". Das Mindesthaltbarkeitsdatum muss unverschlüsselt unter Angabe von Tag, Monat und Jahr angegeben werden. Je nach Haltbarkeitsdauer reicht auch lediglich die Angabe von Monat und Jahr oder nur des Jahres.

Name des Herstellers oder Abfüllers, Ort der gewerblichen Niederlassung: Diese Angaben ermöglichen eine eventuelle Beanstandung des Lebensmittels.

Mengenangabe: Füllmenge (Abtropfgewicht) oder sonstige Mengenangaben müssen in Liter bzw. Kilogramm angegeben werden. Abtropfgewicht heißt z. B. bei Würstchen im Glas: Würstchen ohne Flüssigkeit.

Aufgaben

1. In einem Laden entdeckst du eine Packung Schokolade ohne Etikett im Sonderangebot.
   Trage zusammen, was du über die Schokolade wissen möchtest.
2. Welche Zutaten sind in der Zutatenliste des Sommerquarks angegeben?
3. Welche Zutat ist
   a) in der größten Menge,
   b) in der geringsten Menge
   im Sommerquark enthalten?

Das Etikett – Lebensmittelkennzeichnung

Wir erstellen ein Etikett

1. Erkundet in unterschiedlichen Geschäften die Lebensmittelkennzeichnung für verschiedene Joghurtsorten und Speisequarksorten.
2. Erstellt ein Etikett – mit der notwendigen Lebensmittelkennzeichnung – für eine Packung Erdbeerquark, vgl. Rezept.
3. Berechnet die Kosten für eine Packung Erdbeerquark.
4. Erstellt eine Werbung mit Preisangabe für den Erdbeerquark.
5. Startet den Verkauf.

Es soll ein Etikett für einen Becher Speisequark erstellt werden.

Vielleicht könnt ihr aus dem Speisequark Erdbeerquark zubereiten und diesen mit der notwendigen Lebensmittelkennzeichnung zur Aufbesserung der Klassenkasse verkaufen.

Wir sammeln notwendige Informationen für die Erstellung der Lebensmittelkennzeichnung.

Für den Erdbeerquark wird das folgende Rezept verwendet:

250 g Erdbeeren (240 g ohne Abfall)
250 g Magerquark
1/8 l Milch
20 g Zucker
1 Vanillinzucker (10 g)

Wir informieren uns über die Lebensmittelkennzeichnung von Fertigprodukten, vgl. S. 42.

Und fragen uns:

- Was möchte ich über den Speisequark wissen, um eine Kaufentscheidung treffen zu können?
- Welche Angaben schreibt das Lebensmittelrecht vor?
- Welche zusätzlichen Informationen auf Lebensmittelpackungen sind freiwillig?

Anhand der vorliegenden Informationen erstellen wir ein Etikett für den Speisequark.

Wir vergleichen und diskutieren unsere Ergebnisse:

- Sind die Angaben vollständig?
- Gibt es weitere Angaben, mit denen wir den Verkauf steigern könnten?

Wir erstellen das endgültige Etikett für den Speisequark und verkaufen ihn.

Prüfzeichen für den ökologischen Anbau

in Deutschland

weltweit

Warenzeichen des ökologischen Anbaus

Umweltzeichen Der Blaue Engel

Umweltgütezeichen der EU

Bio- und Umweltzeichen

Das **Biosiegel** ist ein staatliches, verbandsunabhängiges Erkennungszeichen für biologisch erzeugte landwirtschaftliche Produkte und Lebensmittel. Mit diesem Siegel dürfen nur Produkte gekennzeichnet werden, die entsprechend der EU-Verordnung zum ökologischen Landbau erzeugt und kontrolliert worden sind. Für sie gilt:

- Verbot der Bestrahlung
- Verbot des Einsatzes von Gentechnik
- Verbot von chemisch-synthetischen Pflanzenschutzmitteln
- Verbot von leicht löslichen mineralischen Düngern
- artgerechte Tierhaltung
- Verzicht auf Antibiotika und Leistungsförderer in Futtermitteln

Umweltzeichen sollen ein umweltbewusstes Einkaufen ermöglichen.

Der **Blaue Engel** kennzeichnet die Umweltverträglichkeit von Produkten. Über folgende Umwelteigenschaften verfügen die mit dem Blauen Engel gekennzeichneten Erzeugnisse:

- Produkte enthalten keine Schadstoffe oder nur in geringen Mengen.
- Produkte wurden aus Altstoffen durch Recycling hergestellt.
- Produkte können mehrfach verwendet werden.
- Produkte benötigen wenig Energie.

Das **Umweltgütezeichen der EU** wird nur für Produkte vergeben, die insgesamt umweltverträglich sind.

- Es reicht nicht aus, dass die Verpackung umweltfreundlich ist.
- Der Inhalt muss auch biologisch abbaubar sein. Es dürfen keine gefährlichen Abwässer, Abgase oder Abfälle entstehen.
- Bei der Herstellung der Inhaltsstoffe darf nicht zu viel Energie verbraucht werden.

Für jedes Produkt, das mit dem EU-Umweltgütezeichen gekennzeichnet ist, gibt es nachprüfbare Vergabekriterien.

Weitere Warenkennzeichnung

Sicherheitszeichen
Das CE-Zeichen ist durch EU-Recht eingeführt worden. Es bestätigt, dass die in EU-Staaten hergestellten Produkte die Sicherheits- und Normvorschriften der jeweiligen EU-Richtlinien erfüllen.

Besondere Bedeutung hat hier das **Prüfzeichen GS** – geprüfte Sicherheit. Das Gerätesicherheitsgesetz verpflichtet Hersteller und Importeure, nur solche Maschinen und Werkzeuge in den Verkehr zu bringen, die europäischen und deutschen Schutzvorschriften entsprechen. Ziel ist ein wirksamer Schutz vor Unfallgefahren. Das Gesetz umfasst auch Spielzeug, Haushalts- und Sportgeräte sowie Bastelmaterial. Sofern Maschinen usw. einer sicherheitstechnischen Prüfung unterzogen worden sind, ist eine Kennzeichnung mit dem GS-Zeichen möglich.

Die **TÜV-Plakette** – Technischer Überwachungs-Verein – sagt ebenfalls aus, dass ein technisches Gerät den Sicherheitsanforderungen des Gerätesicherheitsgesetzes entspricht. Außerdem wird die Fertigung durch eine unabhängige Stelle überwacht.

VDE-Zeichen – dieses Zeichen tragen geprüfte Elektrogeräte. Hersteller lassen ihre Geräte bei der Prüfstelle des Verbandes Deutscher Elektriker auf Sicherheit kontrollieren. Wenn die VDE-Vorschriften erfüllt werden, kann der Hersteller alle gleichartigen Geräte mit dem VDE-Zeichen kennzeichnen. Die weitere Verantwortung für die VDE-gerechte Fertigung trägt der Hersteller.

Sicherheitszeichen

Fairer Handel
Der faire Handel will benachteiligte Produzenten in Afrika, Asien und Lateinamerika fördern. Der **TRANSFAIR**-Verein zur Förderung des fairen Handels mit der Dritten Welt e.V. in Köln, der von 38 kirchlichen und entwicklungspolitischen Organisationen getragen wird, kennzeichnet solche Produkte mit einem Qualitätssiegel. Im fairen Handel werden Importprodukte ohne Zwischenhändler direkt vom Erzeuger gekauft, der dafür einen Preis über Weltmarktniveau erhält. Bisher gibt es die Produkte in rund 22000 Supermärkten und 800 Weltläden.

www.transfair.org

Energiekennzeichnung – Energielabel
Hersteller müssen Kühlschränke, Gefrierschränke, Geschirrspülmaschinen, Waschmaschinen und Wäschetrockner mit einem Energielabel versehen, vgl. Abbildung S. 46.

Auf dem Energielabel wird der Stromverbrauch mit dem Buchstaben A für besonders sparsam bis G gleich Energiefresser gekennzeichnet. Das Energielabel gibt so dem Verbraucher die Möglichkeit, ein besonders energiesparendes Gerät auszuwählen.

Das Energielabel gibt außerdem Auskunft über weitere Eigenschaften der Geräte:

Kühlschrank, z.B. Nutzinhalt, Geräuschpegel.

Spülmaschine, z.B. Wasserverbrauch, Anzahl der Maßgedecke. Die Verbrauchsangaben beziehen sich auf das vom Hersteller angegebene Vergleichsprogramm – meist das langsamste –, die Angaben können nicht auf andere Programme übertragen werden.

Waschmaschine: z.B. Waschwirkung und Schleuderwirkung.

2.5 Entscheidungsprozess zur Gebrauchsgüterbeschaffung

Geschirrspülen mit der Maschine oder von Hand?

Familie Meier bespricht im Familienkreis, ob sich für ihr Bedürfnis nach mehr Freizeit die Anschaffung einer Geschirrspülmaschine lohnt.

Führe für Familie Meier den folgenden Entscheidungsprozess durch.

Planungsphase:
Welche Vorüberlegungen muss Familie Meier vor dem eventuellen Kauf anstellen?

- Wie können wir die Kosten für Kauf und Nutzung ermitteln?
- Wie können wir Zeitersparnis und Kraftersparnis ermitteln, die durch den Einsatz einer Geschirrspülmaschine erreicht werden?
- Wie können wir weitere Vorteile bzw. Nachteile ermitteln?
- Wo können wir das Gerät aufstellen? Sind entsprechende technische Einrichtungen vorhanden bzw. notwendig?

Informationsphase:
Um diese Fragen beantworten zu können, muss sich Familie Meier Informationsmaterial beschaffen.

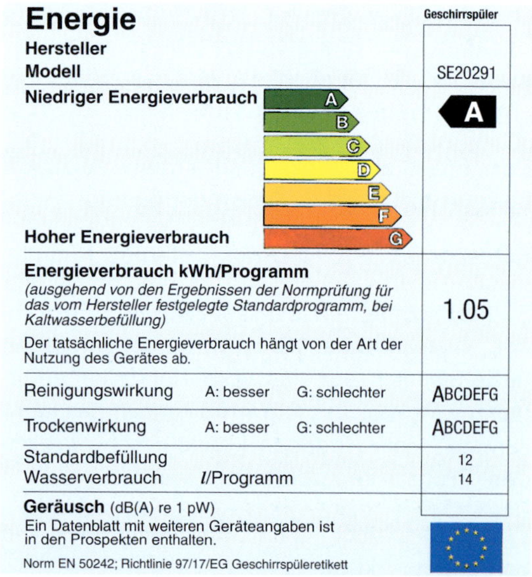

Beschaffung von Informationsmaterial:

- Prospekte/Produktinformationen, Energielabel, vgl. Abbildung, in Fachgeschäften usw.
- Kennzeichnung an Geräten, z. B. Warenzeichen, Sicherheitszeichen
- Verbraucherinformation in Verbraucherberatungsstellen und Energieberatungsstellen
- Testbericht, z. B. „Stiftung Warentest“
- Erfahrungen von Freunden und Bekannten
- Werbung in Medien

1. Stellt fest, ob es an eurem Wohnort eine Verbraucherberatungsstelle gibt.
2. Stellt die Anschrift der Verbraucherberatungsstelle fest.
3. Sammelt Informationsmaterial über Geschirrspülmaschinen.

Beurteilungsphase:
Nun müsst ihr das Informationsmaterial für Familie Meier auswerten. Dabei könnt ihr nach folgendem Schema vorgehen.

Überlegungen bzw. Tätigkeiten während der Beurteilungsphase
Vergleich verschiedener Geräte hinsichtlich der

- Kosten für Anschaffung und Nutzung
- technischen Daten, Umweltfreundlichkeit, z. B. der Energieverbrauch, Wasser- und Salzverbrauch, Geräusch/Lärmbelästigung
- Bedienung, Handhabung; Arbeitsaufwand und Arbeitserleichterung
- Richtigkeit der Werbeaussagen

Auswertung des Informationsmaterials:
Das Fassungsvermögen einer Geschirrspülmaschine wird in Maßgedecken angegeben. Es beträgt in der Regel 10, 12 oder 14 Maßgedecke einschließlich Serviergeschirr.

12 Maßgedecke entsprechen der Geschirrmenge, die in einem 4-Personen-Haushalt täglich anfällt.

Arbeitsaufwand: Aufgrund des Fassungsvermögens ist täglich ein Spülgang mit der Maschine notwendig. Beim Spülen von Hand wird diese Geschirrmenge meist in zwei Spülgängen gereinigt.

Die Arbeitszeit für das Geschirrspülen beträgt pro Tag

a) mit der Maschine etwa 15 Minuten (einräumen, ausräumen usw.),

b) von Hand etwa 60 Minuten.

Die Kosten für das Geschirrspülen setzen sich zusammen aus Kapitalkosten und Betriebskosten.

Die Kapitalkosten für die Geschirrspülmaschine setzen sich zusammen aus

- Anschaffungskosten, geteilt durch 10 (Nutzungsdauer in Jahren),
- Kosten für Aufbau und Anschluss des Gerätes,
- Kosten für Reparatur (Instandhaltung),
- Zinsen, die man sonst für das Kapital erhalten würde.

Die Nutzungsdauer einer Geschirrspülmaschine beträgt etwa 10 Jahre.
Die Kapitalkosten pro Jahr für das Geschirrspülen mit der Maschine betragen ca. 100,00 €.

Kapitalkosten für das Geschirrspülen von Hand entstehen meist nicht, da Spüle und benötigte Materialien vorhanden sind.

Wie soll Familie Meier sich entscheiden?

Betriebskosten entstehen beim Betrieb des Gerätes bzw. beim Spülen von Hand.

Ermittlung der Betriebskosten:

4. Übertrage die ersten beiden Tabellen von S. 48 in dein Heft.
5. Berechne die täglichen Betriebskosten für das Geschirrspülen
   a) mit der Maschine,
   b) von Hand.

Ermittlung der Gesamtkosten und der Gesamtarbeitszeit:

6. Übertrage die Tabellen „Gesamtkosten pro Jahr" und „Gesamtarbeitszeit pro Jahr" in dein Heft.
7. Berechne die Gesamtkosten und die Gesamtarbeitszeit für das Geschirrspülen pro Jahr
   a) mit der Maschine,
   b) von Hand.

Wie hoch sind die jährlichen Mehrkosten bei der Benutzung einer Geschirrspülmaschine?

Wie hoch ist die jährliche Arbeitszeitersparnis bei der Benutzung einer Geschirrspülmaschine?

Nun sind alle notwendigen Daten für eine mögliche Entscheidung ermittelt, aber sicher gibt es noch mehr zu bedenken.

Entscheidungsphase:
Welche Entscheidung soll Familie Meier treffen?

Geschirrspülmaschine – ja oder nein?

Diskutiert in der Klasse:

8. Lohnt sich die Anschaffung einer Geschirrspülmaschine für Familie Meier?

   Sicher findet ihr dabei weitere Gründe, die für bzw. gegen die Anschaffung einer Geschirrspülmaschine sprechen, z. B.
   - stark verschmutze Töpfe müssen per Hand gereinigt werden,
   - Umweltbelastung durch Spülmittel, Salz, vgl. S. 49, usw.
9. Erkundet Möglichkeiten der Entsorgung von Geschirrspülmaschinen und deren Kosten.

Betriebskosten mit der Geschirrspülmaschine pro Tag

Hilfs- und Betriebsstoffe	Einheit	Preis je Einheit in €	1 Spülgang pro Tag Verbrauch	Kosten in €
Wasser	m^3	3,80	0,014	?
Strom	kWh	0,20	1,050	?
Spülmittel	kg	2,00	0,030	?
Klarspüler	l	4,80	0,003	?
Salz	kg	1,00	0,020	?
tägliche Kosten	–	–	–	?

Betriebskosten beim Geschirrspülen von Hand pro Tag

Hilfs- und Betriebsstoffe	Einheit	Preis je Einheit in €	2 Spülgänge pro Tag Verbrauch	Kosten in €
Wasser	m^3	3,80	0,040	?
Strom	kWh	0,20	2,0	?
Spülmittel	l	1,75	0,006	?
Spülbürste, Geschirrtuch	–	–	–	0,05
tägliche Kosten	–	–	–	?

Gesamtkosten pro Jahr

Kostenart	Geschirrspülen mit der Maschine	von Hand
Kapitalkosten	100,00 €	–
Betriebskosten	365 × ? €	365 × ? €
Gesamtkosten	? €	? €

Gesamtarbeitszeit pro Jahr

	Geschirrspülen mit der Maschine	von Hand
Arbeitszeit pro Tag	365 × ? Minuten	365 × ? Minuten
Gesamtarbeitszeit	? Minuten	? Minuten

Aufgaben

Erfragt die Strom- und Wasserkosten bei den regionalen Anbietern.

Umweltbelastung durch die Geschirrspülmaschine?

Die Reinigung des Geschirrs wird durch Wasser, Temperatur, Mechanik (Sprüharm) und Chemie (Spülmittel, Klarspüler und Salz) erreicht.

Die **mechanische Reinigung**, die beim Spülen von Hand durch die Spülbürste usw. erfolgt, ist beim Spülvorgang in der Geschirrspülmaschine sehr gering. Die fehlende Mechanik muss also durch den Einsatz hochwirksamer Spülmittel ersetzt werden.

Spülmittel/Reiniger sollten sowohl für das Spülen von Hand als auch für das Spülen mit der Maschine möglichst sparsam verwendet werden. Eine Unter- oder Überdosierung sollte jedoch vermieden werden. Unterdosierung führt zu einer ungenügenden Reinigung und evtl. zu Korrosion, d.h. zu einer chemischen Veränderung der Materialoberfläche. Überdosierung bedeutet eine unnötige Umweltbelastung.

Bei den Spülmitteln für die Maschine sollte der Einsatz von chlorfreien Mitteln erwogen werden. Chlorverbindungen werden Spülmitteln zur Beseitigung von Tee-, Kaffeeflecken, Lippenstiftresten und zum Desinfizieren zugesetzt.

Klarspüler sollen Kalk lösen und einen Wasser abweisenden Glanz auf dem Geschirr bewirken. Die Inhaltsstoffe des Klarspülers werden später durch die Speisen gelöst und mitgegessen.

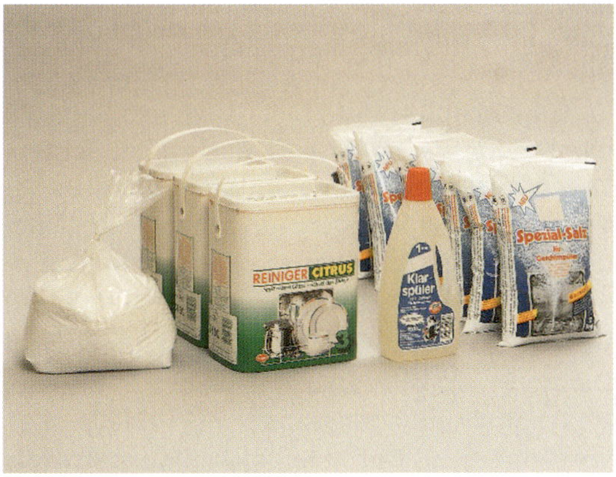

Durchschnittlicher Jahresverbrauch von Spülmittel, Klarspüler und Salz für eine Geschirrspülmaschine

Das **Spülmaschinensalz** ist gefärbtes Kochsalz. Es verhindert Kalkablagerungen auf dem Geschirr und auf den Heizröhren der Maschine. Beim Kauf der Geschirrspülmaschine sollte man auch auf den Kochsalzverbrauch für die Wasserenthärtung der Maschine achten. Pro Spülgang werden mindestens 16 g Kochsalz, maximal 70 g benötigt. Die Höhe des Verbrauchs ist abhängig von der Wasserhärte und dem Gerätetyp. Pro Jahr gelangen durch den Einsatz von Geschirrspülmaschinen 30 000 Tonnen Salz in die Abwässer. Durch den Salzeinsatz wird jedoch gleichzeitig die Spülmittelmenge (Reiniger) verringert.

Aufgaben

1. Schreibt einen Bericht „Aus dem Leben einer Geschirrspülmaschine" – von der Herstellung bis zur Entsorgung.
2. Lest die Informationen auf Reinigungsmitteln für die Geschirrspülmaschine.
3. Klärt mithilfe eines Lexikons die Begriffe
   a) Gebrauchsgüter,
   b) Verbrauchsgüter.
4. Führt einen Entscheidungsprozess für die Anschaffung eines Handys durch.

Maßgedeck und Serviergeschirr

Gespräch zwischen drei Nachbarn:

Herr Meier: „Hallo, ihr beiden, habt ihr Lust, am Donnerstagabend mit mir zu einem EDV-Vortrag zu gehen?"

Herr Vogel: „Hört sich interessant an, geht bei mir aber leider nicht – die häuslichen Verpflichtungen ... Meine Frau besucht einen VHS-Kurs, und in der Schule hat unsere Jüngste Elternabend. Da bin ich gefordert."

Herr Schäufele: „Donnerstag? Ach du liebe Zeit! Dazu habe ich bestimmt keine Energie mehr! Seit ich Hausmann bin, stecke ich voll im Stress! Morgens Großeinkauf, danach mit meiner Schwiegermutter zum Arzt, mittags mit unserem Jüngsten zur Cellostunde und anschließend in den Garten – die Bohnen sind reif. Bis ich die abends mit meiner Frau eingefroren habe ..."

Herr Meier: „Das hast du von deinem Gesundheitstick! Ich hole mir die Bohnen tiefgekühlt im Supermarkt oder gehe gleich mit meiner Frau zum Essen – da spare ich mir den Stress mit der Hausarbeit."

Herr Vogel: „Ihr seid ja auch beide erwerbstätig, da könnt ihr euch den Luxus leisten. Und wenn ihr keine Lust habt zum Essengehen, dann bestellt ihr den Pizzadienst."

Herr Meier: „Wenn ich es mir richtig überlege, ..."

2.6 Betriebsmittel verantwortungsvoll einsetzen

Aufgaben

1. Lies das nebenstehende Gespräch. Nenne Gründe, die für bzw. gegen die Vergabe von Hausarbeiten sprechen.
2. Erstellt eine Liste von Aufgaben, die bei euch im Haushalt erledigt werden müssen.
3. Erstellt eine Collage „Unser Wunschhaushalt im Jahr 2015".

Im privaten Haushalt geht es um die Lebensgestaltung der Haushaltsmitglieder. Grundlegendes Haushaltsziel ist das leibliche und seelische Wohlbefinden aller im Haushalt lebenden Personen. Eine wichtige Voraussetzung hierfür ist wirtschaftliche Sicherheit. Nur wenn ein ausreichendes Einkommen vorhanden ist, sind das „Dach über dem Kopf" sowie die Versorgung mit Nahrung, Kleidung und anderen zur Lebensführung benötigten Gütern gewährleistet.

Der Haushalt ist auch der Ort, an dem Kinder erzogen und Kranke und Hilfsbedürftige gepflegt und betreut werden. Auch Freizeitgestaltung/Erholung ist eine wichtige Grundlage für das Wohlbefinden der Haushaltsmitglieder.

Im Gegensatz zu früher ist der Haushalt heute nicht mehr als isolierte Einheit zu betrachten. Durch vielfältige Aufgaben steht er in Beziehung zu Einrichtungen außerhalb, z. B. Handel, Handwerk, Banken, Versicherungen, Gesundheitseinrichtungen, Bildungseinrichtungen.

Dennoch ist kein Haushalt wie der andere. Haushaltsmitglieder haben individuelle Zielvorstellungen. Die jeweiligen Haushaltsziele werden durch die wirtschaftlichen Gegebenheiten und die persönlichen Einstellungen, z. B. Schonung der Umwelt, bestimmt.

Bedürfnisse

Aufgaben

1. Lies das Fallbeispiel.
   Wovon träumen Claudia und Helge?
2. Versetzt euch in die Lage von Claudia und Helge.
   Zählt weitere Wünsche auf.
3. Stellt eine Rangfolge für die Wünsche auf.

Claudia und Helge sitzen vor dem Fernseher, da läuft die Werbung zu einem Lottospiel. Helge sagt: „Stell dir vor, ich würde im Lotto gewinnen. Ich würde mir alles kaufen, wovon ich träume. Ein Mofa, nein, besser ein Auto. Wenn ich im Lotto gewinne, muss ich nicht mehr aufs Geld achten, dann kaufe ich mir gleich einen schnellen Sportwagen.“ Claudia beginnt auch zu träumen: „Meinen Urlaub würde ich nicht hier, sondern in … verleben.“

Jeder Mensch hat viele Bedürfnisse:

Um nicht zu verhungern, muss er Nahrung zu sich nehmen, um nicht zu frieren, muss er wärmende Kleidung anziehen. Menschen benötigen auch eine Wohnung, die sie schützt.

Lebensnotwendige Grundbedürfnisse – Existenzbedürfnisse – sind Nahrung, Kleidung und Wohnen.

Alle Bedürfnisse, die nicht lebensnotwendig sind, jedoch zum normalen Lebensstandard unserer Gesellschaft gehören, nennt man Kulturbedürfnisse.

Kulturbedürfnisse sind z. B. Kühlschrank, Fernseher, Telefon, Bücher und Zeitungen.

Daneben gibt es Bedürfnisse, die über den normalen Lebensstandard einer Gesellschaft hinausgehen. Man möchte etwas Außergewöhnliches – hier spricht man von Luxusbedürfnissen.

Luxusbedürfnisse sind z. B. besondere Markenkleidung oder eine Weltreise.

Mittel zur Bedarfsdeckung sind Sachgüter und Dienstleistungen.

Sachgüter sind z. B.
Lebensmittel: Brot, Gemüse und Milch;
Kleidung: Hose, Schuhe und Hemd;
Möbel: Bett, Tisch und Stuhl.

Dienstleistungen sind z.B.:
Der Friseur schneidet unsere Haare.
Der Briefträger bringt uns die Post.
Der Arzt behandelt die Kranken.

Die Bedürfnisse der Menschen sind unbegrenzt. Wir haben so viele Wünsche, wenn wir nur das Geld dafür hätten.

Aus dem Umgang mit unserem Taschengeld wissen wir aber auch, dass wir uns nicht alle Wünsche erfüllen können. Wir müssen versuchen, durch planvolles Handeln zunächst die wichtigsten Bedürfnisse und Wünsche zu erfüllen.

Das Führen eines Haushaltsbuches, vgl. S. 57 ff., kann uns helfen, dieses Ziel zu erreichen.

Aufgaben

1. Suche mithilfe eines Lexikons Erläuterungen für die in der Abbildung genannten Einkommensformen.
2. Nennt unterschiedliche Einkommensformen der Haushalte, z. B. von Angestellten, Arbeitern, Künstlern, Rentnern, Arbeitslosen,

   z. B. Arbeiter – Lohn, Abgeordneter – Diäten.
3. Welche Einkommensformen werden in dem Gespräch zwischen Helge und seiner Mutter genannt?

Gespräch zwischen Helge und seiner Mutter

Claudia hat zu ihrem Geburtstag einen Computer bekommen. Ihre Klassenkameraden beneiden sie darum. Helge bittet seine Mutter, ihm doch auch einen Computer zu schenken.

Helge: Claudia hat zum Geburtstag einen Computer bekommen. Kannst du mir nicht zu Weihnachten auch einen schenken?

Mutter: Das würde ich gern tun, aber einen solchen Computer kann ich nicht neben den anderen Dingen, die du benötigst, bezahlen.

Helge: Wieso, du verdienst doch mehr als Claudias Eltern.

Mutter: Das stimmt, aber trotzdem haben Claudias Eltern ein höheres Einkommen.

Helge: Das verstehe ich nicht.

Mutter: Denk doch mal nach! Ich verdiene allein. Claudias Eltern haben neben dem Lohn noch weiteres Einkommen: Ihnen gehört noch eine Wohnung, die sie vermieten. Außerdem haben sie von dem Onkel Aktien geerbt.

Helge: Dann haben Claudias Eltern also mehr Einkommen, obwohl du mehr verdienst als sie.

Einkommen

Das Haushaltseinkommen muss erarbeitet werden. Herr Meier arbeitet im Autohaus. Petra ist Auszubildende bei einem Friseur. Damit erwerben sie ihr Einkommen. Die Höhe des Einkommens entscheidet darüber, was man für den Lebensunterhalt ausgeben kann.

Arbeiten, die dazu dienen, ein Geldeinkommen zu erlangen, werden dem Erwerbsbereich zugeordnet.

Familie Meier verwendet das Haushaltseinkommen, um ihre Bedürfnisse zu decken. Sie kauft z. B. Lebensmittel und Kleidung, sie bezahlt Miete, Strom, Heizung, Fahrkosten und Versicherungen und nimmt die Leistungen vom Arzt, Friseur usw. in Anspruch.

Erst durch die Gegenüberstellung von Einnahmen und Ausgaben kann die finanzielle Situation eines Haushalts bzw. einer Person beurteilt werden.

Betriebsmittel sind austauschbar

Besonders die Betriebsmittel Arbeit und Geld (Sachmittel) sind entsprechend der jeweiligen Haushaltssituation zumindest teilweise austauschbar. Erwerbstätigkeit, Gesundheit, Umweltbewusstsein usw. bestimmen den Betriebsmitteleinsatz.

Geld wird z. B. verstärkt benötigt bei dem Wunsch nach Arbeitszeiteinsparung oder bei lückenhaften Fachkenntnissen und fehlender Geschicklichkeit.

- **Sachmittel:** Es entstehen Kosten für die Anschaffung und den Betrieb der Sachmittel, z. B. Anschaffung einer Mikrowelle oder Kauf von Fertigprodukten.
- **Vergabe von Arbeiten** an Dienstleistungsunternehmen, z. B. Geburtstagsessen im Restaurant.

Arbeit wird z. B. verstärkt benötigt bei Einkommensrückgang oder dem Wunsch nach besserem Umweltschutz, z. B. für die

- Herstellung einer möglichst preiswerten, schadstofffreien, naturbelassenen Nahrung – ohne aufwendige Verpackung und Zusatzstoffe.
- Reinigung mit umweltfreundlichen Mitteln.

Stichworte – Betriebsmittel

Der Haushalt ist ein Betrieb. Zur Bewältigung der anfallenden Aufgaben werden die Betriebsmittel Geld, Arbeitskraft und Sachmittel eingesetzt.

Geld wird eingesetzt, um Verbrauchsgüter, z. B. Lebensmittel, und Gebrauchsgüter, z. B. Herd, zu kaufen.

Arbeitskraft wird eingesetzt, um Speisen, z. B. Schokoladencreme, zuzubereiten.

Sachmittel werden z. B. für die Herstellung der Schokoladencreme eingesetzt. Das sind z. B.

- Geräte und Maschinen – Herd und Handrührgerät,
- Fertigprodukte bzw. vorgefertigte Lebensmittel, vgl. S. 54 f.

Aufgaben

Andrea will bei ihrer Geburtstagsparty Schokoladencreme anbieten.
Sie hat die Möglichkeit, die Creme
- nach eigenem Rezept selbst herzustellen,
- als Fertigprodukt zu kaufen,
- aus einem Cremepulver herzustellen.

Bewerte die verschiedenen Produkte im Hinblick auf den
a) Zeitaufwand,
b) Preis,
c) Gesundheitswert,
d) ökologischen Wert,
e) Geschmack.

Schokoladencreme selbst hergestellt
½ l Milch
1 Pr. Salz
40 g Zucker
40 g Stärke
2 EL Kakao
30 g gehackte Mandeln
1 Eischnee

Speisen selbst hergestellt oder vorgefertigt?

① **Müsli, verzehrfertig**
200 g fettarmer Joghurt **Bircher Müsli** aus Milch mit 1,5 % Fett

② **Müsli, selbst hergestellt**

2 EL Haferflocken	*(20 g)*
4 EL Milch	*(60 g)*
1 kl. Apfel, geschält	*(120 g)*
1/2 Banane, geschält	*(70 g)*
1 EL Sultaninen	*(20 g)*
1 EL Haselnüsse	*(15 g)*
1 EL Zitronensaft	*(10 g)*

③ **Müsli, aufbereitfertig, der Firma A Zutaten für eine Portion**
laut Angabe auf der Packung
50 g Früchte-Müsli
75 ml Milch

Aufgaben

1. Übertrage die Tabelle für Aufgabe 3 in dein Heft und vervollständige sie. Vergleiche Menge, Kosten, Arbeitszeit und Geschmack vom Müsli:
   a) selbst hergestellt,
   b) aufbereitfertig,
   c) verzehrfertig.

2. Erstelle eine Zutatenliste für Müsli, selbst hergestellt. Vergleiche diese mit den Zutatenlisten auf den Müslipackungen:
   a) aufbereitfertig,
   b) verzehrfertig.

3. Welches Müsli würdest du auswählen? Berücksichtige bei der Entscheidung auch die unterschiedlichen Zutaten (vgl. Zutatenliste) und den Umweltschutz. Begründe deine Entscheidung.

Vergleich: Müsli, selbst hergestellt oder vorgefertigt?

eine Portion	selbst hergestellt	aufbereitfertig	verzehrfertig
Menge	?	?	?
Preis	? €	? €	? €
Tätigkeitszeit	? min	? min	? min
Geschmack	?	?	?

Bewerte den Geschmack mit den Begriffen:
sehr gut,
gut und
weniger gut.

4. Vergleiche Kosten und Arbeitszeit, Geschmack, Zutaten und den Umweltaspekt für Pizza
   a) tiefgefroren,
   b) vom Pizzaservice,
   c) selbst hergestellt.

Generell sind vorgefertigte Lebensmittel/ Speisen teurer und aufwendiger verpackt als selbst hergestellte.

Der Nährstoffgehalt unterscheidet sich oft wesentlich vom Frischprodukt. Bei der Lebensmittelverarbeitung kommt es zu Nährstoffverlusten bzw. der Fett- und Salzgehalt werden erhöht, teilweise werden Zusatzstoffe verwendet.

Durch die notwendige Verpackung dieser Lebensmittel wird die Umwelt belastet.

Die Entscheidung sollte im Einzelfall durch folgende Überlegungen bestimmt werden:

- Wie hoch sind die zusätzlichen Kosten?
- Wie viel Zeit wird bei der Zubereitung und Reinigung (Tätigkeitszeit) eingespart?
- Wie ist der Energie- und Nährstoffgehalt zu beurteilen?
- Wie sind Geschmack, Aussehen und Beschaffenheit zu beurteilen?
- Wurden Zusatzstoffe zur Verbesserung des Aussehens, der Haltbarkeit usw. verwendet?
- Wie stark belastet die Verpackung die Umwelt?
- Ist der Einsatz aufgrund der speziellen Situation unbedingt erforderlich?

Begriffserläuterungen

Bei vorgefertigten Lebensmitteln – Convenience-Food – werden bestimmte Be- und Verarbeitungsstufen im Herstellbetrieb übernommen.

Es werden zunehmend vorgefertigte Lebensmittel/Speisen zum Kauf angeboten. Nach der Stufe der Bearbeitung unterscheidet man folgende vorgefertigte Lebensmittel:

Teilfertig: Lebensmittel, die weitere Zutaten benötigen und/oder einer weiteren Bearbeitung, z. B. Zerkleinern, Mischen, Garen, Erwärmen, bedürfen.

Küchenfertig: Lebensmittel, von denen der nicht essbare Teil entfernt ist und die gegebenenfalls zerkleinert sein können.

Aufbereitfertig: fertig vorbereitete oder gegarte Lebensmittel, die weitere Zutaten benötigen und/oder bis zur Verzehrtemperatur zu erwärmen sind.

Verzehrfertige Lebensmittel: Lebensmittel und Speisen, die ohne weitere Behandlung oder Tätigkeit verzehrt werden können. Das Öffnen oder Entfernen der Verpackung ist erforderlich.

Vorgefertigte Lebensmittel

- teilfertig
  - küchenfertig
  - garfertig bzw. aufbereitungsfertig
- verzehrfertig

Wir bauen ein Standbild – Mein Taschengeld bekomme ich von meinem ?

Wenn ein Thema gefunden ist, das oben genannte oder ein Thema eurer Wahl, beginnt die eigentliche Bauphase.

Die Klasse wird in mindestens zwei Gruppen unterteilt, die nacheinander ein Standbild zum gleichen Thema oder zu unterschiedlichen Themen erbauen.

Folgende Spielregeln sind beim Erbauen und Betrachten zu beachten:
Zunächst findet eine kurze **Beratungsphase** in der Gruppe hinsichtlich des zu erstellenden Standbildes statt:

- Was wollen wir aussagen?
- Wie können wir dies aussagen?

Der Erbauer bzw. die Erbauerin des Standbildes sucht sich dann aus der Klasse bzw. Gruppe die Personen aus, die er/sie in Bezug auf Körperhaltung, Mimik usw. für geeignet hält.

Bauphase: Nun wird „aus den Mitspielern und Mitspielerinnen" das Standbild gebaut, indem die Positionen, Haltungen usw. verändert werden. Alle verhalten sich dabei völlig passiv – sie dürfen die jeweilig geforderte Haltung nicht ablehnen.

Während der gesamten Bau- und Betrachtungsphase wird kein Wort gesprochen. Was wir sagen wollen, können wir nur durch unsere Körpersprache zum Ausdruck bringen.

Wenn ein Standbild fertig ist, erstarren alle Mitspieler und -spielerinnen für 60 Sekunden.

Die Beobachtenden haben nun Gelegenheit, das entstandene Standbild zu betrachten und es auf sich wirken zu lassen.

Dann wird das Standbild durch alle Beteiligten beschrieben und interpretiert.

Auch geheime Themen können in einem Standbild erstellt und erraten werden.

Ein Haushaltsbuch hilft sparen

Aufgaben

Auf der S. 58 ist ein Teil des Haushaltsbuchs der Familie Schulze abgedruckt.

1. Welche Einnahmen sind eingetragen?
2. Welche Ausgaben sind eingetragen?
   a) Welche Sachgüter, z. B. Schuhe, wurden gekauft?
   b) Welche Dienstleistungen, z. B. Reinigung, wurden in Anspruch genommen?
3. Welchen Nutzen hat man von einer Haushaltsbuchführung?

Wie werden die Einnahmen und Ausgaben in das Haushaltsbuch eingetragen?

- In die 1. Spalte wird das jeweilige Datum eingetragen.
- In die 2. Spalte werden sämtliche Bezeichnungen für Einnahmen und Ausgaben eingetragen.
- In die 3. Spalte werden alle Einnahmen eingetragen.
- In die 4. Spalte wird der gegenwärtige Kassenbestand eingetragen.
- In die 5. Spalte werden alle Ausgaben eingetragen.
- In den Spalten 6 bis 14 werden alle Ausgaben nach Ausgabengruppen unterschieden.

In diesem Haushaltsbuch werden folgende Ausgabengruppen unterschieden: Lebensmittel (Nahrungsmittel, Genussmittel), Wohnen, Bekleidung, Gesundheits- und Körperpflege, Freizeit und Bildung, Verkehr und Post, Sonstiges.

Wie werden die Ausgaben kontrolliert?

- Wöchentlich werden die einzelnen Posten der Ausgabengruppen addiert (Spalten 6 bis 14).
- Außerdem werden sämtliche Ausgaben der Spalte 5 addiert.
- Auch die Einnahmen in der Spalte 3 werden addiert.
- Nun werden die Ausgaben von den Einnahmen subtrahiert, hierdurch wird in Spalte 4 der Kassenbestand ermittelt. Familie Schulze verfügt am 5. April also noch über 1301,95 €. Es wird Bilanz gezogen.

Eine Bilanz ist eine Gegenüberstellung von Einnahmen und Ausgaben innerhalb eines bestimmten Zeitraums.

Allgemein gilt:

- Die Ausgaben jeweils sofort eintragen. Belege und Rechnungen aufheben und täglich die Beträge in das Haushaltsbuch eintragen.
- Wöchentlich die Ausgabenposten addieren und den Kassenbestand ermitteln. So weiß man, wie viel Geld noch vorhanden ist.
- Außerdem die einzelnen Ausgabenposten addieren, auf diese Weise kann man die Höhe der Ausgaben innerhalb einer Ausgabengruppe überprüfen. Wurde z. B. zu viel Geld für Benzin oder Genussmittel ausgegeben?
- Durch die Haushaltsbuchführung können Einnahmen und Ausgaben besser aufeinander abgestimmt werden. Das vorhandene Geld kann überlegter eingeteilt werden.

Besteht ein Missverhältnis zwischen Einnahmen und Ausgaben, gibt es nur zwei Möglichkeiten: die Ausgaben senken und/oder die Einnahmen erhöhen.

Haushaltsbuchführung

Haushaltsbuch *Schulze*

Monat: *April*

Datum	Konto	Einnahmen		Kassenbestand		Ausgaben		Ausgaben																	
								Lebensmittel				Wohnen		Bekleidung		Gesundheits- und Körperpflege		Freizeit, Bildung		Verkehr, Post				Sonstiges	
								Nahrungsmittel		Genussmittel										Private Verkehrsmittel		Öffentl. Verkehrsmittel, Telefon u. Ä.			
	Bezeichnung	€	Ct	€	Ct	€	Ct	€	Ct	€	Ct	€	Ct	€	Ct	€	Ct	€	Ct	€	Ct	€	Ct	€	Ct
1	2	3		4		5		6		7		8		9		10		11		12		13		14	
1.	*Gehalt*	*1970*	*00*	**1970**	**00**																				
	Miete			**1571**	**00**	*399*	*00*					*399*	*00*												
	Benzin			**1551**	**00**	*20*	*00*													*20*	*00*				
2.	*Supermarkt*			**1498**	**93**	*52*	*07*	*45*	*30*	*6*	*77*														
	Taschengeld			**1494**	**43**	*4*	*50*																	*4*	*50*
	Reinigung			**1486**	**93**	*7*	*50*							*7*	*50*										
	Strom			**1440**	**93**	*46*	*00*					*46*	*00*												
3.	*Zeitung*			**1428**	**43**	*12*	*50*											*12*	*50*						
	Telefon			**1406**	**77**	*21*	*66*															*21*	*66*		
	Obst, Gemüse			**1398**	**89**	*7*	*88*	*7*	*88*																
4.	*Friseur*			**1383**	**89**	*15*	*00*									*15*	*00*								
	Sparen			**1323**	**89**	*60*	*00*																	*60*	*00*
	Porto			**1320**	**89**	*3*	*00*															*3*	*00*		
5.	*Fleischer*			**1308**	**44**	*12*	*45*	*12*	*45*																
	Bus			**1306**	**94**	*1*	*50*															*1*	*50*		
	Reinigungsmittel			**1301**	**95**	*4*	*99*					*4*	*99*												
	Summe	*1970*	*00*	*1301*	*95*	*668*	*05*	*65*	*63*	*6*	*77*	*449*	*99*	*7*	*50*	*15*	*00*	*12*	*50*	*20*	*00*	*26*	*16*	*64*	*50*

Familie Meier hat beschlossen, ein Haushaltsbuch zu führen.
Vom 1. bis 6. März hatten sie folgende Einnahmen und Ausgaben.

1. März	Gehalt	1997,00 €
1. März	Miete	432,00 €
1. März	Taschengeld für Claudia	3,00 €
2. März	Abgaben von Manfred für Wohnung und Essen	75,00 €
2. März	Supermarkt	38,40 €
3. März	Blumen	2,49 €
4. März	Benzin	20,00 €
4. März	Zeitung	18,00 €
4. März	Sparen	200,00 €
5. März	Kino	8,00 €
5. März	Metzger	12,30 €
5. März	Briefmarken	3,80 €
6. März	Bluse	19,50 €
6. März	Friseur	15,00 €
6. März	Waschmittel	4,99 €
6. März	Strom	48,00 €

Aufgaben

1. Trage die Einnahmen der Familie Meier in ein Haushaltsbuch ein.
2. Wie hoch ist die Summe der Einnahmen der Familie Meier?
3. Trage die Ausgaben der Familie Meier jeweils in die richtigen Spalten ein.
4. Wie hoch ist die Summe der Ausgaben der Familie Meier?
5. Wie hoch ist der Kassenbestand?

Wie erhält man ein Haushaltsbuch?

Gehe zur Sparkasse oder zur Verbraucherberatungsstelle und hole dir ein kostenloses Exemplar „Unser Haushaltsbuch".

Oder schreibt in der Klasse einen Brief an

Geld und Haushalt
Beratungsdienst der Sparkassen-Finanzgruppe
im Deutschen Sparkassen- und Giroverband
Postfach 11 07 40, 10837 Berlin
www.geldundhaushalt.de

und bittet um Zusendung von … Exemplaren „Unser Haushaltsbuch".

1. Schreibe Einnahmen und Ausgaben in einem Heft auf.
2. Stelle fest, wofür du am meisten Geld ausgegeben hast.
3. Wo könntest du etwas einsparen, um damit evtl. eine größere Anschaffung zu ermöglichen?
   Diese Aufzeichnungen brauchst du niemandem zu zeigen, aber sie helfen dir sicher, dein Taschengeld besser einzuteilen.

Das schnelle Geld?

Die 15-jährige Petra berichtet: „Ich war echt stolz, als ich auch noch eine Geldkarte für den Bankautomaten bekam, ein irres Gefühl, so als wäre man schon erwachsen und würde für voll genommen. Super!“

Der 20-jährige Kevin gibt zu: „Ich will mich ja nicht rausreden, aber irgendwie hat mich der Automat richtig heißgemacht. Man steht da, tippt ein paar Nummern ein, und der spuckt aus, was man will, als wäre das gerade mal nix. Ich habe das also dreimal wiederholt und mir Sachen gekauft, die ich mir nie leisten konnte. Endlich mal richtig in die Vollen greifen, das ist schon eine tolle Sache. Wie viel Miese ich hatte, wollte ich gar nicht wissen, ich habe, ehrlich gesagt, nicht daran gedacht. Mein Konto hatte ein Minus von 750 €. Ich war total von den Socken.“

Der 18-jährige Tobias berichtet: „Im Versandhaus lief alles easy ab. Und was ging mir vorher die Muffe! Ich dachte, die checken vor dem Kauf ganz genau meine Finanzen und sagen dann: Nein! Aber die Frau, die die Bestellung aufgenommen hat, war absolut cool und hat mich gefragt, was ich sonst noch gern hätte, und fing an, im Katalog herumzublättern. Wenn schon, denn schon. Na ja, und dann habe ich noch außer dem Computer und Spieldisketten einen Discman gekauft und Turnschuhe, die ich immer schon haben wollte.
Die Frau sagte keinen Ton: Nun machen Sie mal langsam oder so was in der Richtung. Die gab meine Bestellung in den Computer rein, ich unterschrieb, und das war's. Von dem Moment an war ich mit 12 Monatsraten zu je 85,00 € dran, das hat mich völlig kaltgelassen, ich ging raus und war total happy. Die erste Rate konnte ich noch mit Ach und Krach hinlegen, aber dann klappte nichts mehr.“

Konsum und Schulden

Aufgaben

1. Erstellt Collagen.
   „Muss ich das haben, um in der Clique mithalten zu können? – Woher nehme ich das Geld?“
2. Lest die Fallbeispiele.
   Diskutiert die Fallbeispiele und sucht nach Handlungsalternativen.
3. Schreibt auf Karten Tipps zum besseren Auskommen mit dem Einkommen.
4. Überprüft die Werbeanzeigen von Sparkassen und Banken.
   a) Wer soll dadurch angesprochen werden?
   b) Welche Vorstellungen und Wünsche werden geweckt?
   c) Wie sieht die Wirklichkeit aus?
5. Stellt fest, ob es an eurem Wohnort eine Schuldnerberatung gibt.

Werbung von Banken und Sparkassen

M-Card –
Lassen Sie Ihr Bargeld zu Hause!

Bezahlen Sie, ohne einen Cent Bargeld in der Tasche zu haben.

Egal ob in Frankfurt, New York oder Singapur – mit der M-Card haben Sie immer die richtige Währung in der Tasche – weltweit bei mehr als 22 Millionen Akzeptanzstellen.

Eine Karte – viel drin

Bezahlen Sie, ohne einen Cent Bargeld in der Tasche zu haben, ob im In- oder Ausland, ob beim Einkauf oder auf Reisen.

Mit der EC-Karte sind Sie immer gut gerüstet.

Rund um die Uhr!

Wie kann man sich vor Verschuldung schützen?

Nach einer Untersuchung der Universität Bielefeld leiden inzwischen 10% der deutschen Jugendlichen an einer unkontrollierten Kaufsucht, und weitere 25 bis 30% sind stark gefährdet.

Um mithalten zu können, jobben mehr als 400 000 Schüler/-innen in der Freizeit oder machen Schulden. 10 bis 15% der 11- bis 15-jährigen Jugendlichen sind verschuldet. Wer muss diese Schulden bezahlen?

Möglichst keine Bankkarten benutzen!
Bei der Benutzung dieser Karten verliert man schnell den Überblick, wie viel Geld wirklich noch auf dem Konto ist. Kredite an Jugendliche zu vergeben ist nicht erlaubt, aber Kundenkarten werden großzügig ausgeteilt.

Ermittelt euren Geldbedarf!
Schreibt einen Monat eure Ausgaben auf.
Stellt fest, wie viel Geld ihr benötigt habt.
Wofür habt ihr besonders viel ausgegeben?
Wo könnt ihr sparen?
Habt ihr zu oft Freunde eingeladen?

Belege aufbewahren!
Kontoauszüge und alle Kaufbelege aufbewahren. Ihr benötigt sie, wenn ihr etwas reklamieren wollt. Und so behaltet ihr den Überblick über eure Ausgaben und Zahlungsverpflichtungen.

Keine Ratenverpflichtungen eingehen!
Ihr müsst sonst in Zukunft monatlich auf diese Beträge bei euren sonstigen Ausgaben verzichten. Oft reicht dann das Geld nicht mehr und es kommt zur Verschuldung. Auch seinen Job kann man verlieren und dann sind die sonst so sicher gewesenen Zahlungen nicht mehr möglich.

Keine Unterschriften auf der Straße!
Keine Verträge für Mitgliedschaften in Buchklubs usw. unterschreiben. Und wenn es doch einmal passiert, denkt daran, dass ihr diese Kaufverträge und Ratenverpflichtungen innerhalb von zwei Wochen schriftlich wieder kündigen könnt. Diese Kaufverträge werden erst nach zwei Wochen gültig.

Ehrlich zu sich selbst sein!
Überlegt vor dem Kauf:

- Kann ich mir das wirklich leisten?
- Brauche ich das wirklich?
- Kann ich das nicht auch billiger verwirklichen? Es müssen nicht immer Markenartikel sein.
- Kann ich das selber machen? Z.B. Freunde zu Hause zur Pizza einladen, es muss nicht immer die Pizzeria sein.
- Auch das Geld aus dem „Automaten" muss zurückgezahlt werden.
- Die Bank verdient an euren Schulden, ihr müsst viel dafür bezahlen.

Schulden werden nicht von alleine weniger!
Versucht, nicht den Kopf in den Sand zu stecken, sondern holt euch Rat, wenn ihr Schwierigkeiten habt. Ermittelt die Anschrift einer Schuldnerberatungsstelle und vereinbart einen Termin. Im persönlichen Gespräch könnt ihr Lösungsmöglichkeiten besprechen.

3 Lernbereich Freizeit

Funktionen der Freizeit

- Muße und Erholung
- Bildung
- Unterhaltung, Feste
- Kennenlernen anderer Menschen und Länder
- Aktivitäten, Wandern
- Ausgleichssport

Aufgaben

1. Betrachte die Abbildungen.
2. Welche Funktion hat die Freizeit jeweils für die abgebildeten Menschen?
3. Schreibe einen Text: „So wünsche ich mir meine Freizeit“.

Wir erstellen einen Freizeitführer für unsere Gemeinde

1. Führt eine Umfrage durch:
   Welche Freizeitangebote/Einrichtungen sind euch wichtig?
2. Stellt fest, welche Anbieter von Freizeitangeboten es in eurer Gemeinde gibt, z. B. Vereine, Verbände.
3. Erkundet
   a) das jeweilige Freizeitangebot,
   b) die Zielgruppe,
   c) die Rechte und Pflichten der Mitglieder,
   d) den Beitrag – die Kosten.
4. Erstellt in Gruppen einen Freizeitführer für eure Gemeinde.
5. Ermittelt angemessene Freizeitangebote
   a) für die ganze Familie,
   b) speziell für Jugendliche.

Welche Möglichkeiten für die Freizeitgestaltung möchten Sie in Ihrer Nähe haben?

Nennen Sie die Angebote/Einrichtungen, die für Sie am wichtigsten sind.

Schwimmbad, Badesee	58 %
Naherholungsgebiet	53 %
Restaurants	52 %
Schöne Geschäfte	41 %
Kneipen, Bistros, Cafés	37 %
Kinos	34 %
Freizeitpark	32 %
Flohmarkt	26 %
Theater	23 %
Zoo, Tierpark	23 %
Sportverein	22 %
Sportveranstaltungen	21 %
Bücherei, Bibliothek	20 %
Konzerte	19 %
Diskotheken	19 %
Spielplatz	13 %
Museum	13 %
Weiterbildungsangebot	12 %
Kunstausstellung	12 %
Oper	9 %

(Freizeit-Forschungsinstitut)

Die Freizeit sollte so gestaltet werden, dass sie Spaß macht und einen Ausgleich zur Arbeitswelt ermöglicht. Die Arbeit ist häufig nicht so stark körperlich belastend, dafür jedoch psychisch anstrengend, d. h., es besteht Bewegungsmangel, gleichzeitig wird eine hohe Konzentration gefordert. Hieraus entstehen gesundheitliche Risiken, die durch eine angemessene Freizeitgestaltung gemindert bzw. ausgeglichen werden können.

Freizeitfunktionen

Wiederherstellung und Erhaltung der Gesundheit: z. B. Sport, Spaziergang, Entspannung

Unterhaltung, Vergnügen: z. B. Lesen, Treffen mit Freunden, Tanzen

Selbstverwirklichung: z. B. Hobbys – Basteln, Gestalten, Mitglied in einer Jugendgruppe

Negative Auswirkungen haben: Bewegungsmangel, übermäßiger Fernsehkonsum, Lärm, Stress durch lange Autofahrten, Langeweile, geringe Abwechslung.

3.1 Reizüberflutung durch Fernsehen und DVDs/Videos

Aufgaben

1. Lies den folgenden Text.
2. Nenne Ursachen für die Fernsehgewohnheiten der Familie Schulze.
3. Wie wirken sich diese
   a) auf die Gesundheit,
   b) auf das Familienleben aus?
4. Gestaltet in arbeitsteiligen Gruppen zwei Rollenspiele zum Thema: „Ein Abend bei Familie Schulze ohne Fernseher".
   a) Welche Schwierigkeiten gibt es?
   b) Welche positiven Erfahrungen macht Familie Schulze?

Familie Schulze sitzt beim Abendbrot. Der Fernseher steht so, dass Herr Schulze hinsehen kann. Es herrscht Schweigen. Die Kinder sind im Gegensatz zu sonst sehr schweigsam. Sie haben beim Essen ruhig zu sein und dürfen ihren Vater nicht stören. Freunde sprechen Herrn Schulze darauf an, dass aus seiner Wohnung ständig der Fernseher zu hören ist. „Das fällt mir nicht mehr auf", sagt er. Dabei hat man den Eindruck, dass Herr Schulze die Sendungen, die beim Abendbrot laufen, nur sehr unbeteiligt verfolgt. Auch das bestätigt er: „Es läuft so vorüber. Wenn mich einer fragt, was ich gesehen habe, bringe ich alles durcheinander."

Und auf die Frage, warum es so still bei Tisch sei, antwortet er: „Das habe ich von zu Hause – man verschluckt sich leicht, wenn man isst und dabei spricht."

Nach dem Abendessen dürfen die Kinder meist noch fernsehen. Auch darüber entscheidet der Vater. Frau Schulzes Einwand, die Kinder würden danach so schlecht einschlafen, übergeht er. Erlaubt wird das Fernsehen aber nur, wenn die Kinder ganz ruhig sind. „Sonst fliegt ihr sofort raus", droht er. Am nächsten Morgen wollen die Kinder dann wieder einmal nicht aufstehen und in der Schule können sie sich nicht konzentrieren. Den gemeinsamen Fernsehabend benutzt Sabine, um bedrückende Probleme anzusprechen – Probleme, bei denen sie befürchtet, dass zu anderer Zeit Strafe folgen würde. Sabine: „Wenn ich mal was ausgefressen habe, dann erzähle ich das, wenn mein Vater fernsieht. Dann ist er meist ganz friedlich und schimpft nicht sofort los. Dann habe ich keine Angst vor ihm, ich kann ihm fast alles sagen."

„Fernsehen und Videos beruhigen", erzählt Herr Schulze. Er wüsste gar nicht, was er ohne Fernseher machen würde. „Nach einem Tag in der Firma bin ich abends fix und fertig. Ich habe einfach keine Lust mehr zu irgendetwas."

Der Fernseher geht kaputt

Familie Schulze steht nun vor der Wahl, einen neuen Fernseher zu kaufen oder zunächst darauf zu verzichten. Herr Schulze meint: „Es ist überhaupt nicht vertretbar, Kinder ohne Fernseher aufwachsen zu lassen. Es gibt so viele gute Beiträge."

Trotzdem kauft Familie Schulze vorerst keinen neuen Fernseher. Sabine berichtet später: „In den ersten Monaten wussten wir abends oft nicht, was wir tun sollten."

(nach J. U. Rogge: Heidi, Pacman und die Video Zombies)

Durch den steigenden Fernsehkonsum sinken die Bereitschaft und die Fähigkeit zum Gespräch miteinander.

- Im Fernsehen erlebt man die Wirklichkeit aus zweiter Hand. Das Fernsehen ist kein Ersatz für
  - Erlebnisse, unmittelbare Erfahrungen, die man selber macht,
  - Begegnungen mit anderen Menschen,
  - die Natur, die man erlebt.
- Fernsehen kann sich negativ auf das Verhalten auswirken. Die „erlebte" Gewalttätigkeit kann Aggressionen auslösen.
- Übertriebener Fernsehkonsum kann zu diesen gesundheitlichen Störungen führen:
  - u. a. Konzentrationsschwäche,
  - Kopfschmerzen,
  - Angstzustände, Schlafstörungen.
- Bei einem alternativen Freizeitangebot sinkt meist das Interesse am Fernsehen.
- Auf der anderen Seite kann das gemeinsame Anschauen ausgewählter Programme zu Gesprächen anregen. Auf diese Weise kann das Gesehene dann zugleich verarbeitet werden.

Aufgaben

1. Nach einiger Zeit kauft Familie Schulze einen neuen Fernseher. Erarbeitet Tipps für die Gestaltung des „Familienfernsehprogramms".
2. Ermittle aus Programmzeitungen Sendungen, die
   a) sehenswert und interessant sind,
   b) zur Gewalttätigkeit anregen.
   Begründe deine Auswahl.
3. Startet eine Umfrage unter euren Mitschülerinnen und Mitschülern:
   - Wie viel Stunden seht ihr täglich fern?
   - Welche Sendungen, Videos, DVDs a) bevorzugt ihr, b) meidet ihr?
   - Was tut ihr am liebsten in der Freizeit?
   - usw.

   Stellt die Ergebnisse der Umfrage auf Plakaten dar.

Fantasiereise

Setzt euch zunächst locker und bequem hin, werdet ganz still.

Schließt die Augen. Ihr sollt nun – jeder für sich – in seiner Fantasie den gestrigen Tag noch einmal erleben.

In eurer Fantasie steht ihr auf, verlasst das Klassenzimmer und geht zurück nach Hause, in euer Zimmer. Ihr liegt in eurem Bett. Es ist früh am Morgen, der Tag beginnt ...

Ihr verfolgt nun das ganze Tagesgeschehen. Bei Situationen, die eure Gesundheit fördern bzw. schädigen, verweilt ihr.

Pause ...

Es ist Abend, ihr liegt wieder im Bett.

Kommt langsam in euer Klassenzimmer zurück.

Ihr seid wieder zurück im Klassenzimmer. Öffnet die Augen, unterhaltet euch nicht.

- Schreibt auf:
  Welchen Situationen, die eure Gesundheit fördern bzw. schädigen, seid ihr auf der Reise begegnet?

3.2 Stressbewältigung

Aufgaben

1. Beschreibe Stresssituationen, denen du ausgesetzt bist, und wie du dich dabei fühlst; z. B. Schreiben eines Vokabeltests, du hast nicht gelernt. Du kannst die Aufgabe nicht lösen.
2. Betrachtet in Gruppen die abgebildeten Fotos. Welche Freizeitbeschäftigungen
   a) dienen der Erholung,
   b) ermöglichen keine Erholung?
   Begründet eure Entscheidungen.

Starke körperliche und seelische Belastung bezeichnen wir als Stress.

Etwa 40 % der Bevölkerung sind der Meinung, dass sie unter Stress leiden.

Stress kann unter bestimmten Umständen für den Körper nützlich (Eustress) oder schädlich sein (Disstress). **Disstress** macht krank, **Eustress** regt die Körperfunktionen an und steigert so die Leistungsbereitschaft.

Wenn wir von Stress reden, meinen wir Disstress, der durch ständige Überbeanspruchung und Leistungsdruck hervorgerufen wird, z. B. Lärm, Dauerkonflikte, Belastungen am Arbeitsplatz und in der Schule, eingeengte Wohnverhältnisse usw. Durch Disstress können Krankheiten entstehen, z. B. Bluthochdruck, Herzinfarkt, Magen- und Darmerkrankungen, Stoffwechselerkrankungen und seelische Erkrankungen.

Zur Stressbewältigung muss man versuchen, Eustress aufzubauen und Disstress abzubauen.

Merke

Eustressaufbau

- **Tätigkeiten ausüben, die einem Spaß machen, z. B. Hobbys.**
- **Gemeinsame Unternehmungen mit Freunden planen, z. B. Sport, Ausflüge, Spiele.**
- **Anderen und sich selbst Erfolgserlebnisse bereiten, z. B. anerkennende Worte und kleine Geschenke.**

Disstressabbau

- **Ärger sofort abbauen, z. B. über die Ursache des Ärgers reden – die angestaute Energie wird so verbraucht.**
- **Gefühle ausleben, z. B. weinen, lachen, singen, körperlich aktiv sein.**
- **Entspannung und Meditation führen zu einer gelasseneren Lebensweise.**

Körperliche Betätigung und Sport dienen dem Aufbau von Eustress. Hierdurch wird der Körper gesund erhalten und die Abwehrkräfte gegenüber Krankheiten werden erhöht. Ein angemessenes körperliches Training steigert die Leistungsfähigkeit von Muskulatur, Herz-Kreislauf-System und Atmung, außerdem wird überschüssige Energie abgebaut.

Eine ständige Überbeanspruchung durch körperliches Training kann jedoch Disstress bedeuten.

Jeder sollte regelmäßig eine Sportart betreiben, die ihm Freude bereitet. Gesundheitsfördernd sind z. B. Dauerlauf, Schwimmen, Radfahren, Skilanglauf, Bergwandern, Tanz und Gymnastik, da bei diesen Sportarten viele Muskelgruppen bewegt werden.

Körperliche und geistige Betätigungen verlangen als Ausgleich Entspannungs- und Ruhepausen, in denen wir uns wieder erholen, neue Energie- und Kraftreserven bilden. Schlaf dient so z. B. der Erholung – dem Abbau von Disstress. Während des Schlafs werden Muskelanspannung und Herzfrequenz gesenkt, die Blutgefäße erweitern sich und der Blutdruck sinkt.

Entscheidend für die Erholung ist ein möglichst ungestörter Schlaf. Regelmäßige Einschlafzeiten sowie die Vermeidung von schwer verdaulichen Speisen und anregenden Getränken erhöhen die Tiefschlafzeiten.

Sport im Freien

Entspannendes Atmen

In Stresssituationen ist die Atmung oft schnell und unregelmäßig. Durch eine verbesserte Atmung wird dem Körper mehr Sauerstoff zugeführt. Das hilft, Stress und Anspannung zu vertreiben.

Lege dich auf einer Decke auf den Rücken. Beine und Füße sind entspannt, die Hände liegen locker auf dem Bauch, Hals und Schultern sind gelöst. Schließe deine Augen.

Lenke deine Aufmerksamkeit auf den Bauch. Atme aus. Atme durch die Nase langsam wieder ein und spüre, wie sich die Bauchdecke dabei hebt. Atme wieder aus; die Bauchdecke senkt sich. Mache nach dem Ausatmen eine kurze Pause. Spüre, wie der Atem danach fast von selbst in deinen Bauch strömt.

Mache noch einige dieser langsamen und beruhigenden Atemzüge.

Öffne dann die Augen, nimm die Arme nach oben, dehne und strecke dich und atme dabei nochmals tief ein.

Aufgaben

1. Führt die Atemübung aus. Berichtet über eure Erfahrungen dabei.
2. Informiert euch, z. B. im Internet oder bei Krankenkassen, über weitere Entspannungstechniken.
3. Auch körperliche Betätigung dient der Stressbewältigung. Beschreibt, wie ihr euch bei Bewegung und Sport erholen könnt.

Entscheidungsprozess – Familienurlaub

Problemphase:
Christina ist 15 Jahre alt, ihr Bruder Jan wird bald 17 Jahre. Christina und Jan möchten während des Urlaubs ihren eigenen Interessen nachgehen. Die Eltern meinen, dies wäre auch während eines gemeinsamen Familienurlaubs möglich.

Führt für die Familie K. im Rollenspiel einen Entscheidungsprozess durch:
Können während eines gemeinsamen Urlaubs die unterschiedlichen Urlaubsbedürfnisse der Familienmitglieder weitgehend berücksichtigt werden?

Planungsphase:
Was möchten die verschiedenen Familienmitglieder am liebsten während des Urlaubs tun? Reiten oder Museumsbesuch, Wandern oder?

Informationsphase:
Besorgt euch Prospekte von Urlaubsorten, Freizeiteinrichtungen und ermittelt:

- Welche Freizeitaktivitäten sind dort möglich?
- Was könnte man hier gemeinsam bzw. allein unternehmen?
- Welche Kosten entstehen?
- Welche Urlaubsziele eignen sich?

Beurteilungsphase:
- Was spricht für bzw. gegen einen gemeinsamen Familienurlaub?
- Können die unterschiedlichen Bedürfnisse der verschiedenen Familienmitglieder weitgehend während eines gemeinsamen Urlaubs erfüllt werden?
- usw.

Entscheidungsphase: …

1. Erstellt Collagen:
   „So stelle ich mir meine Freizeit vor."
2. Ermittelt durch eine Umfrage die zehn beliebtesten Urlaubsorte.

HOBBY

Zum Steckenpferd ich heiter rat'
Und wünsch, dass Glück der Reiter hat.
Der eine hören nur vom Sport will,
Der andere liebt ein nettes Wortspiel.
Ein Dritter schätzt der Karten Gunst,
Ein Vierter schwärmt für Gartenkunst.
Ein Fünfter sich mit starkem Rauch beizt,
Den Sechsten nur zu fülln den Bauch reizt.
Ein Siebter, – dass ich kostbar spaße –
Trägt all sein Geld zur Postsparkasse.
Der Achte Wein, Weib und Gesang liebt,
Der Neunte Marken nächtelang siebt.
Der Zehnte jagen, fischen will,
Der Elft' schaut Telewischn viel.
Der Zwölft', als Leser, mir als Held gelt',
Der mehr vom Geiste als vom Geld hält!
Eugen Roth

3.3 Festplanung

Projekt – Wir planen ein Klassenfest

Folgende Überlegungen müssen bei der Planung des Klassenfestes angestellt werden:

- Wie viel Personen sollen eingeladen werden?
- Wer soll die Gästeliste und Einladungskarten erstellen?
- Wo soll das Fest stattfinden?
- Wer kümmert sich um den Raum?
- Wann soll gefeiert werden?
- Welche Bewirtungsart soll gewählt werden?
- Wer erstellt die Speisen, Getränke?
- Wie soll der äußere Rahmen gestaltet werden?
- Wer erstellt die Raum- und Tischdekoration?
- Wer stellt das Unterhaltungsprogramm zusammen?
- Wie soll das Fest finanziert werden?
- Wie und wann werden die Aufräumungsarbeiten durchgeführt?

Nun geht es an die Arbeit. Es gibt viel zu tun, bis das Klassenfest starten kann.

Auch dies ist ein Projekt. Wie ihr nun weiterarbeitet, wisst ihr ja bereits, vgl. S. 7, 92.

Auf den folgenden Seiten findet ihr Anregungen für die Durchführung eines Klassenfestes.

1. Lies die abgebildete Einladung.
   a) Ermittle Angaben, die eine Einladung enthalten muss.
   b) Schreibt Einladungen für euer Klassenfest.
2. Sammelt weitere Festanlässe:
   a) Familienfeste, z. B. Geburtstag,
   b) Feste im Jahreskreis, z. B. Nikolausfeier,
   c) besondere Feste, z. B. Klassenfest.

Einladung

Ich würde mich freuen,
Dich, Claudia,
am Montag, dem 5. Juni,
um 16 Uhr zu meiner
Geburtstagsfeier begrüßen
zu können.

Ich warte auf Deine Antwort!
Bis dann,
Deine Sabine

Aufgaben

1. Sammelt Rezepte für ein kaltes Büfett.
2. Ein kaltes Büfett für 20 Personen soll erstellt werden.
   a) Stellt eine Speisenfolge zusammen.
   b) Überlegt, wie viel Rezepte von den verschiedenen Speisen zubereitet werden müssen.
   c) Erstellt eine Einkaufsliste.
   d) Berechnet die Kosten für das kalte Büfett.
3. Macht Vorschläge für das Anrichten und Garnieren der Speisen.
4. Stellt kalte Büfetts zu folgenden Themen zusammen:
   a) Vegetarisches Büfett
   b) Fitnessbüfett
5. Auf einer Hochzeitsfeier wird zusätzlich zum kalten Büfett ein warmes Büfett angeboten.
   a) Macht Vorschläge für die Speisenauswahl.
   b) Beschreibt die Anordnung der Speisen und des Geschirrs.

Kaltes Büfett

Warmes Büfett

Kaltes Büfett

Zusammenstellung eines Büfetts

Je nach Tageszeit und Anlass können unterschiedliche Büfetts aufgebaut werden. Man unterscheidet z. B. folgende Büfettarten: Salat-, Frühstücks-, Brunch-, und Kuchenbüfetts.

Aufbau eines kalten Büfetts

- Tische für ein Büfett werden in Block- oder Hufeisenform aufgestellt. Das Büfett ist so von allen Seiten zugänglich.
- Der Gast soll von rechts nach links an dem Büfett vorbeigehen. Ganz rechts auf dem Tisch steht der Tellerstapel. Die Laufrichtung am Büfett erfolgt im Uhrzeigersinn.
- Ist der Platz auf dem Büfetttisch zu knapp, können Teller, Gläser, Besteck und Servietten auf einen Nebentisch gestellt werden.
- Beim Bereitstellen der Teller soll darauf geachtet werden, dass die Telleranzahl doppelt so groß ist wie die Gästezahl.
- Speisen stehen links neben den Tellern. Die entsprechenden Vorlegebestecke liegen neben den Schüsseln bzw. auf den Platten. Die Griffe der Vorlegebestecke zeigen zum Gast hin.
- Speisen sollen für die Gäste leicht erreichbar sein, daher die hinten stehenden Speisen evtl. erhöht anordnen.
- Verschiedene Brotsorten, das Besteck und die Servietten liegen links daneben.
- Getränke und Gläser können auf einem Servierwagen oder Nebentisch stehen.
- Das gebrauchte Geschirr wird auf einem Seitentisch abgestellt.

Vorteile eines kalten Büfetts

- Die Speisen und Getränke werden in Ruhe vorbereitet. Die Gastgeber widmen sich den Gästen, sie müssen sich nicht um das Servieren und Abservieren bemühen.
- Jeder Gast kann die Speisen nach seinem Geschmack und Appetit auswählen.
- Viele Gäste können auch in einem kleineren Raum bewirtet werden. Die Zahl der Festteilnehmer ist nicht genau festgelegt.

Festliches Menü

Ein Menü ist eine Speisenfolge von mindestens drei aufeinanderfolgenden Gängen, die in einer festgesetzten Reihenfolge verzehrt werden. Erst ab drei Gängen ist eine Mahlzeit ein Menü.

Ein erweitertes Menü besteht aus mehr als drei Gängen. Ein Gang ist dabei allein kein sättigendes Gericht.

Der Hauptgang ist im Menü der beherrschende Gang, die anderen Gänge werden nach ihm ausgerichtet.

Ein Gang kann kalt oder warm serviert werden. Kalte Gänge werden nur am Anfang als Vorspeise oder am Ende als Nachspeise serviert.

Zahl und Art der Gänge eines Menüs bestimmen die Speisenfolge:

- **Grundmenü:** Vorspeise
Hauptgang
Dessert
- **Erweitertes Menü mit vier Gängen:**

kalte Vorspeise
Suppe
Hauptgang
Dessert

oder

kalte Vorspeise
warme Vorspeise
Hauptgang
Dessert

oder

Suppe
warme Vorspeise
Hauptgang
Dessert

Erweiterungsmöglichkeiten des Grundmenüs sind also im Wesentlichen:
eine **kalte Vorspeise**, die vor der Suppe gereicht wird, und eine **warme Vorspeise** und/ oder ein **Fischgericht**, die nach der Suppe serviert werden.

Eine kalte Vorspeise – ein Gang

Eine warme Vorspeise – ein Gang

Ein Dessert – ein Gang

Aufgaben

1. Nenne mögliche Anlässe für ein festliches Menü.
2. Stellt ein festliches Menü für 12 Personen mit 4 Gängen zusammen.
3. Beschreibt das Anrichten und Garnieren der Speisen.
4. Erstellt
   a) eine Einkaufsliste,
   b) einen Arbeitsplan für die Zubereitung des festlichen Menüs.

Grundgedeck

Gedeck für: Hauptgang mit Suppe, Getränk und Brotteller

Gedeck für: Hauptgang mit Suppe, Dessert und zweitem Glas

Aufgaben

1. Decke einen Tisch für vier Personen für ein festliches Menü.
   Es gibt
   a) eine kalte Vorspeise,
   b) Suppe mit Brot,
   c) einen Hauptgang mit Salat,
   d) ein Dessert.
2. Erkunde verschiedene Glasformen und deren Verwendung für unterschiedliche Getränke.

Festlich gedeckter Tisch

- Zuerst wird mit einem Platzteller der Gedeckplatz markiert – 60 cm Platz pro Person. Auf den Platzteller werden die Suppentasse mit Untertasse, der Vorspeisenteller, der Menüteller usw. gestellt.
- Das Besteck für den Hauptgang wird unmittelbar neben den Platzteller gelegt. Das Besteck für den ersten Gang, z. B. Suppe, liegt rechts außen. Wird erst eine Vorspeise serviert, liegt der Suppenlöffel weiter innen. Der Gast benutzt das Besteck also von außen nach innen. Das Besteck für das Dessert wird oberhalb des Tellers angeordnet: ein kleiner Löffel mit dem Griff nach rechts und eine kleine Gabel mit dem Griff nach links.
- Salatschälchen werden links neben dem Teller eingedeckt.
- Wird ein Glas eingedeckt, so steht es oberhalb der Messerspitze. Werden mehrere Gläser eingedeckt, so steht das Glas, das zuerst gebraucht wird, über der Messerspitze. Die weiteren Gläser stehen rechts und links daneben.
- Der Brotteller wird als Letztes links vom Gedeck hingestellt. Ein Messer mit der Schneide nach links wird für Butter daraufgelegt. Werden Brotteller und Salatteller benötigt, so steht der Salatteller oberhalb des Brottellers.
- **Reihenfolge beim Eindecken: Geschirr, Besteck, Gläser und Servietten.**

Festlich gedeckter Tisch

Tischdekorationen

Diese werden dem Anlass entsprechend ausgewählt.

- Tischkarten informieren den Gast über eine bestimmte Sitzordnung.
- Menükarten informieren bei einem festlichen Menü über eine umfangreichere Speisenfolge.
- Kerzenleuchter geben eine stimmungsvolle Atmosphäre. Die Kerzen dürfen nicht zu lang sein, die Flamme blendet sonst und stört die Unterhaltung.
- Blumen, z. B. als Gesteck, Blumenband oder kleiner Strauß auf dem Tisch, eignen sich gut zur Dekoration.
- Tischdecke und -bänder sind farblich auf das Geschirr abgestimmt, z. B. Geschirr mit Muster auf einfarbiger Decke und umgekehrt.
- Die Servietten sollten farblich zum Geschirr passen.

Aufgaben

1. Mache Vorschläge für eine passende Tischdekoration für
   a) eine Nikolausfeier,
   b) eine Faschingsfeier,
   c) euer Klassenfest.

2. Entwerft Tischkarten für eine
   a) Taufe,
   b) Hochzeitsfeier,
   c) euer Klassenfest.

3. Sammelt und erprobt Möglichkeiten für das Falten von Servietten.

4. Deckt einen Tisch für folgendes Menü:
   Spaghetti mit Hackfleischsoße
   Grüner Salat – Kopfsalat
   Obstsalat, Mineralwasser

Servietten falten: Spitz

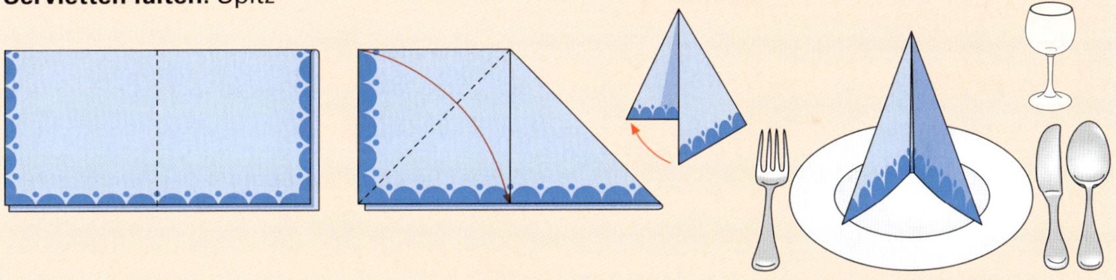

Serviette einmal aufklappen, offene Kante zeigt nach vorn.

Linke und rechte Serviettenecke zur Mitte der offenen Kante falten.

Das entstandene Dreieck in der Mitte zusammenfalten, aufstellen.

Servietten falten: Mütze

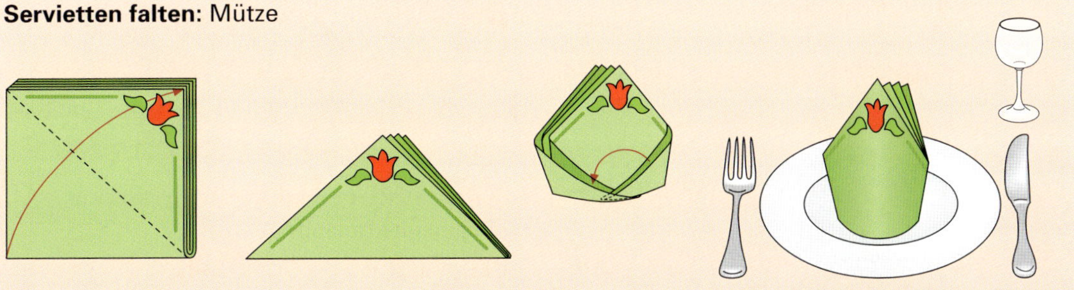

Ausgangsstellung

Untere geschlossene Ecke nach oben falten.

Beide Ecken hinten zusammenstecken.

Wir gestalten eine Menükarte am PC

Faltlinie →

Menükarte

Osterdinner mit der
Klasse 8 a
in Mayen
am Freitag, den 2. April 20..
in der Realschule

Rückseite **Vorderseite**

Für besondere Essen wird meist eine aufklappbare Menükarte gestaltet. Auf der Vorderseite der Menükarte werden

- der Anlass des Essens sowie
- Termin und Ort genannt.

Für die Gestaltung der Vorderseite eignen sich außerdem Abbildungen, die einen Bezug zum Anlass des Essens haben sollten.

Wenn man die Karte aufschlägt, steht auf der rechten Innenseite die Speisenfolge. Auf der linken Innenseite können zur Menüfolge passende Getränke angegeben werden.

Ein Menü besteht aus mindestens drei Gängen – einer Vorspeise, einem Hauptgang und einer Nachspeise. Festmenüs können sechs und mehr Gänge haben. Die verschiedenen Gänge werden in folgender Reihenfolge genannt:

- kalte Vorspeise
- Suppe
- warme Vorspeise
- Hauptgericht mit Sättigungsbeilage, Gemüse oder Salat
- Nachspeise/und oder Käse

Das hier vorgeschlagene Menü besteht aus vier Gängen.

Je übersichtlicher eine Menükarte gestaltet ist, umso leichter ist sie zu lesen.

Gestaltung der Vorderseite der Menükarte

Wenn ihr keine Software für Grußkarten und Einladungen habt, könnt ihr euch leicht behelfen:

- Worddokument aufrufen
- Querformat einrichten, damit die Menükarte später geklappt werden kann. Das geht so: Datei – Seite einrichten – Papierformat – Querformat – OK
- Tabelle – Zellen einfügen – Spalten 2 – Zeilen 1 – OK

Die linke Spalte des Dokuments für die Vorderseite wird nicht benutzt.

In der rechten Spalte könnt ihr jetzt die Vorderseite gestalten.

Dazu sucht ihr euch erst einmal eine schöne Schrift und eine gut lesbare Schriftgröße aus. Wenn ihr einen Farbdrucker habt, könnt ihr die Schrift nun auch farbig gestalten.

Ostermenü

Salat mit Schafskäse

****

Klare Gemüsesuppe

****

Eier in Senfsoße
frische Kartoffeln
Salatherzen

****

Fruchtbecher

Faltlinie →

Innere linke Seite | **Innere rechte Seite**

Eine Abbildung – ein Foto oder eine Zeichnung – solltet ihr schon unter „Eigene Dateien" abgelegt haben, denn die müsst ihr gleich einfügen. Man kann auch ein Clip-Art-Bild nehmen oder selbst etwas zeichnen, ein Bild einscannen oder ...

So geht es weiter:

- das Wort „Menükarte" in die rechte Spalte schreiben
- mit ENTER die Zeile vergrößern
- Einfügen – Pull-down-Menü Grafik – Aus Datei ... – Eigene Bilder (Bild aussuchen) – Einfügen – OK
- restlichen Text schreiben
- Bearbeiten – Alles markieren – Zentriert
- so lange Text und Bild mit ENTER hoch- und runterschieben, bis die Gestaltung der Vorderseite stimmt

Damit ist die Vorderseite der Menükarte fertig. Aber die Tabellenlinien stören:

- Format – Rahmen und Schattierungen – Rahmen – ohne – OK. Die Linien der Tabelle sind verschwunden.

Die Vorderseite könnt ihr jetzt drucken.

Tipp: Wenn ihr keinen Farbdrucker habt, legt farbiges Schreibpapier oder Tonpapier in den Drucker. Auf farbigem Papier muss aber die Schrift ganz besonders deutlich sein!

Gestaltung der inneren rechten Seite der Menükarte

Ihr öffnet ein zweites Worddokument und geht genauso vor wie bei der Vorderseite. Übersichtlich werden die verschiedenen Gänge, wenn ihr sie mit einer Sternchenleiste oder einer anderen Ornamentleiste voneinander trennt.

Sonst gilt das Gleiche wie bei der Gestaltung der Vorderseite. Aber halt, noch nicht drucken!

Jetzt wird es knifflig. Je nachdem was für einen Drucker ihr habt, müsst ihr die Seite verkehrt herum in den Drucker legen oder so herum, wie die Seite aus dem Drucker herausgekommen ist. Am besten probiert ihr das aus und notiert es euch.

Wenn die Menükarte allen gefällt und die letzten Tippfehler beseitigt sind, druckt ihr die benötigte Anzahl an Menükarten aus.

Speisen anrichten und garnieren

Anrichten ist das Einfüllen oder Auflegen von fertigen Speisen in Anrichtegeschirr, z. B. Platten und Schüsseln.

Kartoffelschüssel mit Löffel

Mittelgarnierung bei einer Suppe

Randgarnierung bei einer roten Grütze

- Das Anrichtegeschirr muss sauber und unbeschädigt sein.
- Schüsseln, Schalen usw. nur drei viertel voll – zwei Finger unter dem Rand – füllen. Rand mit einem sauberen Tuch reinigen.
- Auch bei Platten den Rand frei lassen. Die Ränder müssen sauber sein. Die Speisen wirken so appetitlicher.
- Heiße Speisen in vorgewärmtem Geschirr anrichten.
- Feste Speisen in Schüsseln oder auf Platten geben.
- Flüssige Speisen in Schüsseln geben oder mit einem Gießtopf in Einzelportionen ausfüllen.
- **Vorlegebesteck** bei Schüsseln u. Ä. danebenlegen, bei Platten darauflegen. Beispiele: Gemüselöffel, Kartoffellöffel, Salatbesteck, Suppenkelle, Soßenlöffel, Fleischgabel.
- **Garnieren** ist ein Verzieren von fertig angerichteten Speisen.
- **Garnieren – allgemein**: Speisen so garnieren, dass die Garnierung farblich und geschmacklich dazu passt: z. B. Petersilie, Tomatenachtel, Zwiebelringe, Zitronenscheiben, Kräuter.
- Die Garnierungen sollen essbar sein.
- Nicht zu üppig garnieren, die Speisen sollen noch zu sehen sein.
- Möglichst eine Randgarnierung oder Mittelgarnierung auswählen.

Fleischplatte mit Fleischgabel und Löffel

Servieren

- Grundsätzlich sollten alle Essensteilnehmer möglichst gleichzeitig bedient werden.
- Hektik und Lärm sind beim Servieren zu vermeiden.

Von welcher Seite wird der Gast bedient?

Von der rechten Seite des Gastes:

- Alle Speisen auf Tellern – Tellerservice – werden von rechts eingesetzt und von rechts auch wieder ausgehoben.
- Leere Teller für den nächsten Menügang werden auch von rechts eingesetzt.
- Da die Gläser rechts stehen, werden auch die Getränke von rechts eingegossen. Der Flaschenhals befindet sich dabei 1 bis 2 cm über dem Glas.
- Ausnahmen gibt es, wenn das Einsetzen von rechts z. B. aus räumlichen Gründen nicht möglich ist.

Von der linken Seite des Gastes:

- Wenn sich der Gast selbst aus den Schüsseln usw. bedient – Plattenservice –, werden die Speisen von links angereicht, so kann sich der Gast mit der rechten Hand die Speisen auffüllen. Der Gast nimmt sich nun mit dem Vorlegebesteck die gewünschte Menge auf den Teller.
- Gedeckteile wie z. B. Salat, Kompott, Resteteller, Brot, die ihren Platz auf der linken Seite des Gastes haben, werden auch von links eingesetzt und abgeräumt.

Bewegungsrichtung beim Servieren:

- Grundsätzlich vorwärts gehen.
- Beim Einsetzen von Tellern – von rechts – geht man im Uhrzeigersinn um den Tisch.
- Werden die Speisen von links angeboten, bedient sich der Gast also selbst, geht die servierende Person jeweils nach rechts weiter – also gegen den Uhrzeigersinn.
- Abserviert wird, wenn alle Gäste einen Gang bzw. das Menü beendet haben. Dies ist daran zu erkennen, dass die Bestecke parallel mit den Griffen nach rechts auf den Tellern liegen.

Einsetzen des Tellers von rechts

Anreichen der Speisen von links

Bewegungsrichtung beim Einsetzen

Nachschenken von Getränken

4 Lernbereich Ernährung

- *Wie ernähre ich mich vollwertig?*
- *Welche Rezepte eignen sich?*
- *Planung und Durchführung des Vorhabens, z. B. ein gemeinsames Frühstück, vgl. S. 79*
- *Auswertung und Überprüfung des Vorhabens*

Ernährungspyramide

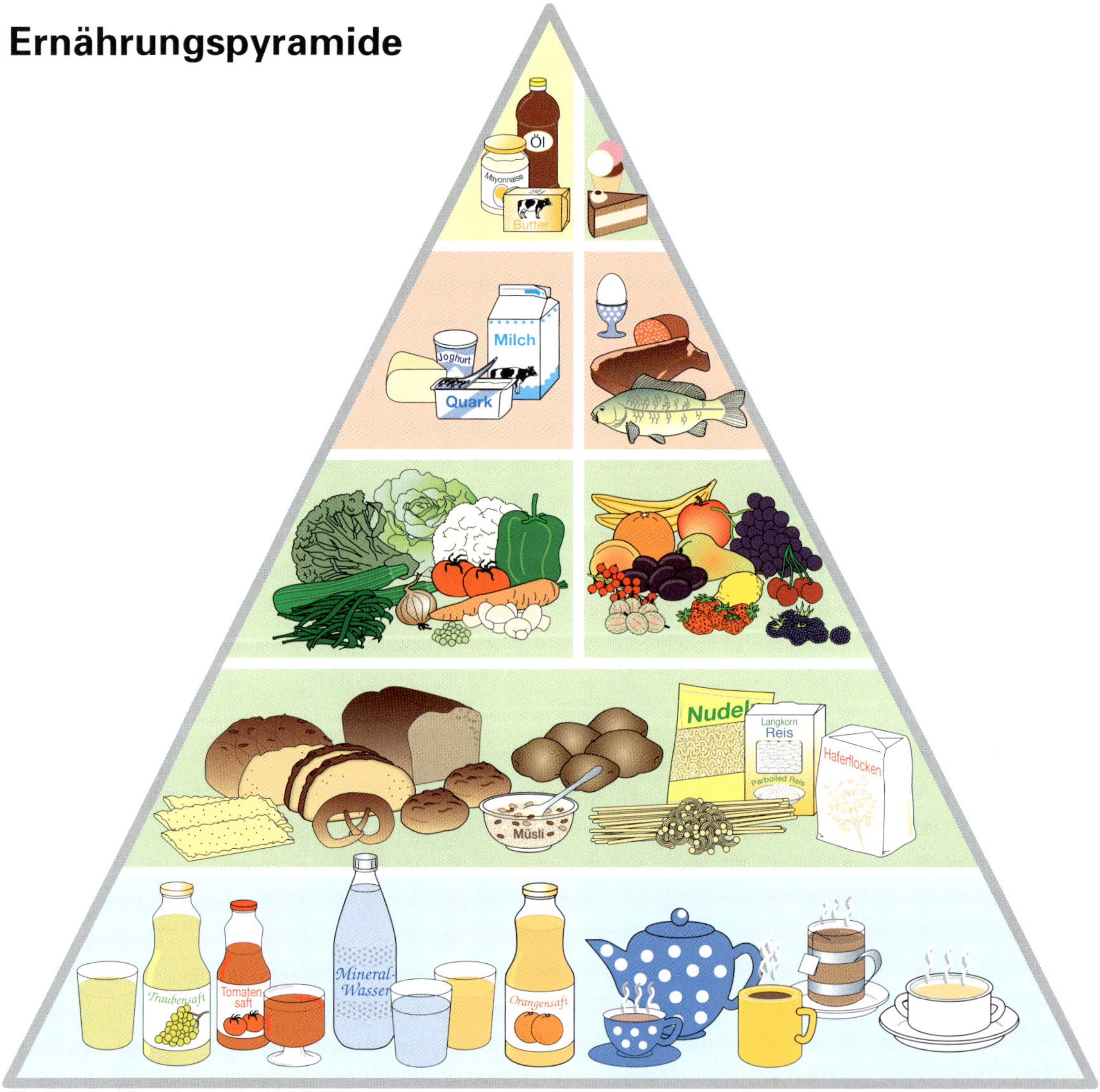

Die Lebensmittel sind in der Ernährungspyramide in Gruppen unterteilt. Du ernährst dich vollwertig, wenn du die Verzehrsempfehlungen, vgl. S.148, beachtest.

Es gibt keine Verbote, es kommt lediglich auf die richtige Mengenzusammenstellung an.

Außerdem ist körperliche Bewegung wichtig.

Regelmäßige körperliche Bewegung
täglich
etwa 30 Minuten

Wir frühstücken gemeinsam

Für ein gemeinsames Frühstück muss vieles im Voraus geklärt werden:

- Wann und wo soll das gemeinsame Frühstück stattfinden?
- Wen wollen wir einladen? Z. B. alle Lehrer, die in unserer Klasse unterrichten, oder die Schüler, die im nächsten Jahr mit unserem Unterrichtsfach beginnen.

Informationsphase

Damit unserer gemeinsames Frühstück allen Beteiligten viel Spaß bereitet, sollen dabei der äußere Rahmen und auch die Lebensmittelauswahl stimmen.

Mit folgenden Themen müssen wir uns zunächst noch einmal genauer beschäftigen:

- Welche Verhaltensregeln wollen wir bei der Frühstückseinnahme beachten?
- Welche Lebensmittel und in welchen Mengen wollen wir für ein gesundes und umweltfreundliches Frühstück empfehlen?

In Gruppen werden wir nun die Themen bearbeiten.

Präsentationsphase

Die Ergebnisse der Gruppenarbeit können wir z. B. auf Plakaten dokumentieren.

Nun wissen wir ganz genau,

- wie wir essen sollen,
- was wir essen sollen.

Durchführungsphase

Ob wir die aufgestellten Regeln nun auch bei der Mahlzeiteneinnahme beachten, werden wir bei dem gemeinsamen Frühstück überprüfen.

- Werden die aufgestellten Verhaltensregeln von allen beachtet?
- Sind die eingeplanten Lebensmittelmengen ausreichend oder aber zu groß?

Kontrollphase

Wir fragen uns:

- Was hat uns besonders gut gefallen?
- Was können wir noch besser machen?

4.1 Gesundheit und Ernährung

Aufgaben

1. Sammle Begriffe, die dir zum Thema Gesundheit einfallen.
2. Lies die folgenden Erläuterungen zum Begriff „Gesundheit“. Erkläre, wodurch sich diese unterscheiden.

   „Gesundheit ist ein Zustand vollkommenen körperlichen, seelischen und sozialen Wohlbefindens; Gesundheit bedeutet also nicht nur das Freisein von körperlichen und sonstigen Mängeln und Krankheiten“ (Weltgesundheitsorganisation).

   „Unter Gesundheit verstehen wir nicht das Freisein von Beeinträchtigungen und Nöten, sondern die Kraft, mit ihnen zu leben.“
3. Nenne verschiedene dir bekannte Krankheiten und versuche, deren Ursachen und den jeweiligen Krankheitsverlauf zu beschreiben.

Gründe für die Entstehung von Krankheiten

In den vergangenen Jahrhunderten waren Infektionskrankheiten eine häufige Todesursache. Durch Medikamente, verbesserte Hygiene und ausreichende Ernährung wurden Infektionskrankheiten wie Pest, Typhus, Tuberkulose, Kinderlähmung und Pocken zurückgedrängt. Eine höhere Lebenserwartung der Menschen in Europa war die Folge. Es gelang allerdings bis auf den heutigen Tag nicht, diese Krankheiten völlig auszurotten.

Neue Krankheitsformen sind durch den Wohlstand in unseren Ländern entstanden. Hauptsächliche Todesursachen sind heute nicht die Infektionskrankheiten, sondern Herz-Kreislauf-Erkrankungen und Krebs.

Falsche Ernährung und sonstige Gesundheitsgefahren können zu Krankheiten führen:

- falsche Ernährung, z.B. zu viel Fett, zu wenig Ballaststoffe
- mangelnde Bewegung, z.B. ständig sitzende Tätigkeiten am Computer oder vor dem Fernseher
- Reizüberflutungen/Stress, z.B. Lärm, mangelnde Erholung
- Giftstoffe, z.B. Alkohol, Nikotin, Schadstoffe
- Mikroorganismen, z.B. Lebensmittelvergiftungen
- Unfälle, intensive Sonnenbestrahlung

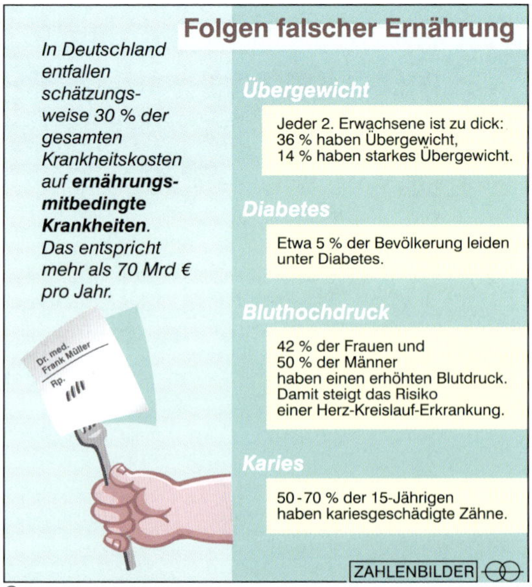

 141 254

4.2 Welche Nährstoffe gibt es?

Es sind

Kohlenhydrate	Fette
Eiweißstoffe	Wasser
Mineralstoffe	Vitamine

Die hier angegebenen Symbolfarben kennzeichnen die Nährstoffe: Fett ist gelb, Wasser ist blau, Kohlenhydrate sind in grünen Pflanzen usw.

Energieliefernde Nährstoffe
Bestimmte Nährstoffe – Kohlenhydrate, Fette und Eiweiß – führen dem Körper Energie zu:

1 g Kohlenhydrate	liefert 17 kJ (4 kcal)
1 g Fett	liefert 37 kJ (9 kcal)
1 g Eiweiß	liefert 17 kJ (4 kcal)

Nicht energieliefernde Nährstoffe sind Wasser, Mineralstoffe und Vitamine.

Ballaststoffe sind die unverdaulichen Bestandteile der Nahrung. Sie haben die Aufgabe, die Darmbewegung anzuregen. Eine ballaststoffarme Nahrung führt zu Verstopfung. Ballaststoffe sind überwiegend in pflanzlichen Lebensmitteln enthalten. Vgl. S. 94.

Sekundäre Pflanzenstoffe sind gesundheitsfördernde Stoffe in Pflanzen, z. B. Geschmackstoffe oder Farbstoffe.

Begriffserläuterungen

Lebensmittel dienen der menschlichen Ernährung. Sie enthalten energieliefernde Nährstoffe, Ballaststoffe und sekundäre Pflanzenstoffe.

Genussmittel dienen nicht der menschlichen Ernährung. Sie üben eine anregende Wirkung aus, sie haben keinen oder fast keinen Nährwert. Alkohol wird auch zu den Genussmitteln gerechnet, er hat jedoch einen sehr hohen Energiegehalt.

Nährstoffe sind die verwertbaren Bestandteile der Lebensmittel.
Kohlenhydrate und Fette liefern dem Körper vorwiegend Energie (Brennstoffe). Die Energie wird für Tätigkeiten, z. B. Radfahren, und für die Aufrechterhaltung des Stoffwechsels, z. B. Herztätigkeit, benötigt.
Eiweißstoffe, Mineralstoffe und Wasser werden zum Aufbau und zur Erhaltung des Körpers benötigt (Baustoffe).
Vitamine und Mineralstoffe werden als Schutz- und Reglerstoffe benötigt (Wirkstoffe). Sie schützen vor Krankheiten und regeln Stoffwechselvorgänge.

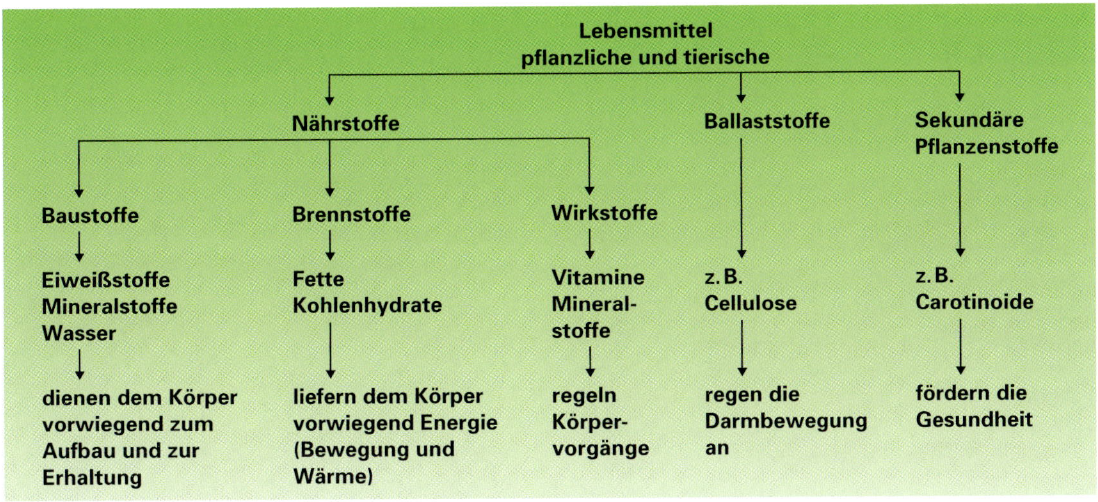

Aufgaben

Erläutere Vorkommen und Hauptaufgaben der Nährstoffe.

Vorkommen in Lebensmitteln

Kohlenhydrate

Fette

Eiweißstoffe

Wasser

Vitamine und Mineralstoffe

Hauptaufgaben im menschlichen Körper

Brennstoffe liefern Energie

Baustoffe ermöglichen Aufbau und Erhaltung

Wirkstoffe regeln Körpervorgänge

Den Nährstoffen auf der Spur

Wir finden mit Experimenten Antworten auf unsere Frage

① Wir entwickeln eine Fragestellung

Z. B.: Welche Nährstoffe sind in den verschiedenen Lebensmittelgruppen der Ernährungspyramide enthalten?

- Traubenzucker?
- Stärke?
- Fett?
- Eiweiß?
- Vitamin C?
- usw.?

② Wir suchen nach Experimenten, mit denen wir die Fragestellung beantworten können, z. B.:

Welche Teststäbchen gibt es für den Nährstoffnachweis?

Welche Chemikalien haben wir für den Nährstoffnachweis?

Wie werden die Versuche durchgeführt?

③ Wir führen die Versuche durch

Der Versuchsaufbau wird beschrieben.

Die Ergebnisse werden notiert.

In Getreide sind folgende Nährstoffe: ?

In Kartoffeln sind folgende Nährstoffe: ?

usw.?

④ Auswertung der Versuchsergebnisse

Die Ergebnisse werden verglichen und ausgewertet, z. B.:

Welche Nährstoffe nehmen viel „Raum" in der Ernährungspyramide ein?

Wir diskutieren die Folgen unserer Erkenntnisse, z. B.: In der Ernährung sollten wir besonders (????) berücksichtigen.

Kohlenhydratnachweis

Stärkenachweis mit Iodkaliumiodid

Merke

- **Stärke kann mit Iodkaliumiodid nachgewiesen werden.**
- **Bei Anwesenheit von Stärke tritt eine Blaufärbung ein.**

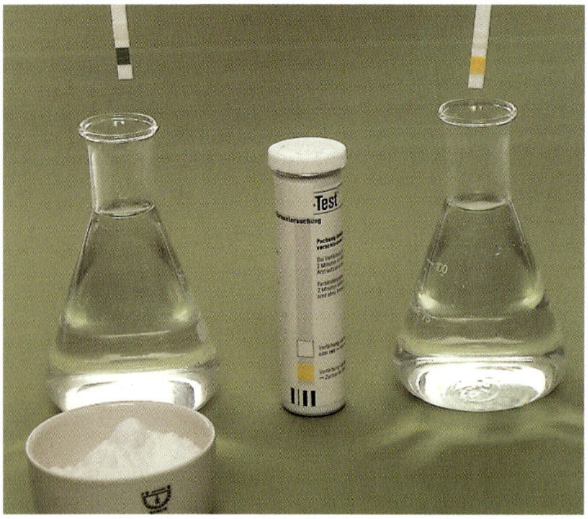

Teststäbchen mit und ohne Traubenzucker

Merke

- **Traubenzucker (Glucose) kann mit Teststäbchen nachgewiesen werden.**

Aufgaben

Stärkenachweis

1. Halbiere eine Kartoffel.
   Gib auf die Innenseite der Kartoffel einen Tropfen Iodkaliumiodidlösung.
   Beobachte die Farbänderung.
2. Überprüfe den Stärkegehalt folgender Lebensmittel:
   a) Obstsaft,
   b) Milch,
   c) Weizenmehl in Wasser,
   d) Apfelscheibe,
   e) weitere Lebensmittel.

Traubenzuckernachweis

1. Gib 1 TL Traubenzucker in ein Glas mit Wasser.
   Halte ein Glucoseteststäbchen in die Flüssigkeit.
   Beobachte die Farbänderung.
2. Überprüfe den Traubenzuckergehalt folgender Lebensmittel:
   a) Obstsaft,
   b) Sultaninen in Wasser,
   c) Milch,
   d) geriebene Kartoffel,
   e) weitere Lebensmittel.
3. Übertrage die Tabelle in dein Heft.
   Trage die Versuchsergebnisse in die Tabelle ein.

Lebensmittel	Nährstoffe
Getreide	?
Kartoffel	?
Gemüse	?
usw.	?

Fettnachweis

Aufgaben

1. Verreibe 1 TL gemahlene Haselnüsse auf einem Stück Löschpapier.

2. Gib einige Wassertropfen auf ein anderes Stück Löschpapier. Lass die Löschpapiere 10 Minuten liegen. Betrachte diese anschließend gegen das Licht.

3. Überprüfe den Fettgehalt folgender Lebensmittel:
   a) Banane,
   b) hart gekochtes Eigelb,
   c) Wurst,
   d) Sahnequark,
   e) Pommes frites,
   f) weiterer Lebensmittel.

Löschpapier mit Fettfleck

Merke

- **Größere Fettmengen in Lebensmitteln können mit einem Stück Fließpapier (Löschpapier) durch einen Fettfleck nachgewiesen werden.**

Vitamin-C-Nachweis

Aufgaben

1. Gare je 1 kg Kartoffeln mit ¼ l Wasser als
   a) Salzkartoffeln,
   b) Pellkartoffeln.
   Prüfe die Garflüssigkeit von Salzkartoffeln und Pellkartoffeln jeweils getrennt mit einem Vitamin-C-Teststäbchen. Beobachte die Farbänderungen. Ermittle den Vitamin-C-Gehalt beider Garflüssigkeiten mithilfe der Farbskala.

2. Überprüfe mit Teststäbchen den Vitamin-C-Gehalt von
   a) Paprika,
   b) Kiwi,
   c) Orangensaft,
   d) Orangensaft mit Vitamin-C-Zusatz,
   e) Radieschen,
   f) weiteren Lebensmitteln.

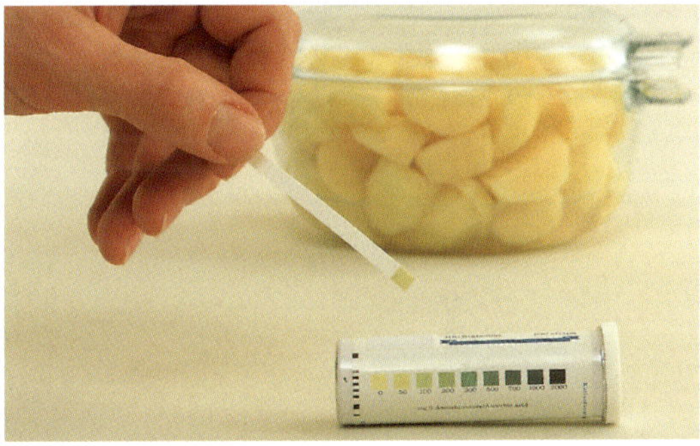

Vitamin C in der Garflüssigkeit

Merke

- **Vitamin C kann mit Teststäbchen nachgewiesen werden.**
- **Unterschiedliche Farbänderungen der Teststäbchen kennzeichnen den jeweiligen Vitamin-C-Gehalt der Lebensmittel.**
- **Die Farbänderungen der Teststäbchen werden in der Gebrauchsanweisung erläutert.**

Eiweißnachweis durch Hitze

Eiweißnachweis durch Säure

Eiweißteststäbchen

Merke

- **Einige Eiweißstoffe gerinnen beim Erhitzen. Bei den Salzkartoffeln entsteht z. B. eine Flockenbildung, das Eiweiß wird weiß und fest.**
- **Andere Eiweißstoffe gerinnen durch Säureeinwirkung.**
- **Eiweiß kann mit Eiweißteststäbchen nachgewiesen werden.**

Eiweißnachweis

Aufgaben

1. Koche Salzkartoffeln. Betrachte danach die Garflüssigkeit. Welche Veränderung ist eingetreten?
2. Notiere weitere Lebensmittel, bei denen Eiweiß durch Hitze gerinnt.
3. Gib etwas Milch in ein Glasgefäß. Füge ein paar Tropfen Zitronensaft hinzu. Welche Veränderung ist eingetreten?
4. Notiere weitere Lebensmittel, bei denen Eiweiß durch Säurezusatz gerinnt.
5. Gib etwas Milch in ein Glasgefäß. Halte ein Eiweißteststäbchen in die Milch. Beobachte die Farbänderung.

Hinweis: Die Farbreaktion der Teststäbchen wird jeweils in der Gebrauchsanweisung erläutert. Hier färbt sich das Teststäbchen von Gelb nach Grün.

6. Überprüfe den Eiweißgehalt folgender Lebensmittel mit Eiweißteststäbchen:
   a) Milch,
   b) Birnensaft,
   c) etwas Hackfleisch in Wasser,
   d) Garflüssigkeit von Salzkartoffeln,
   e) Zuckerlösung,
   f) weitere Lebensmittel.
7. Ermittle mithilfe der Nährwerttabelle weitere eiweißreiche Lebensmittel:
   a) pflanzliche,
   b) tierische.
8. Ordne die Nährstoffe den verschiedenen Lebensmittelgruppen der Ernährungspyramide zu. Die Lebensmittelgruppe Getränke enthält: ? usw. ?

4.3 Getränke

Trinkwasser ist das Lebensmittel Nummer 1

Meere bedecken drei Viertel der Erdoberfläche. Es gibt jedoch nur wenig Trinkwasser.

Das Wasser der Meere verdunstet. Es regnet oder schneit. Das Regenwasser versickert im Boden oder es gelangt über Bäche, Flüsse und Seen zurück ins Meer.

Versickert das Regenwasser im Boden, durchdringt es verschiedene Schichten und wird dabei gereinigt oder auch verunreinigt. Schließlich gelangt das Wasser in das Grundwasser.

Grundwasser war früher sauber, man konnte es trinken. Auf dem Grundstück wurde ein Brunnen gebohrt, bis man auf Grundwasser stieß. Das Wasser wurde dann mit einer Pumpe oder mit Eimern hochgeholt.

Die Hälfte unseres Trinkwassers ist immer noch Grundwasser, oft muss man jedoch sehr tief bohren, um sauberes Trinkwasser zu erhalten.

Das Grundwasser reicht heute nicht mehr aus, so muss man Wasser aus Flüssen und Seen reinigen und aufbereiten, um Trinkwasser zu erhalten.

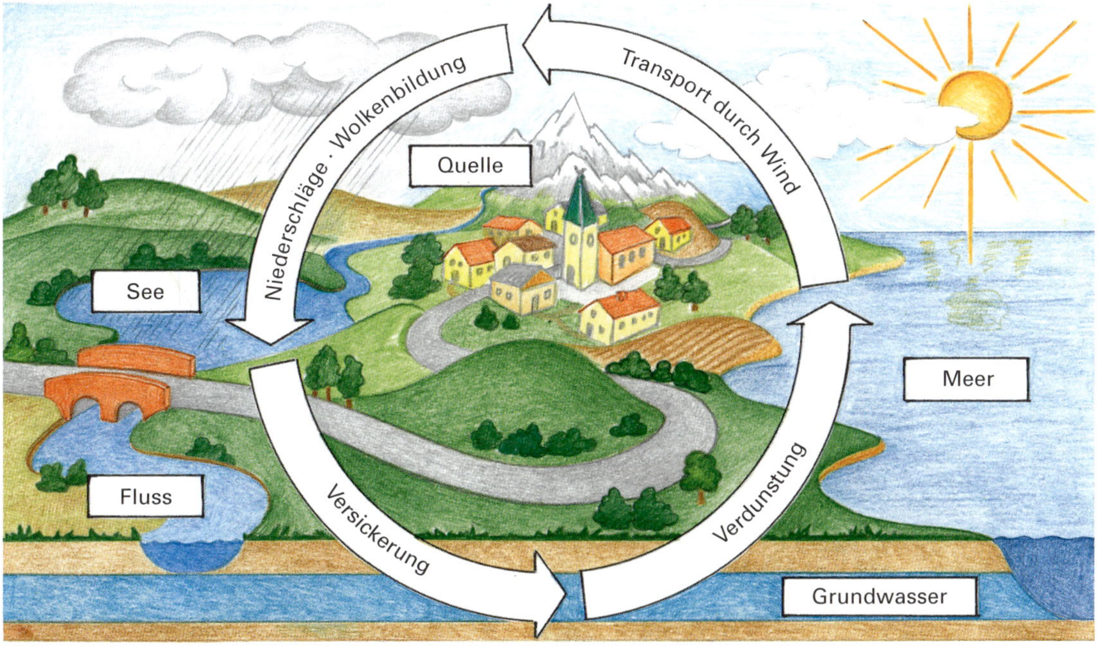

Saft, Nektar, Fruchtsaftgetränk – was heißt das?

Fruchtsaft besteht zu 100% aus unverdünntem Saft aus Obst. Fruchtsäfte dürfen keine Konservierungsstoffe, Farbstoffe oder sonstigen Zusätze enthalten.

Fruchtsäfte enthalten durchschnittlich 100 g Zucker pro Liter, außerdem sind Vitamine und Mineralstoffe enthalten.

Fruchtnektar ist eine Mischung aus Fruchtsaft und/oder Fruchtmark, Wasser und Zucker. Der Fruchtanteil beträgt 25 bis 50%. Fruchtnektar wird unter anderem aus Früchten hergestellt, die sonst zu sauer sind. Der Zuckergehalt ist hoch.

Der Fruchtanteil muss angegeben werden. Konservierungsstoffe usw. dürfen nicht zugesetzt werden. Der Wasseranteil dieser Getränke ist höher.

Fruchtsaftgetränk hat einen noch geringeren Fruchtanteil. Bei Orangensaft sind es 6% und bei Trauben- und Apfelsaft 30%. Der Fruchtsaftanteil muss auch hier auf dem Etikett angegeben werden. Der Zusatz an Wasser und Zucker ist bei diesen Getränken noch höher, der Gehalt an natürlichen Vitaminen und Mineralstoffen dagegen geringer.

Obstschorle enthält 50 bis 60% Fruchtanteil.

Gemüsesaft ist wie Fruchtsaft unverdünnt. Salz, Gewürze usw. dürfen jedoch zugesetzt werden. Zutatenliste beachten.

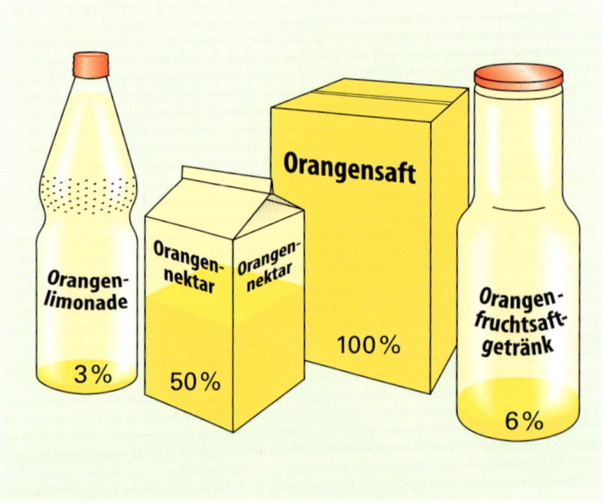

Fruchtsaftanteil bei Fruchtsaft, Fruchtnektar, Fruchtsaftgetränk und Limonde

Gemüsesaft-Cocktail ist eine Mischung von verschiedenen Gemüsesäften.

Gemüsetrunk enthält 25 bis 40% Gemüseanteil. Es dürfen Salz, Gewürze, Flüssigzucker usw. zugesetzt werden.

Bei **Limonaden** ist der Fruchtsaftanteil halb so hoch wie bei Fruchtsaftgetränken. Sie enthalten natürliche Aroma- und Farbstoffe.

Brausen haben keinen Fruchtanteil. Auf den Etiketten dürfen deshalb keine Früchte abgebildet werden. Sie bestehen aus Wasser, Zucker und künstlichen Aromastoffen.

Mineralwasser, Quellwasser, Tafelwasser

Über 300 natürliche und künstlich erschlossene Mineralwasserquellen sprudeln in Europa.

Natürlichem **Mineralwasser** kann Kohlensäure zugesetzt oder entzogen werden.

Quellwasser und Tafelwasser werden neben Mineralwasser angeboten.

Quellwasser stammt auch aus natürlichen Quellen, es muss keine Mineralstoffe enthalten.

Tafelwasser wird nicht aus Quellen gewonnen. Tafelwasser ist eine Mischung von Trinkwasser, Mineralwasser, Quellwasser usw.

Durch Trinkwasser und Mineralwasser wird dem Körper Flüssigkeit, aber keine Energie zugeführt.

Teeähnliche Erzeugnisse

Früchte- und Kräutertees bieten eine gute und schmackhafte Möglichkeit, den Körper mit Flüssigkeit zu versorgen. Alle Früchte- und Kräutertees sollten frisch zubereitet und am besten ungesüßt getrunken werden.

Früchte- und Kräutertees enthalten kein Koffein. Sie liefern Mineralstoffe und Vitamine.

Viele der Kräutertees werden aus Heilpflanzen hergestellt, die seit alters Bestandteil der Hausapotheke sind.

Früchtetees sind eine Mischung verschiedener Früchte, meist Apfel, Hibiskus, Hagebutte, Orangen- und Zitronenschalen.

Baldriantee aus der Wurzel der Pflanze gilt als Beruhigungs- und Schlafmittel.

Brennnesseltee wirkt entwässernd und belebend.

Fencheltee hat eine beruhigende Wirkung bei Durchfällen, Übelkeit und Zahnschmerzen.

Hagebuttentee und Hibiskusblütentee werden meist zusammen angeboten. Hagebuttentee ist besonders reich an Vitamin C.

Holundertee aus den Blättern und Blüten wirkt schweißtreibend bei fieberhaften Erkältungen.

Kamillentee wirkt krampflösend und schmerzstillend bei Blähungen und Magenverstimmungen. Äußerliche Anwendung erfolgt zur Hemmung von Entzündungen.

Lindenblütentee wirkt schweißtreibend und beruhigend bei Erkältungen.

Matetee enthält im Gegensatz zu den übrigen Kräutertees Koffein. Er wirkt also anregend und harntreibend. Außerdem wirkt er verdauungsfördernd.

Pfefferminztee aus Blättern und Blüten hilft bei Durchfällen und Blähungen.

Echter Salbeitee aus den Blättern der Blüte wirkt bei Entzündungen im Mundbereich.

Tee aus **Schachtelhalmen** hat eine harntreibende Wirkung.

Baldrian

Fenchel

Lindenblüten

Echter Salbei

Aufgaben

1. Notiere
   a) energiearme,
   b) vitaminreiche Getränke,
   die bevorzugt werden sollten.
2. Notiere fünf ungeeignete Getränke.
3. Führe eine Woche lang ein Trinkprotokoll. Stelle dabei fest, wie viel und was du trinkst.
4. Nenne drei Getränke, die die Ausscheidung von Flüssigkeit steigern.
5. Notiere fünf Lebensmittel mit einem hohen Wassergehalt.

Wassergehalt einiger Lebensmittel

Merke

Jugendliche und Erwachsene sollen täglich etwa 2,5 Liter Flüssigkeit zu sich nehmen: ungefähr
- **1,5 Liter mit Getränken**
- **und 1 Liter mit Speisen.**

Wie viel sollen wir trinken?

Der Flüssigkeitsbedarf des Menschen steht an erster Stelle. Man kann wochenlang ohne feste Nahrung, aber nur etwa drei Tage ohne Flüssigkeit leben. Menschen machen einen Hungerstreik, aber keinen „Trinkstreik", dieser wäre schnell beendet.

Der Wasseranteil im menschlichen Körper ist abhängig vom Alter. Beim Neugeborenen ist er mit 80 % am höchsten, beim Erwachsenen beträgt der Wassergehalt etwa 50 bis 60 %.

Täglich sollen Jugendliche und Erwachsene etwa 2,5 Liter Flüssigkeit zu sich nehmen.

Säuglinge und Kinder haben einen verhältnismäßig höheren Flüssigkeitsbedarf als Erwachsene.

Gesteigert wird der Flüssigkeitsbedarf des Menschen durch
- trockenes und heißes Klima und körperliche Betätigung, z. B. Sport. Durch starkes Schwitzen kann der tägliche Flüssigkeitsbedarf auf bis zu 10 Litern ansteigen.
- salzige Speisen, sie machen durstig. Der gestiegene Kochsalzgehalt im menschlichen Körper muss durch eine vermehrte Flüssigkeitsaufnahme wieder normalisiert werden.
- Koffeinhaltige Getränke und Alkohol fördern die Flüssigkeitsausscheidung.

Die Flüssigkeitszufuhr erfolgt durch
- Getränke,
- feste und flüssige Nahrung. Der Wasseranteil der Lebensmittel beträgt durchschnittlich 60 bis 70 %.

Die Flüssigkeitsausscheidung erfolgt über
- den Harn. Täglich werden etwa 1,4 Liter Harn mit Mineralstoffen, z. B. Kochsalz, und Endprodukten des Stoffwechsels, z. B. Harnstoff, ausgeschieden.
- Haut und Lunge. Über diese Organe wird täglich etwa 1 Liter Flüssigkeit abgegeben. Bei heißem Wetter und anstrengender körperlicher Arbeit wird mehr Flüssigkeit in Form von Schweiß abgegeben.
- den Kot. Mit dem Kot wird nur eine geringe Flüssigkeitsmenge ausgeschieden.

4.4 Getreide, Getreideprodukte, Kartoffeln

Getreide

Projekt

Getreide – Grundnahrungsmittel für die Menschen dieser Welt?

1. Wie heißen die abgebildeten Getreidearten?
2. Nenne Lebensmittel/Speisen bzw. Backwaren, die aus den verschiedenen Getreidearten hergestellt werden.
3. Ermittle, in welchen Erdteilen die verschiedenen Getreidearten Grundnahrungsmittel sind:
   - Hirse in Afrika,
   - Reis in Asien,
   - Mais in ?

   usw.
4. Erstellt in Gruppen Plakate zu den verschiedenen Getreidearten/Erdteilen. Überlegt zunächst, was dargestellt werden soll, z. B.:
   - Wie wird das Getreide angebaut?
   - Was wird gegessen?
   - Welche Rezepte gibt es?
   - usw.
5. Überlegt: Wo können wir uns entsprechende Informationen besorgen?
6. Diskutiert: Wo wollen wir die Plakate ausstellen? Welche Personen wollen wir informieren?
7. Sicher gibt es noch weitere Fragen zum Thema Getreide, die ihr untersuchen wollt.

Reisanbau

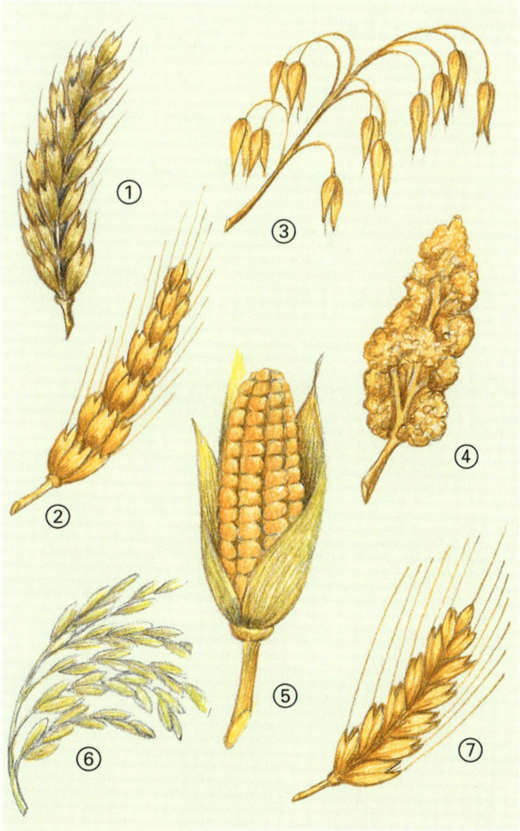

Getreidearten

Auswahl des Projektthemas

Vorbereitung und Planung der Gruppenarbeit

Vorstellung der Ergebnisse

Ein Projekt – was ist das?

Auswahl des Projektthemas
Gemeinsam legen wir das Thema fest. Was wollen wir untersuchen?

Beispiel: Sind die verschiedenen Getreidearten Grundnahrungsmittel der Menschen dieser Welt?

Gliederung des Projektthemas
Wir gliedern das Thema in Unterthemen, so kann es in Gruppen bearbeitet werden.

Beispiel: 1. Gruppe: Hirse, Grundnahrungsmittel in Afrika, 2. Gruppe? usw.

Je vier oder fünf Schüler wählen sich nun gemeinsam ein Unterthema, mit dem sie sich beschäftigen wollen. In den Gruppen werden dann Fragen bzw. Stichworte gesammelt, die bearbeitet werden sollen.

Beispiel: Wie wird das Getreide angebaut? Zu welchen Speisen wird das Getreide verarbeitet? usw.

Wie wollen wir unsere Ergebnisse darstellen?

In der Klasse wird das weitere Vorgehen dann noch einmal besprochen und aufeinander abgestimmt, damit keine Arbeiten in den Gruppen doppelt erledigt werden.

Planung der weiteren Arbeit
In den Gruppen wird diskutiert:

Wo können wir uns die notwendigen Informationen und Rezepte beschaffen?

Wer übernimmt welche Aufgabe?

Durchführung der Arbeit
Die Gruppen werten nun ihr Informationsmaterial jeweils aus. Sie stellen das Wesentliche auf Plakaten dar bzw. bereiten entsprechende Gerichte zu.

Vorstellung der Gruppenergebnisse
Die Gruppen stellen ihre Plakate bzw. Gerichte der Klasse vor. Gemeinsam werden die unterschiedlichen Ergebnisse ausgewertet und zu einem Gesamtergebnis zusammengefasst.

Das Projektergebnis wird dann anderen Schülern oder den Eltern vorgestellt.

Getreidekorn – was steckt alles darin?

Der Getreideanbau ist so alt wie die menschliche Kultur. Die Getreidearten sind kultivierte Gräser.

Getreide deckt weltweit etwa 60 % des Nahrungsbedarfs der Menschen. In den Entwicklungsländern ist Getreide das Hauptnahrungsmittel, in den Industrieländern wird dagegen lediglich ein Viertel des Energiebedarfs durch Getreide und Getreideprodukte gedeckt.

Weizen und Roggen sind bei uns die wichtigsten Brotgetreidearten. **Dinkel** ist die Ursprungsform des Weizens. **Grünkern** – unreif geernteter Dinkel – hat einen nussartigen Geschmack. **Gerste** ist die älteste Getreideart. Sie wird u. a. zum Bierbrauen verwendet. **Reis** ist in Asien Hauptnahrungsmittel, es gibt etwa 8000 Arten. Reis eignet sich besonders für Beilagen und Süßspeisen. **Hirse** ist Hauptnahrungsmittel in Afrika, **Mais** in Teilen von Amerika. Hirse kann vielseitig für süße und salzige Gerichte verwendet werden. Bei einseitiger Maisernährung kann es zu Mangelerscheinungen kommen. **Hafer** ist fettreicher als andere Getreidearten und mineralstoffreich. Hafer kommt besonders in Form von Haferflocken in den Handel. **Buchweizen** gehört nicht zum Getreide, er ist ein Knöterichgewächs.

Im Mehlkörper des Getreidekorns befindet sich Stärke.

Stärke ist ein Vielfachzucker. Die Pflanzen können Stärke aus vielen Einfachzuckern unter Wasserabspaltung bilden. Stärke ist wasserunlöslich, sie kann also nicht aus den Zellen herausgeschwemmt werden. Die Pflanzen können so Kohlenhydrate in Form von Stärke speichern.

Stärke besteht aus unverzweigten oder verzweigten Ketten, die 250 bis 6000 Traubenzuckerreste enthalten.

Stärke wird durch Hitzeeinwirkung, z. B. beim Toasten von Brot, zu **Dextrinen** abgebaut. Dextrine bestehen aus 10 bis 30 Traubenzuckerresten, sie schmecken wenig süß und sind wasserlöslich.

Aufgaben ×

Bau eines Getreidekorns
Lass Weizenkörner sechs Stunden in Wasser aufquellen.
Zerschneide ein Weizenkorn in Längsrichtung.
Betrachte das Weizenkorn durch eine Lupe.
Welche Bestandteile des Getreidekorns kannst du erkennen?

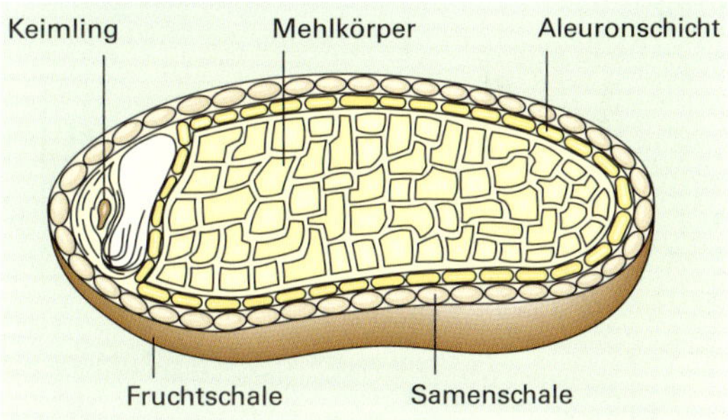

Schnitt durch ein Getreidekorn

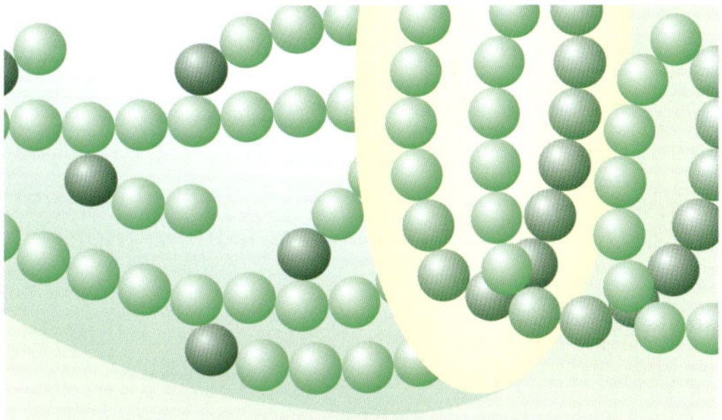

Schnitt durch ein Stärkekorn

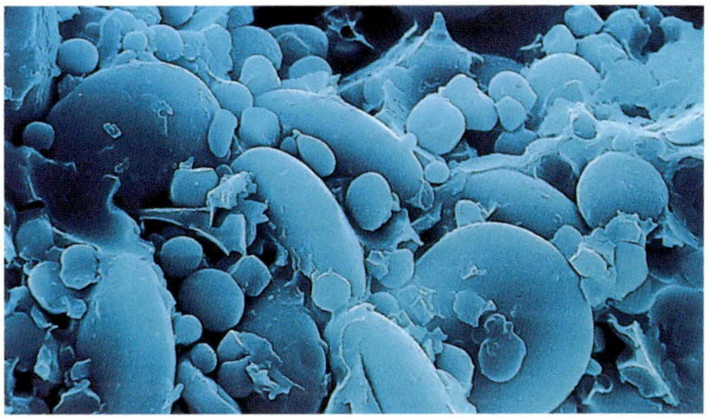

Weizenstärkekörner

Ballaststoffe – kein unnötiger Ballast!

Aufgaben

Ballaststoffe sind ein wichtiger Bestandteil des Getreidekorns

Gib 5 EL Weizenkleie mit reichlich Wasser in ein Becherglas.
Färbe das Wasser mit Tinte.
Lass die Probe 30 Minuten stehen.
Gieß die Flüssigkeit durch einen Filter ab.
Beobachte die Veränderung und suche nach einer Begründung.

In den Schalen des Getreidekorns befinden sich Ballaststoffe, z. B. Cellulose, ein faseriger, fester und wasserunlöslicher Stoff, der das Gerüst der pflanzlichen Zellwände bildet.

Cellulose ist ein unverdaulicher Nahrungsbestandteil. Im menschlichen Körper wirkt Cellulose als Ballaststoff, sie regt die Verdauung an.

Cellulose besteht aus Ketten, die 8000 bis 12000 Traubenzuckerreste enthalten, doch nur einige Tiere können daraus Energie gewinnen.

Cellulose

Durch eine ballaststoffreiche Nahrung wird

- die **Kautätigkeit** durch die festere Struktur der Nahrung angeregt;
- die **Verweildauer im Magen**, das Sättigungsgefühl, erhöht;
- **Verstopfung verhindert** – Ballaststoffe quellen im Darm auf und regen die Darmbewegung an;
- der **Schadstoffgehalt** der Nahrung **gemindert** – Ballaststoffe binden Schadstoffe und senken den Cholesterinspiegel.

Folgende Krankheiten treten bei einer ballaststoffreichen Ernährung seltener auf:

- **Verstopfung**,
- **Übergewicht**, da die Nahrung ein größeres Volumen bei einem geringeren Energiegehalt hat,
- **Zuckerkrankheit** – Diabetes mellitus – und **Fettstoffwechselstörungen**, da der Blutzuckerspiegel und der Blutcholesterinspiegel weniger belastet werden. Traubenzucker wird langsamer freigesetzt und wird so nur nach und nach aus dem Darm in das Blut aufgenommen.
- Es kommt nicht so leicht zu Veränderungen und Entzündungen der Darmwand.

Bestandteile des Getreidekorns		Nährstoffe
Kleie 17 %	Fruchtschale, Samenschale 5 %	Ballaststoffe, Mineralstoffe, Vitamine
	Aleuronschicht 9 %	Eiweißstoffe, Mineralstoffe, Vitamine
	Keimling 3 %	Fette, Eiweißstoffe, Mineralstoffe, Vitamine
Mehl 83 %	Mehlkörper 83 %	Stärke, Eiweißstoffe (Kleber)

Vitamin B_1 – Thiamin – ist ein wichtiger Nährstoff im Getreide

Aufgaben

1. Lies das Fallbeispiel.
   Suche nach Ursachen für das hier beschriebene Krankheitsbild.
2. Welche Unterschiede bestehen zwischen Getreideprodukten aus
   a) Vollkorn,
   b) geschältem Korn?

Unsere Ernährungsgewohnheiten bewirken häufig einen Thiaminmangel
Weißer Reis, Auszugsmehl und Zucker haben einen hohen Kohlenhydratgehalt, jedoch keinen oder nur einen geringen Thiamingehalt. Thiamin wird für den Kohlenhydratabbau in den Zellen benötigt. Bei einem Mangel können Gehirn und Nerven nicht ausreichend mit Energie versorgt werden.

Folgen dieses Thiaminmangels sind Müdigkeit und Konzentrationsschwäche.

Vollkorn macht fit.

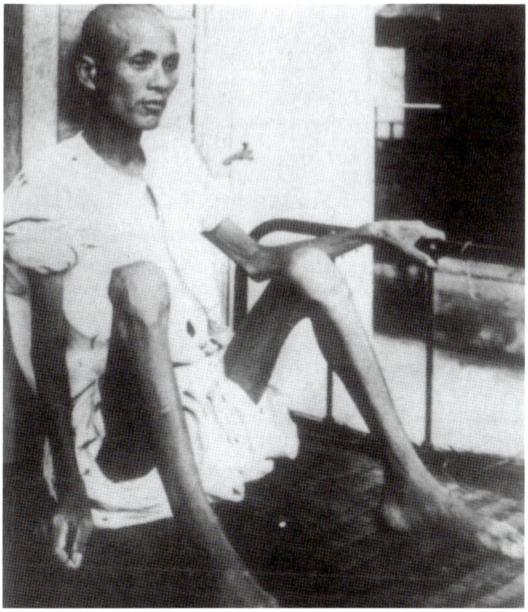

An Beri-Beri erkrankter Mensch

Fallbeispiel:
In Ostasien ist Reis Grundnahrungsmittel. Früher aß man den Reis ungeschält. Ende des 19. Jahrhunderts wurden aus Europa Reisschälmaschinen eingeführt.
Ähnliche Schälmaschinen werden heute bei der Getreideverarbeitung bei uns verwendet.
Auch die Gefangenen erhielten nun geschälten Reis, sonst nichts. Die Gefangenen erkrankten. Dr. Christian Eijkmann vermutete, dass die Krankheit durch die Ernährung hervorgerufen wurde. Doch wie sollte er dies beweisen?
Bereits im Jahr 1630 wurde das Krankheitsbild beschrieben: „Ein bestimmtes, sehr unangenehmes Leiden, das die Menschen befällt, wird von den Eingeborenen Beri-Beri genannt (was Schaf bedeutet). Es sieht so aus, als ob sie mit ihren schlotternden Knien und dem steifen Gang wie Schafe laufen. Es ist eine Lähmung oder mehr ein Körperzittern, es beeinflusst Bewegungen und Sinnesempfindungen der Hände und Füße."
Eines Tages entdeckte Dr. Eijkmann Tauben, die taumelten, der Kopf war nach hinten gebogen. Sie hatten den gleichen unsicheren Gang wie die Gefangenen.
Daraufhin unternahm er einen Versuch: Die Hälfte der Tauben fütterte er mit den Reisresten der Gefangenen, die andere Hälfte fütterte er mit Vollkornreis. Die Tauben, die den Vollkornreis erhielten, wurden schnell wieder gesund.

An Beri-Beri erkrankte Taube

Brot gehört zur täglichen Nahrung

Aufgaben

1. Betrachte das Brotangebot.
   Welche Brotsorten sind abgebildet?
   Welche Brotsorte sollte ausgewählt werden?
   Begründe deine Auswahl.
2. Nimm Stellung zu folgender Aussage:
   „Brot, Nudeln und Kartoffeln sind unerwünschte Dickmacher."

Brotangebot

Vollkorngetreide ist seit Jahrtausenden die wichtigste Nahrungsgrundlage der Menschen.

Brot, das wichtigste Getreideerzeugnis, ist seit etwa 3000 Jahren bekannt. Es mag 800 Jahre vor Christus gewesen sein, als einer ägyptischen Hausfrau durch ein kleines Missgeschick die Erfindung gelang. Der Brei war sauer geworden. Anstatt den Brei wegzuwerfen, probierte die sparsame Frau etwas aus: Sie stellte den Topf auf das Feuer und bemerkte, dass der Brei locker wurde. Ein Fladen war entstanden.

Bewertung der Brotsorten

Vollkornbrote enthalten im Gegensatz zu Weißbroten einen

- höheren Eiweißgehalt,
- höheren Ballaststoffgehalt,
- Vitamin- und Mineralstoffgehalt.

Vollkornbrote haben außerdem einen höheren Sättigungswert, regen die Verdauung an und bleiben länger frisch.

Weißbrote – helle Brote – haben einen geringeren Sättigungswert, da sie einen niedrigen Ballaststoffgehalt haben. Der häufige Verzehr von Weißbrot kann zu Verdauungsstörungen, Vitamin-B_1-Mangel und Übergewicht führen.

Spezialbrotsorten

Grahambrot wird aus Weizenvollkornschrot in einem besonderen Backverfahren hergestellt.

Simonsbrot wird aus ganzen gequollenen Getreidekörnern, die im Nassverfahren gemahlen werden, ähnlich wie Pumpernickel hergestellt.

Knäckebrot wird überwiegend aus Vollkornschrot hergestellt. Die dünnen Fladen werden bei hohen Temperaturen gebacken und anschließend noch nachgetrocknet.

Pumpernickel wird aus Roggenschrot und Sauerteig erzeugt. Er wird bei mäßiger Hitze 16 bis 24 Stunden in Dampfkammern gebacken, hierbei entsteht der malzartige und karamellartige Geschmack.

Drei-, Vier- und Fünfkornbrote enthalten neben Roggen- und Weizenanteilen (meist Auszugsmehle) geringe Mengen an Hafer, Gerste, Hirse oder anderen Bestandteilen und evtl. Samen und Nüsse.

Dunkles Brot bzw. **Körnerbrot** ist nicht immer Vollkornbrot. Die Herstellung dunkler Brotsorten aus Vollkorn ist schwieriger und zeitraubender als die Herstellung von Broten aus Weißmehl (Auszugsmehl). Helles Brot kann durch Verlängerung der Backzeit und durch Zusatz von Backmalzen dunkel gefärbt werden. Die Farbe des Brotes ist also kein Hinweis auf die Verwendung von Vollkorn.

Planspiel – wir eröffnen ein Kartoffelrestaurant

① Vorbereitungsphase

Wir überlegen:

Wo wollen wir unser Restaurant eröffnen?

Wen wollen wir bewirten?

Welche Aufgaben gibt es? Kochen, Schreiben der Speisekarten, Servieren, Abwaschen usw.

② Planungsphase

Wir sammeln Rezepte für einfache und schmackhafte Kartoffelgerichte.

Wir ermitteln die benötigten Arbeitstechniken, Kosten und den Zeitaufwand für die Kartoffelgerichte.

Wir einigen uns auf die Speisekarte und die Arbeitsverteilung usw.

③ Durchführungsphase

Unsere Planung wird umgesetzt.

Unser Restaurant wird eröffnet, jeder übernimmt seine gewählte Aufgabe und führt diese durch.

Spielregel: Wer seine eigene Aufgabe erledigt hat, sieht sich um, ob er anderen helfen kann.

④ Kontrollphase

Wir berichten von unseren Eindrücken während der Planungsphase und der Durchführungsphase.

Wir überlegen: Was hat uns an unserem Restaurant, unserer Arbeitsweise gefallen?

Was müssten wir verbessern?

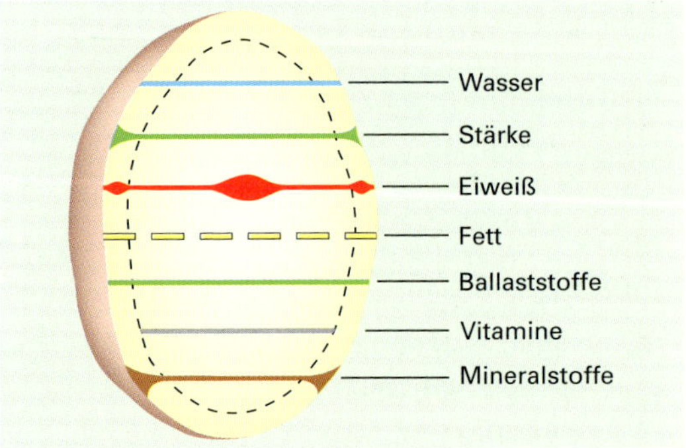

Verteilung des Nährstoffgehalts in Kartoffeln

Veränderung von Stärke und Cellulose beim Garen von Kartoffeln

Rohe Kartoffel: *Stärkekörner, Zellwände*

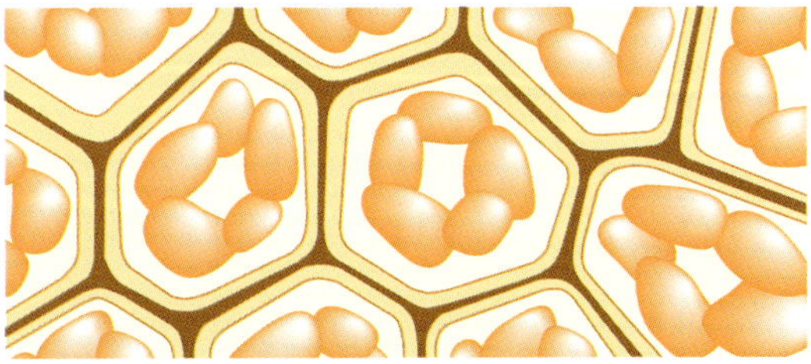

Während des Garens: *Stärke quillt, die Zellwände werden weich.*

Fertig gegarte Kartoffeln: *Gequollene, verkleisterte Stärke, die Zellwände sind zum Teil zerstört.*

Verdauungsenzyme können in die Zellen eindringen und die Stärke abbauen.

Speisekartoffeln – Verarbeitung

Entscheidend für den wirklichen Nährstoffgehalt von Kartoffelgerichten ist die Zubereitung.

Schälen und Waschen

Durch das Schälen kommt es zu Nährstoffverlusten.

- Kartoffeln möglichst als Pellkartoffeln garen oder dünn mit einem Sparschäler schälen.

Liegen Kartoffeln längere Zeit im Wasser, so werden wasserlösliche Vitamine, Eiweißstoffe sowie Mineralstoffe herausgelöst. Vitamin C ist in Kartoffeln besonders reichlich vorhanden.

- Kartoffeln kurz und gründlich waschen, erst unmittelbar vor dem Garen schälen, nie wässern, nur kurze Zeit in kaltem Wasser aufbewahren.

Garen

Um den Vitamingehalt und Mineralstoffgehalt der Kartoffeln zu erhalten, sollte beim Garen Folgendes beachtet werden:

- **Kartoffeln möglichst mit Schale garen**, denn die Schale schützt vor der herauslösenden Wirkung des Wassers.
- **Kartoffeln in wenig Wasser garen oder im Siebeinsatz dämpfen**. Große Wassermengen und schlecht schließende Töpfe können die Garzeit und so die Dauer der Hitze- und Wassereinwirkung verlängern, es wird mehr Vitamin C zerstört.

Veränderung des Energiegehalts und Fettgehalts

Der Fettgehalt von Kartoffeln kann durch das Garen stark erhöht werden. Fett ist in Speisefrischkartoffeln kaum enthalten, der Energiegehalt von Pellkartoffeln und Salzkartoffeln ist also verhältnismäßig gering.

Warmhalten

Beim Warmhalten von Kartoffeln kommt es zu weiteren Nährstoffverlusten.

Falls notwendig, Kartoffeln abkühlen lassen und portionsweise schnell wieder aufwärmen, z. B. in der Mikrowelle.

Speisekartoffeln – Nährstoffgehalt

Aufgaben

Nenne
a) fettreiche
b) fettarme Kartoffelgerichte.

- **Speisefrischkartoffeln** sind
  - energiearm, fettarm,
  - kohlenhydratreich, vitaminreich, mineralstoffreich,
  - leicht verdaulich.
- **Kartoffelerzeugnisse** sind häufig energiereich, fettreich und salzreich. Übermäßiger Verzehr kann zu Übergewicht führen.

In einer Portion Pommes frites (150 g) sind 18 g Fett enthalten. Drei Eigelb oder ½ Liter Vollmilch enthalten ebenfalls jeweils 18 g Fett. Aufgrund dieses hohen Fettgehaltes sind z. B. Pommes frites und Chips schwerer verdaulich.

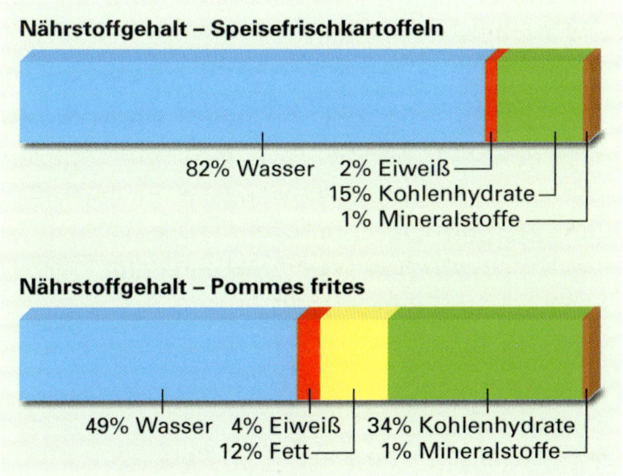

Jeweils sind es 18 g Fett.

Merke

Die Deutsche Gesellschaft für Ernährung – DGE – empfiehlt den täglichen Verzehr von 200 bis 250 g (etwa vier mittelgroßen) Kartoffeln. Anstelle von Kartoffeln kann auch eine Portion Reis oder Nudeln gegessen werden.

Das Ursprungsland der Kartoffel ist Südamerika. Im Jahr 1550 wurde die Kartoffel von Spaniern als Zierpflanze nach Europa gebracht. In der zweiten Hälfte des 18. Jahrhunderts erkannte man den Wert der Kartoffel als Grundnahrungsmittel.

Besonders die Notzeiten während der Kriege führten dazu, dass Kartoffeln in den täglichen Speiseplan aufgenommen wurden.

In den letzten Jahren wurde die Kartoffel oft als „Dickmacher" aus dem Speiseplan verdrängt, obwohl es viele schmackhafte, energiearme Kartoffelgerichte gibt.

Kartoffelgerichte

Zucker hat viele Namen

Aufgaben

1. Sammle und beurteile Werbeaussagen für Süßigkeiten.
2. Überprüfe die Zutatenliste von Süßigkeiten. Hinter welchen Bezeichnungen versteckt sich Zucker?
3. Erkunde in Geschäften Lebensmittel für Kinder, denen Zucker zugesetzt wurde.
4. Stelle den Zuckergehalt von Lebensmitteln und Getränken in Form von Zuckerstücken dar.
   1 Stück Zucker wiegt 5 g.
   a) Limonade – 120 g pro Liter
   b) Weintrauben – 150 g pro Kilogramm – usw.

Unbekannte Begriffe kann man klären

Unbekannte Begriffe auf Lebensmittelpackungen, die uns irreführen sollen, können wir z.B. im Lexikon nachschlagen. Verbraucher sind nicht so dumm, wie manche Produzenten meinen.

Lebensmittel mit der Angabe „ohne Haushaltszucker“ können trotzdem viel Zucker enthalten, nur unter Namen, die wir teilweise nicht kennen. Doch wir sind klüger! Da nutzt den Produzenten das Versteckspiel nichts mehr.

Zutatenliste

Die Zutaten eines Lebensmittels müssen in absteigender Reihenfolge ihrer Gewichtsanteile zum Zeitpunkt der Verwendung bzw. Herstellung genannt werden, z. B. steht auf einem Lebensmittel folgende Zutatenliste:
Zutaten: Zucker, Glucosesirup, Kaumasse ... E 150.

Zucker ist hier also am meisten vorhanden, die Zutat mit dem geringsten Anteil ist der Farbstoff E 150.

Einfachzucker
bestehen nur aus einem Baustein, es sind die einfachsten Kohlenhydrate.

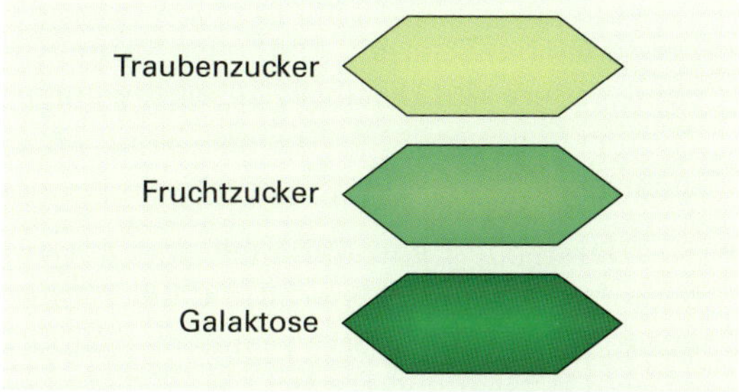

Traubenzucker (Glucose) und Fruchtzucker (Fructose) sind Einfachzucker, die in Obst, Honig und Süßigkeiten enthalten sind.

Galaktose ist ein Einfachzucker, der in Milch und Milchprodukten vorkommt.

Doppelzucker
bestehen aus zwei gleichen oder unterschiedlichen Einfachzuckern.

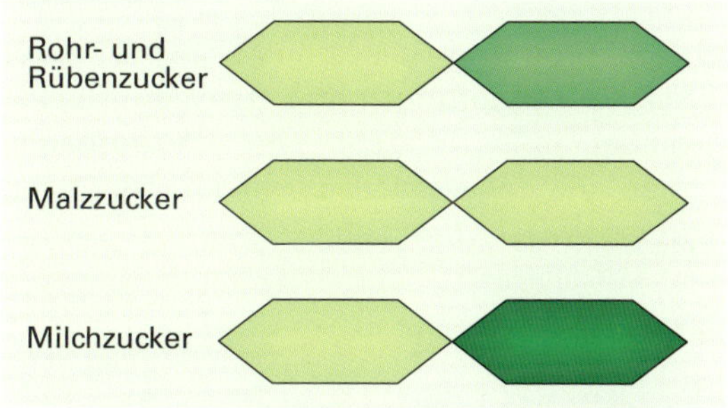

Haushaltszucker, auch **Rohr- und Rübenzucker (Saccharose)** genannt, wird aus Zuckerrüben oder Zuckerrohr gewonnen und ist ein Doppelzucker.

Malzzucker (Maltose) ist in Bier, Gerste und Malzbonbons enthalten.

Milchzucker (Laktose) ist in Milch und Milchprodukten zu finden.

Zuckerrüben

Zuckerlexikon

Bienenhonig besteht zu 70 % aus Traubenzucker und Fruchtzucker. Honig enthält außerdem 7 % Malzzucker und geringe Mengen an Mineralstoffen, Vitaminen und Eiweiß.

Brauner Zucker oder Rohzucker besteht zu 98 % aus Rohr- und Rübenzucker, geringen Mengen an Mineralstoffen und Vitaminen. Durch Reinigung erhält man weißen Haushaltszucker.

Rohrzuckermelasse wird aus Zuckerrohrsaft gewonnen. Neben 68 % Rohrzucker sind Mineralstoffe enthalten.

Dextrose ist eine andere Bezeichnung für Traubenzucker.

Farin oder Farinsirup ist ein feinmehliger brauner Zucker bzw. eine dickflüssige Zuckerlösung. Farin fällt bei der Kandisherstellung an.

Glucosesirup ist industriell aus Stärke hergestellter Traubenzucker mit 16 % Wasser.

Invertzucker ist eine Mischung aus Traubenzucker und Fruchtzucker.

Maltodextrin wird aus Stärke hergestellt, es besteht aus mehreren Zuckerbausteinen.

Malzextrakt wird aus gekeimter und gerösteter Gerste gewonnen, er besteht aus Malzzucker und Maltodextrin.

Zuckerrohr

Aufgaben

1. Beschreibe die Herstellung einer einfachen Karamellcreme. Erläutere die jeweiligen Veränderungen
   a) des Zuckers,
   b) der Stärke bei der Herstellung.

2. **Zucker – Löslichkeit**
   Gib je einen TL Zucker in ein Becherglas mit
   a) kaltem Wasser,
   b) heißem Wasser.
   Beobachte.
   Beschreibe die Veränderungen.
   Wann sollen Speisen gesüßt werden?

3. **Stärkeres Erhitzen von Zucker**
   Erhitze 50 g Zucker in einem Topf, bis sich der Zucker dunkelbraun gefärbt hat.
   Es ist Karamell entstanden.
   a) Gieße einen Teil der Masse auf ein gefettetes Pergamentpapier.
   b) Gib die restliche Masse in ¼ l heißes Wasser, rühre um.
      Diese Flüssigkeit nennt man Zuckercouleur (Zuckerfarbe).
      Prüfe die Süßkraft der Zuckerfarbe.

Stufen der Karamellbildung

Verwendung von Zucker

- Speisen süßen, solange sie heiß sind. Zucker löst sich schneller und besser.
- Säurehaltige Speisen erst nach dem Kochen süßen. Auf diese Weise wird weniger Zucker benötigt, die Speisen sind energieärmer.
- Zur Herstellung von Karamell und Zuckercouleur Zucker stärker erhitzen. Bei Temperaturen über 100 °C färbt sich Zucker braun, es wird Wasser entzogen.
- Karamell dient z. B. bei der Herstellung einer Karamellcreme, vgl. S. 232, als Geschmacksstoff.
- Karamell hat eine geringere Süßkraft als Haushaltszucker.
- Pikante Speisen wie Salate, Gemüse, Wildgerichte mit einer Prise Zucker würzen. Der Geschmack wird so ausdrucksvoller.
- Konfitüren und Gelees ausreichend Zucker als Konservierungsmittel zusetzen. Zucker bindet freies Wasser. Die Mikroorganismen, die den Verderb bewirken, benötigen freies Wasser zum Leben.

Dem Apfel wird durch Zucker Wasser entzogen

Zucker – Löslichkeit

Abbildungen in die richtige Reihenfolge bringen – Karies

1. Die Abbildungen zur Kariesentstehung sind durcheinandergeraten. Bringe die Abbildungen in die richtige Reihenfolge.
2. Nutze die gewonnenen Informationen und beschreibe die Kariesentstehung in der richtigen Reihenfolge.

Täglich begegnen uns Informationen, die wir aufnehmen und ordnen müssen. Wichtige Informationen in Texten und Abbildungen müssen wir entdecken und nutzen.

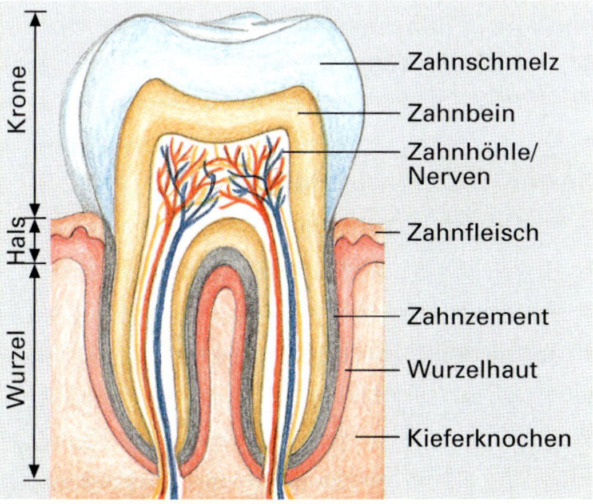

Aufbau eines Zahns

Kariesentstehung

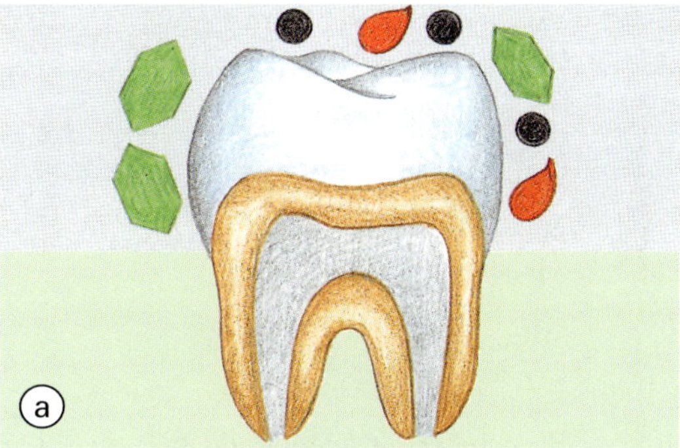

Von Bakterien werden Speisen, besonders Zucker, zu Milchsäure umgebaut.

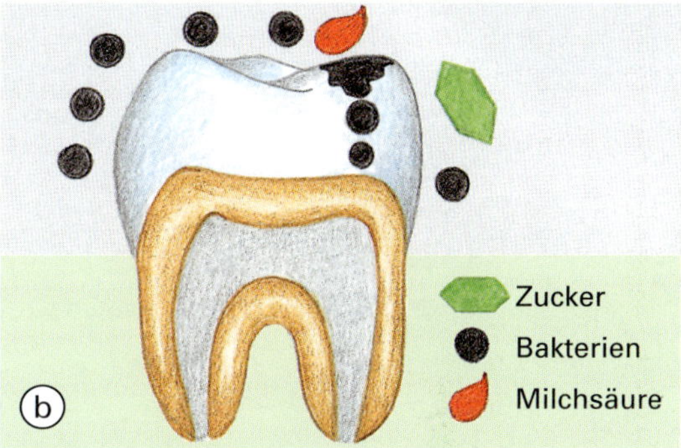

Milchsäure greift den Zahnschmelz an. Es entsteht Karies.

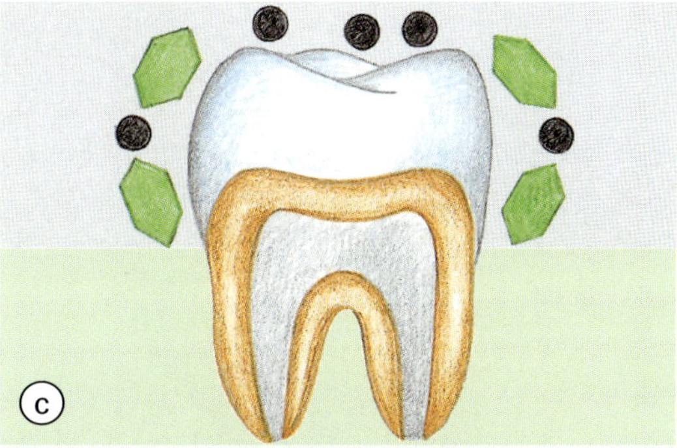

Bakterien und Speisenreste bilden Zahnbeläge. Bereits nach 24 Stunden (ohne Zähneputzen) sind diese mit bloßem Auge sichtbar.

4.5 Gemüse, Salat, Obst

Tägliche Vitaminbedarfsdeckung

75 % des Vitamin-C-Bedarfs

50 % des Vitamin-A-Bedarfs

10 % des Vitamin-B_1- und -B_2-Bedarfs

Gesundheitswert

Obst und Gemüse enthalten 80 bis 90 % Wasser, sie sind meist energie- und fettarm. Eiweiß ist oft nur in Spuren enthalten. Einige Obstsorten und Gemüsesorten, z. B. Weintrauben und Bananen, Erbsen und Mais, haben einen höheren Kohlenhydratanteil als andere.

Der **Ballaststoffgehalt** von Obst und Gemüse ist von besonderer Bedeutung für unsere Ernährung, vgl. S. 94.

Pektine, die in saurem Obst und halb reifem Kernobst enthalten sind, quellen im Darm und wirken „reinigend“, sie verhindern die Vermehrung von Fäulnisbakterien im Darm.

Fünf Portionen Obst oder Gemüse – so groß wie die Faust – pro Tag werden empfohlen. Obst und Gemüse haben die höchste Nährstoffdichte an Vitaminen und Mineralstoffen. Durch die bei uns übliche Ernährung wird die in den Abbildungen gezeigte Vitaminbedarfsdeckung erreicht. Vgl. auch S. 105 f.

Alle Obstsorten und Gemüsesorten sind natriumarm (salzarm) und kaliumreich. Alle grünen Gemüsesorten sind außerdem magnesiumreich. Das Blattgrün – Chlorophyll – enthält Magnesium.

Obst und Gemüse enthalten **sekundäre Pflanzenstoffe**, die nur in Pflanzen gebildet werden. Bisher sind etwa 60 000 verschiedene sekundäre Pflanzenstoffe bekannt. Sie haben gesundheitsfördernde Wirkungen.

Sekundäre Pflanzenstoffe
- wirken gegen die Entstehung von Krebs,
- senken den Cholesterinspiegel,
- regulieren den Blutdruck,
- regulieren den Blutzuckerspiegel.

Da manche sekundären Pflanzenstoffe hitzeempfindlich sind, sollte besonders der Verzehr von rohem Obst und Gemüse gesteigert werden.

Kartentechnik – Obst und Gemüse

Schreibt euch bekannte Obst- bzw. Gemüsesorten auf Karten.
Ordnet die Karten mit den verschiedenen Obst- bzw. Gemüsesorten nach Oberbegriffen.
Es gibt verschiedene Einteilungsmöglichkeiten:

a) jahreszeitliches Angebot: Frühjahr, Sommer, Herbst, Winter, vgl. Umschlag vorne innen,
b) roh essbar oder nur gegart,
c) Herkunft usw.

Die Kartentechnik eignet sich zum Sammeln von Ideen, Kenntnissen und Vorschlägen.

Hier lautet die Aufgabe: Schreib Obst- bzw. Gemüsesorten auf Karten.

Jede Schülerin und jeder Schüler bekommt eine Karte.

Nun könnt ihr allein oder in Gruppen an die Arbeit gehen. Wenn ihr in Gruppen arbeitet, könnt ihr euch abstimmen, damit nicht so viele Obst- bzw. Gemüsesorten doppelt genannt bzw. auf Karten geschrieben werden.

Nur ein Stichwort groß und deutlich auf eine Karte schreiben.

Nun werden die Karten mit Kreppband geordnet auf Packpapier oder an der Tafel befestigt.

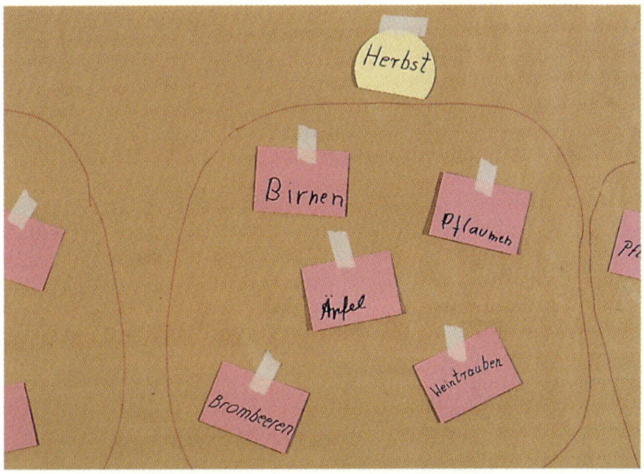

Jetzt werden Kartengruppen gebildet. Die fertigen Kartengruppen werden mit einem Stift umkreist und passende Überschriften dazugeschrieben.

Die Karten können auch mit Punkten gewichtet werden. Jeder erhält einen Klebepunkt. Nun werden diese Punkte möglichst gleichzeitig auf den Karten befestigt.

Vorkommen in Lebensmitteln

Vitamine – nicht nur in Obst und Gemüse

Aufgaben

Ermittle mithilfe der Abbildungen, welche Vitamine in den folgenden Lebensmitteln enthalten sind:
a) Getreide und Getreideprodukte,
b) Kartoffeln, c) Gemüse, d) Obst,
e) Hülsenfrüchte, f) Milch, g) Eier,
h) Fleisch, i) Fisch, j) Fette.

Vitamine sind essenzielle, d.h. lebensnotwendige organische Nahrungsbestandteile. (Vita heißt Leben.) Vitamine werden nicht oder nur in unzureichender Menge im Körper gebildet. In kleiner Menge wirken sie, z.B. als Enzymbestandteile, im Zellstoffwechsel der Nährstoffe mit.

Außer bei Vitamin C liegen die Empfehlungen für die tägliche Zufuhr unter 20 mg.

Fettlösliche Vitamine	Wasserlösliche Vitamine
Retinole, A Calciferole, D Tocopherole, E Phyllochinone, K	Thiamin, B$_1$ Riboflavin, B$_2$ Pyridoxin, B$_6$ Cobalamin, B$_{12}$ Biotin Folsäure Niacin Pantothensäure Ascorbinsäure, C

Vitamin C aus Gemüse und Obst schützt vor Krankheiten

Aufgaben des Vitamin C

- Bildung und Erhaltung von Bindegewebe, Knorpel und Knochen.
- Steigerung der Eisenaufnahme und Eisenverwertung. Die Sauerstoffzufuhr zu den Zellen wird hierdurch erhöht.
- Vitamin C schützt vor Krebs und auch vor Arteriosklerose – Verkalkung.

Die Aufgaben des Vitamin C sind noch nicht vollständig aufgeklärt.

Der Vitamin-C-Bedarf ist erhöht bei

- starker körperlicher Belastung,
- hoher Flüssigkeitsaufnahme – Alkohol,
- einigen Erkrankungen, z. B. Zuckerkrankheit,
- Rauchern – bis zu 40 %.

Bei leichtem Vitamin-C-Mangel kommt es zu Gliederschmerzen, Müdigkeit, Reizbarkeit. Außerdem infiziert man sich leichter, z. B. mit Grippe.

Lebensmittel mit reichlich Vitamin C

Die besten Vitamin-C-Quellen sind Obst und Gemüse und aus ihnen frisch hergestellte Säfte. Frischkost statt Tabletten.

Vitamin-C-Verluste bei Lebensmitteln

Die Verarbeitung von Obst und Gemüse führt zu Vitamin-C-Verlusten. Auch längere Lagerung führt zu Vitamin-C-Verlusten.

Aufgaben

Lies das Fallbeispiel.
Ermittle Veränderungen, die bei einem vollständigen Vitamin-C-Mangel – Skorbut – auftreten.

Die gefürchtete Seemannskrankheit – Skorbut – wird in einem Logbuch aus dem Jahr 1541 so beschrieben:

„Eine unbekannte Krankheit begann sich unter uns auszubreiten. Einige verloren all ihre Kraft. Dann schwollen ihre Beine an, die Muskeln schrumpften ein und wurden schwarz wie Kohle. Andere hatten ihre ganze Haut gefleckt, mit blutigen Stellen. Ihre Münder wurden stinkend. Ihr Zahnfleisch wurde so faul, dass alles Fleisch bis zu den Wurzeln der Zähne abfiel und diese beinahe ausfielen. Mit solcher Ansteckungskraft breitete sich die Krankheit aus, dass von 110 Personen, die wir waren, keine zehn gesund blieben."

Tausende starben an Skorbut, ehe man erkannte, dass man die gefürchtete Seemannskrankheit mit Sauerkraut und Zitronensaft heilen konnte.
(nach U. Rückert)

Vitamin-C-Kristalle

Übersicht – Vitamine

wasserlösliche Vitamine	Tagesbedarf[1]	Vorkommen in Lebensmitteln	Wirkungsweise	Hypovitaminose/Avitaminose Vitaminmangel
Thiamin, B_1	1,3–1,0 mg	Vollkornprodukte, Schweinefleisch, Hefe	Zellstoffwechsel: Kohlenhydratabbau	verminderte Leistungsfähigkeit, Muskelschwäche, Nervenstörungen: **Beri-Beri**
Riboflavin, B_2	1,5–1,2 mg	Milch, Milchprodukte, Fleisch, Eier	Zellstoffwechsel: Wasserstofftransport, Energiegewinnung	Veränderungen von Haut und Schleimhäuten
Pyridoxin, B_6	1,6–1,2 mg	in allen Lebensmitteln	Zellstoffwechsel: Aminosäurestoffwechsel	Hautveränderungen usw., bei Kindern Krämpfe
Cobalamin, B_{12}	3,0 µg	in tierischen Lebensmitteln	Zellstoffwechsel: Zellkernaufbau	verminderte Zellteilung, Anämie, Nervenstörungen, Mangel bei strengen Vegetariern
Biotin	30–60 µg	Eigelb, Sojabohnen, Vollkornprodukte	Zellstoffwechsel: CO_2-Übertragung	Hautveränderungen, Mangel bei reichlichem Verzehr von rohem Eiklar
Folsäure	0,4 mg	Gemüse, Fleisch, Vollkornprodukte	Zellstoffwechsel: Aminosäurestoffwechsel	Hautveränderungen, Anämie, Mangel bei Eiweißunterernährung
Niacin	17–13 mg	Fisch, Fleisch, Gemüse, Vollkornprodukte	Zellstoffwechsel: Wasserstofftransport, Energiegewinnung	Hautveränderungen, Nervenstörungen, Mangel bei überwiegender Maisernährung, **Pellagra**
Pantothensäure	6 mg	in allen Lebensmitteln	Zellstoffwechsel: Fett-, Kohlenhydratstoffwechsel	Mangel nur bei längerer Behandlung mit Sulfonamiden, bei Infektionskrankheiten
Ascorbinsäure, C	100 mg	Obst, Gemüse, Kartoffeln	Aufbau von Bindegewebe, Eisenstoffwechsel, verhindert Radikalbildung	Störungen im Bindegewebsstoffwechsel, verzögerte Wundheilung, **Skorbut**

fettlösliche Vitamine	Tagesbedarf[1]	Vorkommen in Lebensmitteln	Wirkungsweise	Hypovitaminose/ Avitaminose	Hypervitaminose
Retinol, A Provitamin Carotin	1,1–0,9 mg	Fett, Fettfisch, Eigelb, Karotten, Grüngemüse	Bestandteil des Sehpurpurs, fördert Zellwachstum	Verhornung von Haut und Schleimhäuten, Nachtblindheit	Erbrechen, Durchfall, Schleimhautblutungen, Knochenbrüchigkeit, Übererregbarkeit
Calciferol, D Provitamin vorhanden	5 µg Bildung in der Haut	Fettfisch, Margarine, Eigelb, Pilze	Aufnahme von Calcium und Verkalkung der Knochen	Knochenerweichung, Rachitis, Osteoporose	Calciumablagerungen in den Blutgefäßen, Lunge und Niere
Tocopherol, E	15–12 mg	Keimöl, Vollkornprodukte, Grüngemüse	Schutz für die Zellmembranen, verhindert Radikalbildung	unbekannt	unbekannt
Phyllochinon, K	70–60 µg	Grüngemüse, Fleisch, Fisch	normaler Ablauf der Blutgerinnung	gestörte Blutgerinnung	unbekannt

[1] Empfehlenswerte Höhe der täglichen Zufuhr für Jugendliche (DGE)

Nitrat, Nitrit – kann der Gehalt gemindert werden?

Die Nitratbelastung von Trinkwasser und Gemüse steigt durch die Stickstoffdüngung. Nitrat wird zu 70% über Gemüse, 20% über Trinkwasser und 10% über tierische Lebensmittel aufgenommen.

Im Körper wird Nitrat in Nitrit umgewandelt, das den Sauerstofftransport beeinträchtigt. Aus Nitrit und Eiweiß (Aminosäuren) können außerdem krebserregende Nitrosamine gebildet werden.

Besonders gefährlich ist Nitrat für Säuglinge. Bei ihnen werden größere Nitritmengen gebildet und aufgenommen. Es kann zur „Blausucht" und damit zum Ersticken führen.

Der Nitratgehalt ist nicht gleichmäßig in den Lebensmitteln verteilt. Durch einen umweltbewussten Anbau, Einkauf und die richtige Zubereitung/Lagerung kann die gesundheitliche Gefährdung gemindert werden.

- Gemüse der Saison bevorzugen: Ausgereiftes Freilandgemüse aus der Region enthält weniger Nitrat als stark gedüngte Treibhauserzeugnisse. Die Sonneneinstrahlung senkt den Nitratgehalt.
- Folgende Gemüsesorten reichern besonders Nitrat an: grüne Bohnen, Chinakohl, Kopfsalat, Rote Bete, Rettich, Radieschen, Spinat.
- Bei Blattgemüse Stiele und große Blattrippen und bei Kopfsalat, Chinakohl die äußeren Blätter entfernen, sie sind besonders nitratreich.
- Reste von zubereitetem nitratreichen Gemüse nicht aufbewahren und wieder erhitzen. Rote-Bete-Saft nach dem Öffnen austrinken. Es kommt zur Nitritbildung.
- Säuglingen bis zum fünften Lebensmonat keinen Spinat geben.
- Durch Vitamin C kann die Bildung von Nitrosaminen gemindert werden. Für Salate daher möglichst eine Marinade mit Zitronensaft verwenden.

Aufgaben

1. Halte ein Nitratteststäbchen auf
   a) die Schnittfläche eines Radieschens,
   b) tiefgekühlten Spinat.
   Überprüfe jeweils nach einer Minute die Farbänderung. Bewerte die Farbänderung nach der Farbskala in der Gebrauchsanweisung.
2. Überprüfe den Nitratgehalt von
   a) Trinkwasser,
   b) weiteren Lebensmitteln.
3. Erläutere, wie der Nitratgehalt von
   a) Chinakohl,
   b) Weißkohl
   vermindert werden kann.

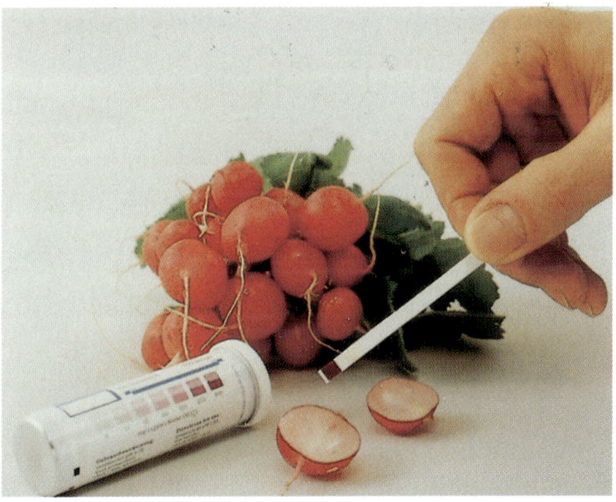

Überprüfung des Nitratgehalts

Umweltbewusster Anbau von Gemüse

Einfrieren von Obst und Gemüse

Aufgaben

Es sollen
a) Erbsen,
b) Erdbeeren
eingefroren werden.
Mache Vorschläge für die einzelnen Arbeitsschritte.

Blanchieren

Kennzeichnung von selbst eingefrorenen Lebensmitteln

Tiefgefrieren bedeutet ein langfristiges Haltbarmachen von Lebensmitteln. Bei diesen Temperaturen wachsen die Mikroorganismen nicht mehr. Auch die Nährstoffveränderungen und Vitaminverluste sind herabgesetzt.

- Nur frische Lebensmittel bester Qualität verwenden.
- Gemüse und Obst müssen teilweise vor dem Einfrieren blanchiert werden.
- **Blanchieren:** Die Lebensmittel werden 2 bis 4 Minuten in kochendem Wasser oder Wasserdampf vorgegart. Durch das Blanchieren bleiben Vitamine, Farbe und Aussehen während der Lagerung erhalten.
- Beim Blanchieren gibt man 500 g Gemüse in 2 l kochendes Wasser. Das Gemüse muss im Wasser „schwimmen". Im geschlossenen Topf blanchieren. Gemüse oder Obst nach dem Blanchieren schnell abkühlen.
- Wasserreiche Lebensmittel, wie Erdbeeren, erst einzeln – z.B. auf einem Tablett – schockgefrieren, dann in Portionen abpacken.
- Lebensmittel möglichst ungesalzen und ungezuckert einfrieren. Nach dem Auftauen abschmecken. Salz und Zucker senken den Gefrierpunkt, die Lebensmittel verderben schneller.
- Nicht zu große Lebensmittelmengen auf einmal einfrieren. Bereits eingefrorene Lebensmittel können sonst antauen bzw. die Lebensmittel werden nicht schnell genug eingefroren.
- Lebensmittel je nach Haushaltsgröße in geeigneten Portionen einfrieren.
- Einwandfreie, luftdichte Verpackung verwenden: Geeignet sind Kunststoffgefäße usw. Die Lebensmittel trocknen sonst aus und es kommt zu Geruchs- und Geschmacksübertragungen. Die Vitaminverluste sind auch größer.
- Auf der Verpackung Inhalt und Datum angeben. Der Bestand ist so besser zu kontrollieren. Eine Überlagerung wird vermieden.

Einkauf und Zubereitung von Tiefkühlkost

Aufgaben

Zum Mittagessen sollen
a) tiefgefrorene Erbsen,
b) tiefgefrorene Erdbeeren
zubereitet werden.
Beschreibe die Zubereitung.

- Beim Einkauf von Tiefkühlkost auf das Mindesthaltbarkeitsdatum achten.
- Durch vorsichtiges Schütteln kann, z. B. bei Erbsen, festgestellt werden, ob die Ware bereits angetaut war. Frische Ware befindet sich locker in der Packung.
- Tiefkühlkost in isolierten wieder verwendbaren Behältern transportieren oder eingewickelt in Zeitungspapier.
- Tiefkühlkost als Letztes vor dem Heimweg einkaufen. Tiefkühlkost muss so transportiert werden, dass die Temperatur nie über –18 °C steigt.
- Obst, das roh gegessen wird, langsam im Kühlschrank oder möglichst flach ausgebreitet in der Mikrowelle auftauen. Die Form bleibt so besser erhalten.
- Gemüse, Kartoffelklöße, Fisch usw. sofort unaufgetaut garen. Form und Nährstoffe bleiben besser erhalten, da weniger Zellsaft verloren geht. Größere Fleischstücke usw. erst langsam auftauen lassen. Auftauflüssigkeit dabei getrennt auffangen, weggießen.
- Die verkürzte Garzeit bei tiefgefrorenen Lebensmitteln beachten.

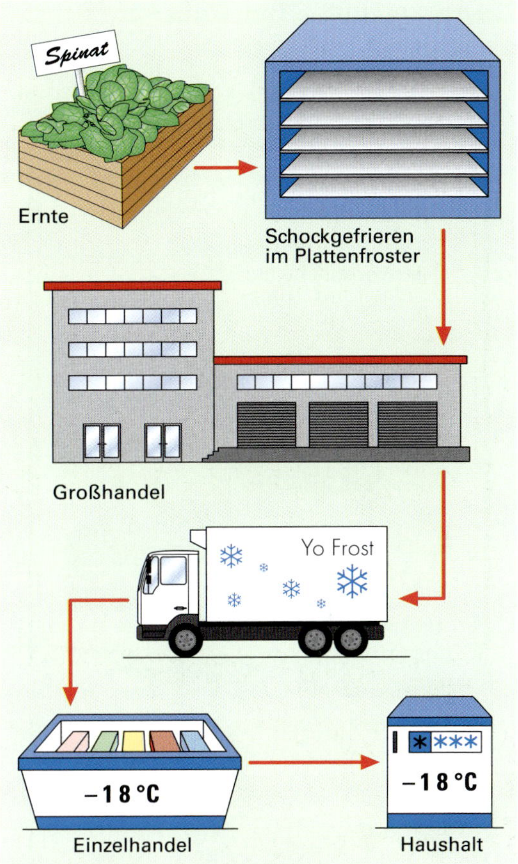

Tiefkühlkette

Eiskristallbildung beim langsamen Einfrieren

Auftauen langsam eingefrorener Lebensmittel

Eiskristallbildung beim Schockgefrieren

Gemüse und Obst nährstoffschonend zubereiten

Aufgaben

1. Häufig werden Kartoffeln so zubereitet.
   Beschreibe und beurteile das Vorgehen.

2. Sammle Rezepte für Gemüsegerichte, -beilagen. Überprüfe, ob bei der Zubereitung auf Vitamin- und Mineralstofferhaltung geachtet wird.

Vorbereiten

- Maßnahmen zur Verminderung des Schadstoffgehaltes von Gemüse und Obst, vgl. S. 109.
- Das **Waschen** von Obst und Gemüse wird unterschiedlich durchgeführt:

  bei **empfindlicher Struktur**, z. B. Kopfsalat, Erdbeeren, Lebensmittel in stehendem kalten Wasser waschen,

  bei **fester Struktur**, z. B. Möhren, Äpfel, können die Lebensmittel unter fließendem kalten Wasser gewaschen werden.

Weiterverarbeitung bei Rohkost

- Gemüse und Obst erst unmittelbar vor dem Anrichten zerkleinern, es kommt sonst zu größeren Vitamin-C-Verlusten. Nach dem Zerkleinern kann Luftsauerstoff stärker einwirken und Zellsaft auslaufen.
- Gemüse wird nach der Struktur unterschiedlich **zerkleinert**:

  bei **fester Struktur**, z. B. Möhren, fein reiben bzw. fein zerkleinern,

  bei **empfindlicher Struktur**, z. B. Salatgurken, in Scheiben schneiden, gröber zerkleinern.
- Gemüse, Salat nach dem Waschen gründlich abtropfen lassen. Die Marinade wird sonst wässerig.
- Marinade erst unmittelbar vor dem Servieren über die Rohkost geben, sie wird sonst wässerig. Dies gilt besonders für Gemüsesorten mit empfindlicher Struktur, z. B. Salatgurken.
- Für eine Ölmarinade kalt gepresstes Salatöl, z. B. Olivenöl oder Rapsöl, verwenden. Kräuter erhöhen den Vitamingehalt.

Garen von Gemüse und Obst

- **Gemüse und Obst möglichst dünsten** oder dämpfen. Beim Kochen kommt es zu größeren Nährstoffverlusten.
- Die meisten Gemüse- und Obstsorten sind wasserreich, sie können gedünstet werden. Gemüse evtl. in etwas Butter oder Margarine andünsten.
- Falls notwendig, 1/8 l Wasser zufügen. Einige wasserreiche Gemüsesorten, z. B. Spinat, können ohne Wasserzugabe gedünstet werden.
- Gemüse und Obst bei niedriger Temperatur garen, sonst verdampft die Flüssigkeit und die Lebensmittel können anbrennen. Notfalls Flüssigkeit ergänzen.
- **Wasserreiches Gemüse**, z. B. Blumenkohl und Brokkoli, sollte möglichst **gedämpft** werden, die Nährstoffverluste sind so geringer.
- **Wenig Wasser** in einen Topf füllen. Gemüse in den Siebeinsatz legen, diesen in den Topf stellen. Das Gemüse danach im geschlossenen Topf garen.

  Längere Garzeit als beim Kochen beachten.
- **Gekocht werden folgende Obstsorten**: Äpfel, Birnen, Brombeeren, Stachelbeeren.
- **Gekocht werden folgende Gemüsesorten**: Spargel, Schwarzwurzeln, Sellerie.
- **Beim Kochen** von Gemüse und Obst 1/2 l Wasser zum Kochen bringen, wasserarmes Gemüse bzw. Obst in das kochende Wasser geben, so wird die Garzeit verkürzt, außerdem sind die Nährstoffverluste geringer.

- **Warmhalten von Gemüse vermeiden.**

  Es kommt zu Nährstoffverlusten, außerdem kann sich der Schadstoffgehalt erhöhen.

  Falls notwendig, Obst oder Gemüse rasch abkühlen und kurz wieder erwärmen.

  Die Mikrowelle eignet sich zum Aufwärmen einzelner Portionen.

Warmhalten (60 °C): Vitaminverluste

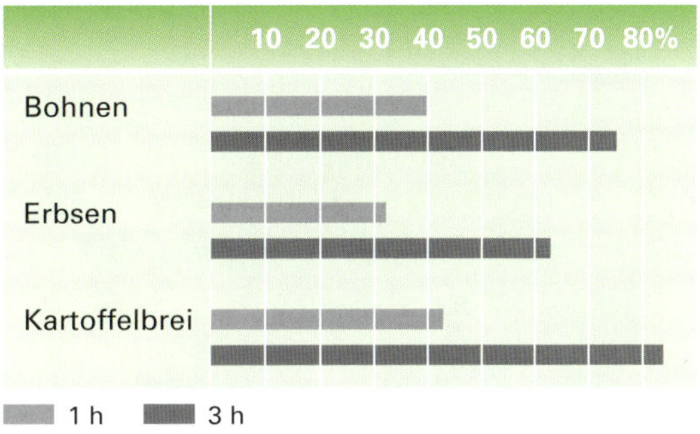

Lagern

- Obst/Gemüse kühl, bei hoher Luftfeuchtigkeit und dunkel aufbewahren, so sind die Vitaminverluste geringer und das Obst/Gemüse bleibt länger frisch.
- Tiefgekühltes Obst/Gemüse weist oft einen höheren Vitamingehalt auf als frisches. Durch schnelles Tiefkühlen nach der Ernte wird die Vitaminzerstörung durch Wärme weitgehend ausgeschlossen.

  Die Verpackung mindert Vitaminverluste durch Licht und Luft.

Aufgaben

1. Wähle fünf Salat- bzw. Gemüsesorten für eine Rohkostplatte aus. Beachte dabei das jahreszeitliche Angebot. Beschreibe die Zubereitung.
2. Erstelle einen Arbeitsplan für die Zubereitung einer Gemüsesuppe. Achte dabei auf möglichst geringe Vitaminverluste.

Kräuter

Aufgaben

1. Wie heißen die abgebildeten Kräuter?
2. Erstellt in Gruppen Steckbriefe für die abgebildeten Kräuter:
   - Aussehen
   - Wirkung
   - Verwendung usw.

Merke

Kräuter sind oberirdische Pflanzenteile, die in frischem, getrocknetem oder tiefgefrorenem Zustand zur Geschmacksverfeinerung verwendet werden.

Verwendung von Kräutern

- **Basilikum** hat eine appetitanregende und verdauungsfördernde Wirkung. Basilikum schmeckt etwas nach Gewürznelke und Minze. Basilikum verliert beim Trocknen viel Aroma. Es passt zu Gemüse, z.B. Tomaten, und zu Hackfleisch und anderen Fleischgerichten.
- **Bohnenkraut** hat einen würzig-pfefferigen Geschmack. Es wird für Bohnengerichte, Gemüsesuppen und Salate verwendet. Bohnenkraut macht schwere Gerichte leichter verdaulich, es gilt als magenstärkend und krampflösend. Bohnenkraut kann reichlich verwendet werden.
- **Dill** wird frisch, tiefgefroren und getrocknet angeboten. Dill, auch Gurkenkraut genannt, passt zu Gurken, Tomaten, Fischgerichten, Quark, Remoulade, Kräuterbutter.
- **Estragon** stammt aus der französischen und italienischen Küche. Erst beim Kochen entfaltet sich das volle Aroma, das an Anis und Zitrone erinnert. Er passt zu Salaten, Fisch und Nudelspezialitäten.
- **Kerbel** sollte nicht mitgekocht werden. Der Anis-Fenchel-Geschmack der gehackten Blätter passt zu Quark, Salaten, Rührei und Fisch.
- **Liebstöckel/Maggikraut** hat einen starken, sellerieähnlichen Geschmack. Sparsam verwenden. Es eignet sich für Braten, Gemüse, Suppen und Brühen.
- **Majoran** ist das Hauptgewürz in Italien. Majoran wird nur getrocknet mitgekocht. Majoran passt zu Tomatensoße, Fleisch, Hülsenfrüchten und Salaten.
- **Petersilie**, glatt oder kraus, ist das bekannteste Küchenkraut. Petersilie wird zu den fertigen Speisen gegeben. Sie passt zu hellen Speisen, z.B. Eiergerichten, Kartoffeln, Fisch- und Geflügelgerichten. Fertiggerichte werden mit Petersilie aufgewertet.
- **Rosmarin** sollte sparsam verwendet werden, er passt zu allen italienischen Gerichten, auch zu Schweinebraten, Lammkeule und Hackfleisch. Rosmarin kann gut getrocknet werden.
- **Salbei** ist ein pikantes, leicht bitteres Kraut, er soll gegen Magen- und Darmstörungen helfen. Zwei frische Blätter oder eine Prise getrockneter Salbei sind ausreichend zum Würzen von Fleisch, Fisch oder Eierspeisen.
- **Schnittlauch** mit dem milden Zwiebelaroma passt wie Petersilie zu vielen salzigen Gerichten. Schnittlauch kann man täglich verwenden.
- **Thymian** stammt auch aus dem Mittelmeerraum. Thymian sparsam verwenden und mitkochen. Thymian, frisch oder getrocknet, passt zu Fleisch, Eintopfgerichten und vielen italienischen Spezialitäten.
- **Zitronenmelisse** schmeckt zitronenähnlich – großzügig verwenden. Die rohen Blätter passen zu Salaten, Milch, Kräutersoßen, Eis und anderen Nachspeisen.

Tomaten mit Mozzarella und Basilikum

Nachspeise mit Zitronenmelisse

Gewürze

Aufgaben

1. Wie heißen die abgebildeten Gewürze?
2. Erkunde die Herkunftsländer der abgebildeten Gewürze.
3. Erstellt gemeinsam ein Gewürzlexikon.

Merke

Gewürze sind Pflanzenteile, die aufgrund ihres Gehaltes an Geschmacks- und Geruchsstoffen als würzende oder geschmackgebende Zutaten verwendet werden.

Verwendung von Gewürzen

Gewürze	Pflanzenteile	Verwendungszwecke	Bemerkungen
Anis	Früchte	Gebäck, Süßspeisen, Liköre	verdauungsfördernde Wirkung
Kardamom		Gebäck, Liköre	bereits seit dem 12. Jahrhundert bekannt, in Indien Volksheilmittel
Kümmel		Gemüse, Spirituosen	verdauungsfördernde Wirkung
Paprika		Suppen, Soßen, Fleisch, Fisch	Delikatess-Paprika: mild, feurig rot Edelsüß-Paprika: mild, würzig, dunkelrot Rosenpaprika: scharf, tief dunkelrot
Vanille		Gebäck, Süßwaren, Eis	Bourbonvanille: beste Sorte – braunschwarze, weiche, biegsame Schoten; nach der Entdeckung des Vanillins (chemisch) ging der Vanilleanbau zurück
Wacholder		Fleisch, Fisch, Spirituosen	alte Heil- und Zauberpflanze; galt als Spender für Leben und Gesundheit
Pfeffer		Suppen, Soßen, Gemüse	schwarzer Pfeffer: grüne, unreife, ungeschälte Früchte – schärfer; weißer Pfeffer: rote, reife, geschälte Früchte – milder
Muskatnuss	Samen	Suppen, Soßen, Gemüse	echte Banda-Nuss; beste Sorte
Piment		Fleisch, Fisch, Gebäck	auch Nelkenpfeffer genannt, milder als Pfeffer; ganz und gemahlen im Handel
Senf		Fisch, Gemüse, Wurst	Tafelsenf: Qualitätsware – Geschmacksrichtung beachten
Nelken	Blüten	Gebäck, Süßspeisen, Gemüse, Wild	Frischeprobe: Nelken müssen beim Anritzen ölig sein bzw. im Wasser senkrecht schwimmen
Kapern		Salat, Soßen, Eigerichte	echte Kapern: fünf Kelch- und Blütenblätter, sonst Knospen von Kapuzinerkresse, Sumpfdotterblume oder Besenginster
Safran		Farbstoff für Teigwaren, Süßspeisen	französischer Safran: beste Qualität
Zimt	Rinde	Gebäck, Süßspeisen, Liköre, Glühwein	Ceylonzimt: beiderseits eingerollt, enthält wenig Cumarin (Pflanzenstoff, der in hoher Konzentration leberschädigend wirken kann) Cassia-Zimt (China-Zimt) enthält viel Cumarin
Ingwer	Wurzeln	Gebäck, Süßspeisen, Süßwaren	schwarzer Ingwer: ungeschält, würziger; weißer: geschält, oft gebleicht, milder
Knoblauch	Zwiebeln	Fleisch, Gemüse, Salat	Knoblauch reizt die Schleimhäute, Verdauungssäfte werden verstärkt ausgeschüttet, außerdem stärkere Durchblutung, größere Mengen bei Kindern: Erbrechen, Durchfälle
Zwiebeln		Fleisch, Fisch, Gemüse	erst nach dem Anschneiden werden scharfe, reizwirkende Stoffe gebildet

4.6 Milch und Milchprodukte

Entscheidungsprozess – wir wählen eine Milchsorte aus

① **Problemphase:**	Wir suchen die gesündeste, umweltfreundlichste und schmackhafteste Milchsorte.

② Suchphase:

Welche Milchsorten gibt es?

③ Beurteilungsphase:

Was spricht für bzw. gegen die einzelnen Milchsorten, z. B.

- Fettgehalt?
- Geschmack?
- Verarbeitungsgrad?
- Verpackung?

④ Entscheidungsphase:

Die Pro- und Kontrapunkte der vorangegangenen Beurteilungsphase führen zu einer Entscheidung.

Wir wählen folgende Milchsorte?

⑤ Durchführungsphase:

⑥ Kontrollphase:

Es ist zu prüfen, ob alle mit dieser Wahl zufrieden sind ??

Vollmilch oder fettarme Milch?

Eiweiß: In Vollmilch und in fettarmer Milch sind 3,5 % hochwertiges Eiweiß enthalten.

Fett: Vollmilch enthält 3,5 % Fett, fettarme Milch 1,5 bis 1,8 %. Milchfett ist leicht verdaulich. Fettarme Milch ist also energieärmer. Fette sind Träger von **fettlöslichen Vitaminen**, vgl. S. 108. Der Gehalt an den fettlöslichen Vitaminen A und D ist in Vollmilch doppelt so hoch wie in fettarmer Milch.

Kohlenhydrate: In Vollmilch und fettarmer Milch sind 5 % Kohlenhydrate in Form von Milchzucker – Laktose – enthalten. Milchzucker fördert die Verdauung.

Laktoseunverträglichkeit

Manche Erwachsene vertragen keine frische Milch, da ihnen das Enzym Laktase fehlt, das den Milchzucker spaltet. Sie haben nach dem Verzehr frischer Milch Darmbeschwerden oder Durchfall.

Sauermilchprodukte werden von diesen Menschen dagegen häufig gut vertragen.

Aufgaben

1. Berechne die Eiweißmenge, die in je einem halben Liter
   a) Vollmilch,
   b) fettarmer Milch
   enthalten ist.

2. Ermittle, in wie viel
   a) Hühnereiern,
   b) Gramm Schweinekotelett,
   c) Gramm Kabeljaufilet
   die gleiche Eiweißmenge wie in einem halben Liter Milch enthalten ist.

3. Berechne die Kohlenhydratmenge, die in je einem halben Liter
   a) Vollmilch,
   b) fettarmer Milch
   enthalten ist.

4. Ein Stück Zucker wiegt 5 g. Berechne, wie viel Zuckerstücke der Kohlenhydratmenge in einem halben Liter Milch entsprechen.

5. Berechne die Fettmenge, die in je einem halben Liter
   a) Vollmilch,
   b) fettarmer Milch
   enthalten ist.

6. Berechne, in wie viel Gramm Butter die Fettmenge von je einem halben Liter
   a) Vollmilch,
   b) fettarmer Milch
   enthalten ist.

7. Erprobe, wie viel Scheiben Vollkornbrot mit der Fettmenge von je einem halben Liter
   a) Vollmilch,
   b) fettarmer Milch
   bestrichen werden können.

8. Beurteile die Aussage: Milch ist kein Getränk, sondern ein flüssiges Lebensmittel.

Trinkmilchaufbereitung

Aufgaben

1. Bereite einen Geschmackstest vor. Schreibe jeweils auf einen Becher die Buchstaben A, B oder C. Fülle einen Becher mit H-Vollmilch, einen anderen Becher mit frischer Vollmilch und einen dritten mit frischer fettarmer Milch. Stelle fest, ob andere Personen die jeweilige Milchsorte „herausschmecken“ können. Beschreibe den Geschmack der getesteten Milchsorten.
2. Erkunde die Preise für die verschiedenen Milchsorten.
3. Ermittle auf den Milchpackungen, wo die verschiedenen Milchsorten hergestellt wurden. Wie lang waren jeweils die Transportwege?
4. Ermittle, welche unterschiedlichen Verpackungsmaterialien für Milch verwendet werden. Wähle eine umweltfreundliche Verpackung aus.
5. Erkunde die Aufbereitung von Rohmilch in Molkereien.

Stichworte zum Thema Milch

Rohmilch ist unbehandelte Milch mit natürlichem Fettgehalt, die gekühlt und dunkel aufbewahrt wird.

Vorzugsmilch ist rohe Milch mit mindestens 3,5% Fett. Sie wird im Erzeugerbetrieb gekühlt und abgefüllt. Die Vorzugsmilch darf nur von streng überwachten Rinderbeständen stammen.

Alle anderen Konsummilchsorten werden in Molkereien bearbeitet.

Fettgehaltsstufen der Milch: Der entrahmten Milch wird Rahm zugesetzt, bis die gewünschte Fettgehaltsstufe erreicht ist. Vollmilch hat mindestens 3,5% Fett, fettarme Milch hat 1,5 bis 1,8% Fett, entrahmte Milch enthält höchstens 0,5% Fett. Der angegebene Fettgehalt darf nicht unterschritten werden, ein höherer Fettgehalt ist dagegen erlaubt.

Homogenisieren: In der Rohmilch sind die größeren Fetttröpfchen von einer Eiweißhülle umgeben, die Milch rahmt erst nach einiger Zeit auf. Durch Homogenisieren will man dieses Aufrahmen der Fetttröpfchen verhindern.

Die Milch wird unter hohem Druck von 200 bar durch feinste Düsen gepresst, dabei werden die Fetttröpfchen auf etwa ein Fünftel ihrer ursprünglichen Größe zerschlagen.

Wärmebehandlung

Pasteurisieren: Man unterscheidet **Kurzzeiterhitzung und Hocherhitzung**. Bei der Kurzzeiterhitzung wird die Milch 15 bis 30 Sekunden auf 72 bis 75 °C gebracht.

Bei der Hocherhitzung wird die Milch 1 bis 2 Sekunden auf 85 bis 125 °C erhitzt. Man erhält dann die **„längerfrische“ Milch**, die bei max. 8 °C bis zu 15 Tage haltbar ist. Der Nährstoffgehalt und der Geschmack der Milch sind kaum verändert.

Ultrahocherhitzen: Milch wird zunächst auf 75 °C erhitzt und dann durch einen Dampfstoß für 1 Sekunde auf 135 bis 150 °C gebracht und anschließend heruntergekühlt. Nährstoffveränderungen und Vitaminverluste beim Ultrahocherhitzen der Milch sind geringer als beim Kochen.

Übersicht – Trinkmilchaufbereitung

Reinigung
Entfernung von Staubteilchen

Abtrennung der Sahne (Rahm)

Fettgehaltsstufen

Vollmilch
mindestens 3,5 % Fett

entrahmte Milch
höchstens 0,5 % Fett

fettarme (teilentrahmte) Milch
mindestens 1,5 bis 1,8 % Fett

Homogenisieren

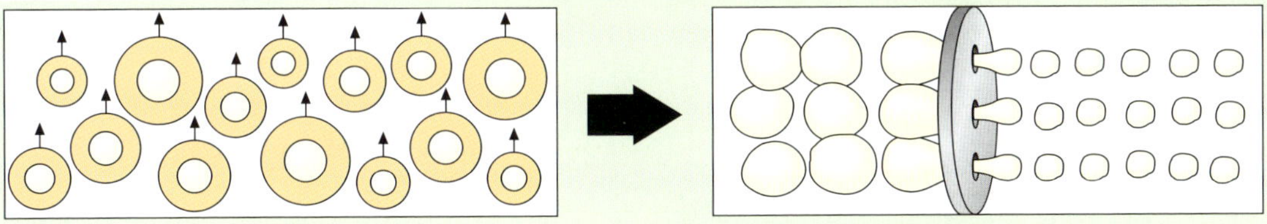

Rohmilch
Fetttröpfchen sind von einer Eiweißhülle umgeben, sie sind ungleichmäßig groß.

Milch, homogenisiert
Fetttröpfchen sind zerkleinert und gleichmäßig in der Milch verteilt.
Die Milch kann nicht mehr aufrahmen.

Wärmebehandlung

Frischmilch
drei bis vier Tage haltbar bei max. 8 °C
Kurzzeiterhitzung

Längerfrische
15 Tage haltbar bei max. 8 °C
Hocherhitzung

H-Milch
zwölf Wochen haltbar in geschlossener Packung
Ultrahocherhitzt

Sterilmilch
mehrere Monate haltbar in geschlossener Packung
Sterilisiert

Aufgaben

Erläutere die Angaben auf den Milchpackungen.

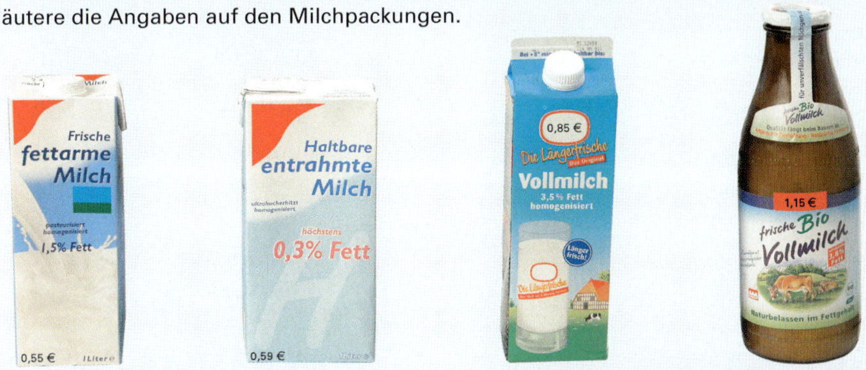

Speiseplan von Marie	Calcium-zufuhr in mg
Frühstück	
2 Scheiben Roggenbrot	14
1 Scheibe Bierschinken	4
1 Portion Honig	1
2 TL Butter	1
2 Tassen Kräutertee	0
Pause	
1 kleiner Apfel	7
Mittagessen	
1 Frikadelle	8
1 Portion Salzkartoffeln	26
1 Portion Blumenkohl	26
1 Portion Apfelgelee	1
Nachmittags	
2 Tassen Hagebuttentee	0
Abendessen	
2 Scheiben Mischbrot	16
2 TL Butter	1
2 kleine Tomaten	14
1 Scheibe Corned Beef	8
1 Portion Leberwurst	2
1 Tasse Kräutertee	0
Calciumzufuhr, insgesamt	?

Speiseplan von Jörg	Calcium-zufuhr in mg
Frühstück	
Müsli	
4 EL Haferflocken	15
1 kleiner Apfel	7
1 Portion Honig	1
1 Becher Vollmilchjoghurt	150
1 Tasse Kräutertee	0
Pause	
1 Mandarine	20
Mittagessen	
1 Portion Rotbarschfilet	30
1 Portion Salzkartoffeln	26
1 Portion Brokkoli	260
1 Portion Vanillecreme	140
Nachmittags	
1 Glas Buttermilch	165
Abendessen	
2 Scheiben Roggenbrot	15
2 TL Butter	1
2 kleine Tomaten	14
1 Scheibe Salami	8
1 Scheibe Edamer	213
1 Tasse Kräutertee	0
Calciumzufuhr, insgesamt	?

Calcium und Vitamin D

Aufgaben

1. Beschreibe das Aussehen des abgebildeten Jungen.
2. Um welche Krankheit könnte es sich hier handeln?
3. Ermittle mithilfe der Speisepläne die tägliche Calciumaufnahme von
   a) Marie,
   b) Jörg.
4. Vergleiche die Speisepläne. Welcher Speiseplan ist besser für die Calciumbedarfsdeckung geeignet?
5. Übertrage die calciumreichen Lebensmittel in deinen Ordner.

Dieser Junge wuchs vor etwa 100 Jahren in einer Großstadt in England auf. Über den Häusern der Stadt lag meist der Dunst aus den Schornsteinen. Smog war hier keine Seltenheit. Spielen im Freien – in der Sonne – kannte dieser Junge nicht. Wenig später musste er wie seine älteren Geschwister in der Fabrik arbeiten.

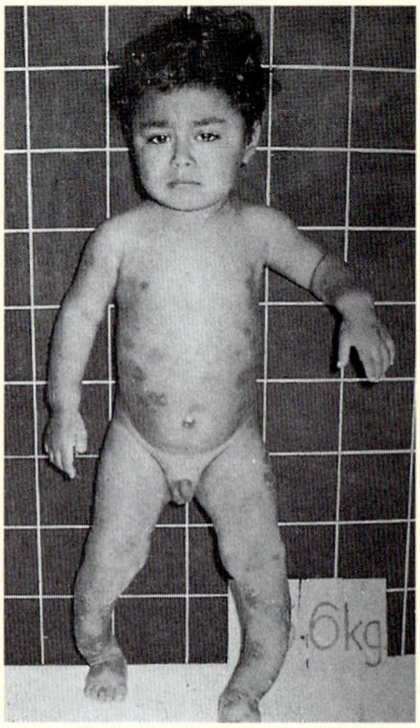

Bei dem abgebildeten Jungen liegen ein Vitamin-D- und ein Calciummangel vor. Vitamin-D-Mangel ist bei uns selten. Vitamin D wird aus einer Vorstufe durch die UV-Strahlen des Sonnenlichtes in der Haut aufgebaut. Die Nahrung muss jedoch ausreichend Calcium enthalten. Täglich sollten 1200 mg Calcium mit der Nahrung aufgenommen werden.

Bei einem Calciummangel kann nicht genügend Calcium in die Knochen eingelagert werden, es kommt somit zur Knochenerweichung. Bei Kindern nennt man diese Erkrankung **Rachitis**.

Rachitis heißt eigentlich „Buckelkrankheit". Auch die Beinknochen verformen sich, O-Beine bzw. X-Beine entstehen.

Bei Erwachsenen spricht man von **Osteoporose**. Die Knochen brechen leichter, beim Fallen kann es z.B. zu einem Oberschenkelhalsbruch kommen.

Ohne Milch und Milchprodukte kann der tägliche Calciumbedarf nur schwer gedeckt werden. Besonders Jugendliche und junge Erwachsene können durch ihre Ernährung dafür sorgen, dass ausreichend Calcium in die Knochen eingelagert wird und sie nicht 20 bis 30 Jahre später an Osteoporose leiden. Dann kann nicht mehr geändert werden, was früher versäumt wurde.

Bei einem Vitamin-D-Mangel kommt es ebenfalls zu Rachitis. Vitamin D wird auch Kalkträger genannt. Vitamin D bewirkt, dass ausreichend Calcium in die Knochen eingelagert wird.

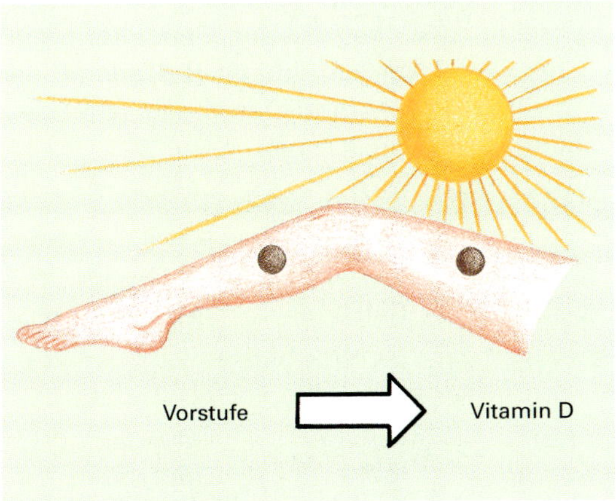

Bildung von Vitamin D in der Haut

Jugendliche trinken zu wenig Milch

Milch hat wegen des hohen Calciumgehaltes eine besondere Bedeutung in der Ernährung.

Die DGE empfiehlt: täglich einen viertel Liter fettarme Milch.

Dennoch geben fast 20 Prozent aller deutschen Jugendlichen an, nur einmal im Monat oder seltener Milch zu trinken. Ob sie auch die Folgen kennen?

Vitamine und Calcium als zweifelhafte Lockvögel

Immer mehr Lebensmittel werden mit Vitaminen und Mineralstoffen angereichert: Dino-Kekse und Comic-Beutelsuppen mit Calcium. Bunte Beutelsuppen sind bei Kindern beliebt und das Calcium dient zur Beruhigung der Eltern.

Es besteht die Gefahr, dass sich ein falsches Ernährungsverhalten einprägt. Nicht ursprüngliche Lebensmittel wie Milch und Vollkorn gelten als gesund, sondern Produkte aus der Tüte mit Vitaminen und Calcium.

Den täglichen Calciumbedarf kann man durch drei Gläser Milch für 0,56 € decken. Um die gleiche Calciummenge über angereicherte Kost aufzunehmen, muss man 1,50 € bis 5,00 € ausgeben.

Vorkommen in Lebensmitteln

Mineralstoffe – nicht nur in Milch

Aufgaben

Ermittle mithilfe der Abbildung, welche Mineralstoffe in den folgenden Lebensmitteln enthalten sind:
a) Getreide und Getreideprodukte,
b) Kartoffeln, c) Obst,
d) Gemüse, e) Hülsenfrüchte,
f) Milch und Milchprodukte,
g) Eier, h) Fleisch, i) Fisch,
j) Fette.

Neben Kohlenhydraten, Eiweiß, Fett und Vitaminen müssen wir auch anorganische, nicht brennbare Nahrungsbestandteile, die Mineralstoffe, aufnehmen. Mineralstoffe haben unterschiedliche Aufgaben im Körper:

- **Baustoffe**
  Calcium wird zum Aufbau der Knochen benötigt. Die Mineralstoffe geben ihnen die Festigkeit und ermöglichen dadurch die Stützfunktion der Knochen.
- **Reglerstoffe**
  Natrium und Kalium regeln zusammen mit anderen Mineralstoffen die Eigenschaften der Körperflüssigkeiten, die Gewebespannung. Die Stoffwechselvorgänge in den Zellen können nur bei normaler Gewebespannung ablaufen.
- **Bestandteile von wichtigen organischen Verbindungen**
  Eisen z. B. ist Bestandteil der roten Blutkörperchen und hier für den Sauerstofftransport verantwortlich. Iod ist Bestandteil der Schilddrüsenhormone, es regelt den Energieverbrauch im Körper.

Mengenelemente		
Natrium	Chlorid	Phosphat
Kalium	Calcium	Magnesium

Spurenelemente		
Eisen	Cobalt	Mangan
Kupfer	Iodid	Molybdän
Zink	Fluorid	Selen

Übersicht – Mineralstoffe

Mineral-stoffe	Körper-bestand	Tages-bedarf[1]	Vorkommen in Lebensmitteln	Aufgaben im menschlichen Körper
Natrium	70 g	3–5 g	Kochsalz, Wurst, Käse	in Blut und Gewebsflüssigkeiten zur Regulation der Gewebsspannung, Wasserhaushalt
Chlorid	120 g	3–5 g	Kochsalz, Wurst, Käse	in Blut und Gewebsflüssigkeiten zur Regulation der Gewebsspannung, Wasserhaushalt, Salzsäurebildung im Magen
Kalium	170 g	2–3 g	Getreide, Obst, Gemüse, Kartoffeln	in den Körperzellen zur Regulation der Gewebsspannung
Calcium	1 kg	1,2 g	Milch, Milchprodukte, Eigelb, grüne Gemüse, Brot	Aufbau von Knochen und Zähnen, Durchlässigkeit der Zellwände, Blutgerinnung, normale Erregbarkeit von Muskeln und Nerven
Magnesium	30 g	0,35–0,40 g	alle grünen Gemüsesorten (Blattgrün), Fleisch	Bestandteil von Enzymen, normale Erregbarkeit von Muskeln und Nerven
Phosphat	700 g	1,25 g	Fleisch, Milch und Milchprodukte, Hülsenfrüchte	Aufbau von Knochen und Zähnen, Bestandteil der Zellkerne, Bestandteil von energieübertragenden Verbindungen
Schwefel	150 g		Eier, Fleisch	Aufbau von Eiweißstoffen, Bestandteil von Enzymen, zur Entgiftung
Eisen	5 g	12–15 mg	Leber, Fleisch, Eidotter, Gemüse, Brot, Backwaren	Bestandteil des roten Blutfarbstoffes (Sauerstofftransport aus der Lunge zu den Zellen)
Kupfer	100 mg	1,0–1,5 mg	Eigelb, Fleisch, Fisch, Roggen	zum Aufbau des roten Blutfarbstoffes
Iodid	10–20 mg	0,2 mg	Fisch, Milch, Weizen, Salat	Bestandteil der Schilddrüsenhormone, normaler Ablauf des Grundumsatzes
Fluorid	2–6 g	3,2–2,9 mg	Seefisch, schwarzer Tee	Härtung des Zahnschmelzes, Kariesverminderung
Zink	1–2 g	10–7 mg	Rindfleisch, Erbsen, Hafer, Weizen	zum Aufbau von Insulin, Bestandteil von Enzymen
Cobalt	1–2 mg	0,005 mg	Leber, Getreide, Hülsenfrüchte	Bestandteil des Vitamin B_{12}, Bildung von Blutzellen

[1] Empfehlenswerte Höhe der Zufuhr für Jugendliche (DGE)

Aufgaben

1. Ermittle, welche Mineralstoffe
   a) Baustoffe, b) Reglerstoffe, c) Bestandteile organischer Verbindungen sind.
2. Erstellt in Gruppen je ein Memo-Spiel „Mineralstoffe und mineralstoffreiche Lebensmittel“.

Herstellung von Emmentaler Käse

Frische Milch mit einem Fettgehalt von 3% wird leicht angesäuert und auf 30 bis 32 °C erwärmt. Danach wird Lab zugegeben, eine halbe Stunde später bildet sich ein fester Käsebruch.

Der Käsebruch wird zerkleinert und auf 50 °C erwärmt, dabei gibt er weitere Molke ab.

Der Käsebruch wird zum Pressen in Formen gegeben, dabei fließt Molke ab, ein Käselaib entsteht.

Der Käselaib kommt für einige Tage in ein Salzbad. Dadurch wird die Rindenbildung gefördert und der Salzgehalt des Käses wird eingestellt.

Zur weiteren Reifung kommt der Käse in große Lagerkeller. Hier muss er drei bis sechs Monate reifen. Milchsäurebakterien bilden Milchsäure, die Fäulnis verhindert.

Gereifte Käsesorten sind: Emmentaler, Chester, Camembert, Brie, Butterkäse, Gouda usw.

Wassergehalt und Fettgehalt von Käsesorten

Wassergehalts- und Fettgehaltsstufen geben Hinweise zur Beurteilung des Fettgehalts einer Käsesorte.

Wassergehaltsstufen geben den Wassergehalt in der fettfreien Trockenmasse an: Hartkäse, Schnittkäse usw. Hartkäse hat den geringsten Wassergehalt, Frischkäse den höchsten. Die anderen Wassergehaltsstufen liegen dazwischen.

Fettgehaltsstufen geben den Fettgehalt in der Trockenmasse (i. Tr.), ohne Wasser, an: unter 10 % Fett i. Tr. – mager; 10 % Fett i. Tr. – viertelfett usw.

Wenig Fett enthält ein Käse, wenn er

- einen **hohen Wassergehalt** – also eine geringe Trockenmasse – besitzt,
- einen **niedrigen Fettgehalt** hat, z. B. Frischkäse – mager, unter 10 % Fett i. Tr. – Speisequark.

Bei Frischkäse beträgt der tatsächliche Fettgehalt etwa ein Drittel des angegebenen Wertes.

Viel Fett enthält ein Käse, wenn er

- einen **niedrigen Wassergehalt**, also einen hohen Gehalt an Trockenmasse, besitzt,
- einen **hohen Fettgehalt** hat, z. B. Schnittkäse – Doppelrahmstufe, 60 bis 85 % Fett i. Tr. – Tilsiter.

Bei Weich- und Schnittkäse beträgt der tatsächliche Fettgehalt etwa die Hälfte des angegebenen Wertes, bei Hartkäse etwa zwei Drittel.

Merke

- **Fettarme Käsesorten – bis einschließlich vollfetter Käse – sind zu bevorzugen. Die Fettzufuhr bei uns ist zu hoch.**
- **Die DGE empfiehlt den täglichen Verzehr von zwei Scheiben Käse.**

Aufgaben

Welchen Käse sollte man für eine bedarfsgerechte und umweltfreundliche Ernährung auswählen?

4.7 Fleisch, Wurst, Fisch, Eier

Fleisch – ein Stück Lebenskraft?

Aufgaben

Startet eine Befragung zum Fleischkonsum.
Warum wird Fleisch gegessen bzw. warum wird kein Fleisch verzehrt?
Was ist für den Fleischverzehr entscheidend – der Gesundheitswert oder?

Fleisch enthält genauso wie Eier und Milch viel hochwertiges Eiweiß. **Aber:** Durch eine günstige Zusammenstellung von pflanzlichen Lebensmitteln kann ebenfalls der Eiweißbedarf gedeckt werden.

Der **Sättigungswert** von Fleisch ist aufgrund des Bindegewebes und des Eiweiß- und Fettanteils gut.

Fleisch enthält wichtige **Vitamine und Mineralstoffe**. Die B-Vitamine sind reichlich in Fleisch enthalten. Schweinefleisch ist neben Vollkornprodukten der wichtigste Thiaminlieferant, Vitamin B_1. Auch Eisen ist im Fleisch reichlich vorhanden, es kann aus Fleisch besser ausgenutzt werden. Bei einer Verringerung des Fleischkonsums muss also besonders auf Lebensmittel mit einem hohen Thiamin- und Eisengehalt geachtet werden, z. B. Vollkornbrot.

Innereien, Leber und Niere, sollten nicht oder nur selten verzehrt werden, da die Schadstoffbelastung zu hoch ist.

Fleisch in geringen Mengen kann also ein wertvoller Nährstofflieferant sein.

Merke

Die Deutsche Gesellschaft für Ernährung empfiehlt:

- **Pro Woche 300 bis 600 g Fleisch und Wurst insgesamt, fettarme Produkte bevorzugen.**

Fleisch kann ein Stück Lebenskraft sein, aber:

- Fleisch und Fleischwaren enthalten **Fett, Cholesterin und Purine**. Der Fettgehalt, besonders von Fleischwaren, ist eine Ursache für den hohen Fettverzehr in Deutschland. Übergewicht kann die Folge sein; dies ist ein Risikofaktor für weitere ernährungsbedingte Erkrankungen.
- Das Cholesterin führt bei entsprechender Veranlagung zur Erhöhung der Blutfettwerte und somit zu Arterienverkalkung.
- Ein Überangebot an Purinen – Bestandteile der Zellkerne – kann bei entsprechender Veranlagung zu Gicht führen.
- Für die Fleischerzeugung wird durchschnittlich die siebenfache Energiemenge benötigt wie für die Erzeugung pflanzlicher Lebensmittel, d. h., nur ein Siebtel der aufgenommenen Energie wandelt das Tier in von Menschen essbares Fleisch um
- Bei der Massentierhaltung fallen große Mengen an Gülle an, die auf den Feldern versickern und das Grundwasser belasten. Auch Tierarzneimittel müssen teilweise eingesetzt werden. Futtermittel für die Tiere werden auch in Entwicklungsländern geerntet, die den Nahrungsbedarf der eigenen Bevölkerung nicht ausreichend decken können. Also auf eine artgerechte Tierhaltung, z. B. beim „Biobauern", achten.

Massentierhaltung

Wir schreiben eine Bildergeschichte – Fleischlos glücklich

1. Bringe die sechs Bilder in eine sinnvolle Reihenfolge.
2. Beschreibe das Geschehen in einem genauen, lebendigen und folgerichtigen Text.

Fleisch – Einkauf und Verarbeitung

- Fleisch entsprechend Verwendungszweck und Garverfahren einkaufen.
  - Zum Kurzbraten, Braten und Grillen eignet sich **bindegewebsarmes** und gut gereiftes Fleisch, z. B. Filet, Kotelett.
  - Zum Schmoren und Kochen eignet sich **bindegewebsreiches** Fleisch, es muss länger gegart werden, z. B. Gulasch.
- Fleisch nur unzerkleinert und kurz unter fließendem Wasser waschen. Wasser löst sonst Nährstoffe aus dem Fleisch.
- Flache Fleischstücke vor dem Garen klopfen. Das Bindegewebe wird zerrissen, das Fleisch erscheint zarter.
- Fleisch vor dem **Schmoren, Braten** oder **Grillen** abtupfen. Durch Wasser spritzt das Fett.
- Fleischstücke beim **Schmoren oder Braten** zunächst von allen Seiten anbraten. Durch die Hitze gerinnt das Eiweiß, die Randschichten schließen sich, es kann kein Saft austreten, das Fleisch bleibt saftiger. Es bräunt schneller.
- **Unpaniertes Fleisch** erst nach dem Anbraten würzen. Salz entzieht dem Fleisch Flüssigkeit, das Fleisch wird zäh.
- Fleischstücke nach dem Panieren sofort braten. Bleibt das Fleisch liegen, so feuchtet die Panade durch.
- Fleisch zum **Kochen** in kochendes Wasser geben. Das Eiweiß gerinnt schneller.
- **Aber**: Zur Herstellung einer kräftigen Brühe Fleisch in kaltes Wasser geben, langsam erhitzen. Die Geschmacks- und Nährstoffe werden aus dem Fleisch herausgelöst.
- Hackfleisch und Leber am Tag des Einkaufs weiterverwenden. Sie verderben sehr leicht.
- Kleinere tiefgekühlte Fleischstücke sofort **unaufgetaut garen**. Beim Auftauen geht Fleischsaft mit wichtigen Nährstoffen verloren.
- Größere tiefgekühlte Fleischstücke, z. B. Geflügel, erst **langsam vollständig auftauen** lassen, dann sofort garen. Die Auftauflüssigkeit auffangen und weggießen. Ist das Fleisch nicht vollständig aufgetaut, so wird es evtl. nicht ausreichend durchgegart. Es kann zu Lebensmittelvergiftungen kommen, vgl. S. 164 f. Die Auftauflüssigkeit kann Salmonellen enthalten.
- Fleisch ist gar, wenn es bei der **Druckprobe** nicht mehr nachgibt. Nicht in das Fleisch stechen, Fleischsaft mit Nährstoffen tritt aus.
- Fleisch **quer zur Faser** aufschneiden. Das Bindegewebe wird dabei zerschnitten, das Fleisch erscheint zarter.
- Gegartes Fleisch, z. B. Bratenreste, kann wieder eingefroren werden.
- Aufgetautes oder angetautes Fleisch nicht nochmals einfrieren, es kann sonst zu einer Lebensmittelvergiftung kommen.

Klopfen von flachen Fleischstücken

Fleisch quer zur Faser aufschneiden

Fischsorten

Aufgaben

1. Lies die Namen der abgebildeten Fischsorten.
2. Notiere Fischgerichte, die aus diesen Fischsorten hergestellt werden können.
3. Informiere dich, welche Fischsorten in ihrem Bestand bedroht sind.

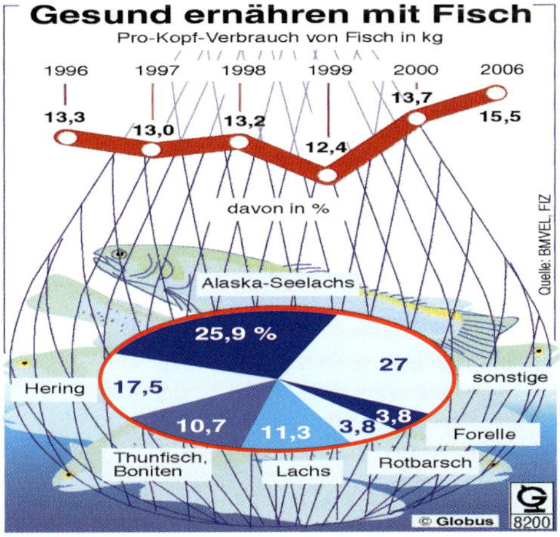

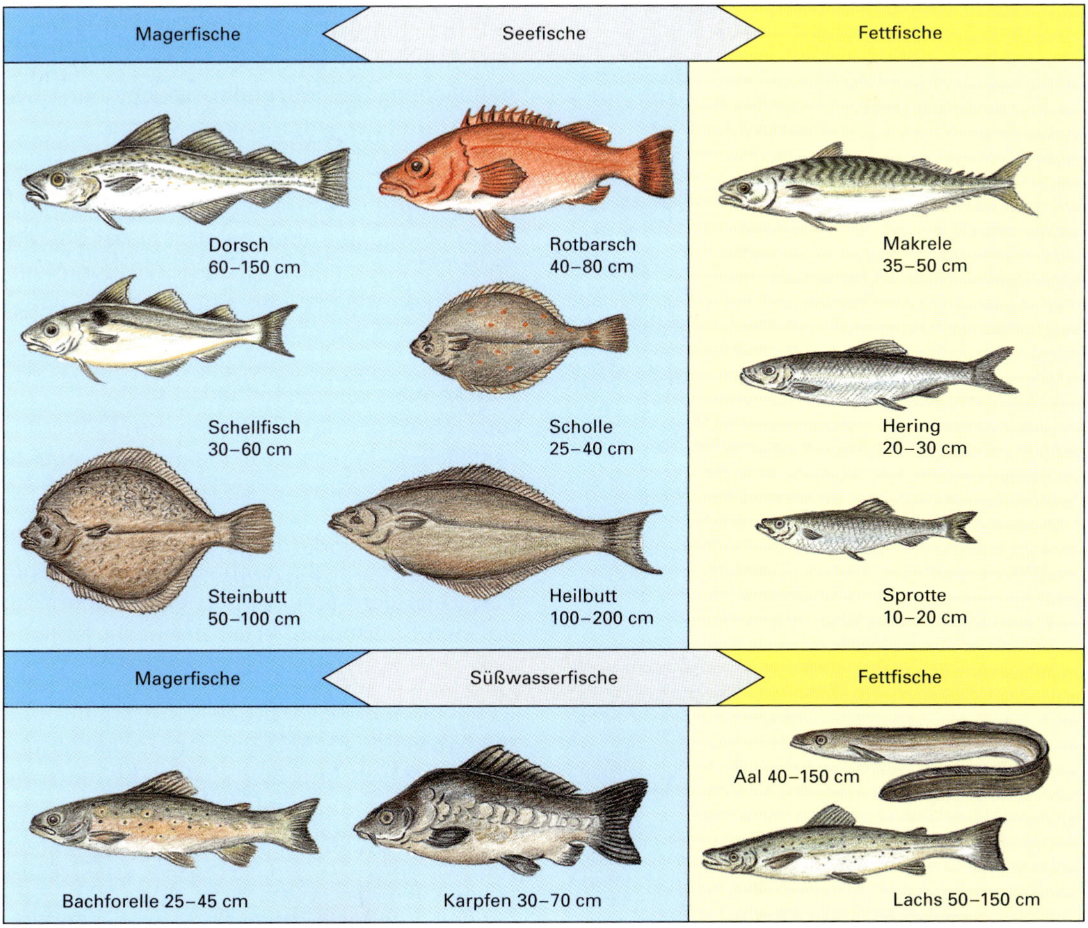

Iodmangel

Der Name Iod ist vom griechischen Wort „iodes“ – veilchenfarbig – abgeleitet. Ioddämpfe sind blauviolett.

Schon mehr als zehn Millionen Bundesbürger leiden unter ganz ähnlichen Beschwerden: Sie verspüren ein eigenartiges Kloßgefühl im Hals, das ihnen die Luft abschnürt, sie sind dauernd erkältet, auch wenn sie noch so sehr auf sich achten; sie nehmen ohne ersichtlichen Grund an Gewicht zu, neigen zu trockener Haut und zu Kreislaufbeschwerden. Auch wenn es draußen warm ist, fangen sie plötzlich an zu frieren. Die Ursache ist ein Iodmangel. Bei Iodmangel verlaufen viele Körperfunktionen langsamer. (nach U. Rückert)

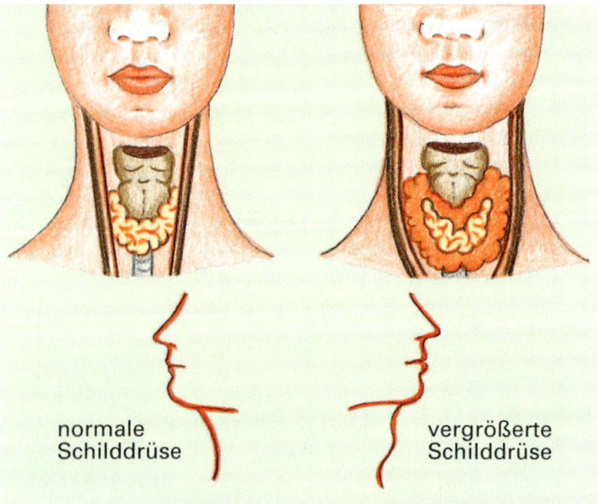

Lage der Schilddrüse

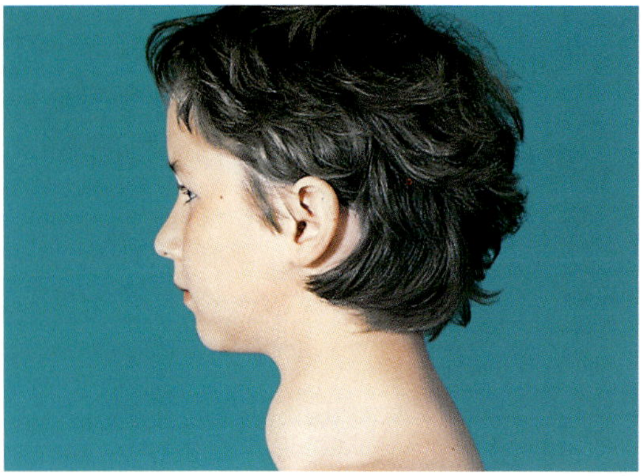

Kropfbildung bei einem Kind

Seefisch liefert Iod

Iod wird im menschlichen Körper zur Bildung der Schilddrüsenhormone benötigt. Die Schilddrüse sitzt rechts und links unter dem Kehlkopf. 100 Liter Blut strömen täglich durch die Schilddrüse und bringen dabei weniger als ein viertel Milligramm Iod in das Drüsengewebe; diese Menge reicht aus.

Ist in der Nahrung zu wenig Iod enthalten, kommt es zur **Schilddrüsenunterfunktion**, das Stoffwechselgeschehen wird verlangsamt. Die Schilddrüse versucht diesen Mangel auszugleichen, sie schwillt an, es bildet sich ein **Kropf**.

In Deutschland besteht ein leichter Iodmangel; Schilddrüsenerkrankungen gehören zu den häufigsten chronischen Leiden bei Jugendlichen. Die Iodzufuhr erreicht nur etwa zwei Drittel der empfohlenen Menge.

Deutschland ist das einzige europäische Land, in dem der Gesetzgeber keine Schutzmaßnahmen getroffen hat. Die in der ehemaligen DDR durchgeführte Iodversorgung wurde nach der Wiedervereinigung abgeschafft.

Wie können wir den Iodbedarf decken?

Iod ist in geringen Mengen im Erdboden, reichlicher dagegen im Meerwasser enthalten.

Besonders frischer bzw. tiefgefrorener Schellfisch und Seelachs enthalten reichlich Iod. Fisch aus dem Meer gehört also regelmäßig auf den Speiseplan, er ist der beste Iodlieferant.

Der Iodgehalt der übrigen Lebensmittel und des Wassers ist abhängig vom Iodgehalt des Bodens. Milch und Eier können bei entsprechender Fütterung der Tiere ebenfalls einen geringen Beitrag zur Iodbedarfsdeckung leisten.

Durch iodiertes Speisesalz kann die Iodversorgung gesichert werden, dies ist für Vegetarier unverzichtbar. Iodiertes Speisesalz enthält 25 mg Iod in 100 g Salz.

Wenn Salz, dann iodiertes Speisesalz!

Fisch – Einkauf und Verarbeitung

- **Schadstoffbelastete Fischsorten meiden**, z. B. Hai (Schillerlocke), Heilbutt, Blauleng und Thunfisch.
- **Frische Fische** erkennt man an roten Kiemen, straffer Haut. Sie haben keine Druckstellen, keinen starken Fischgeruch.
- Fisch kühl aufbewahren. Am Einkaufstag verarbeiten. Fisch verdirbt leicht.

Drei-S-Regel: Säubern, Säuern, Salzen

- Fisch säubern – den Fisch zunächst kurz unter fließendem Wasser waschen, abtupfen. Beachte: Wasser löst wertvolle Nährstoffe aus dem Fisch.
- Dann den Fisch mit Zitronensaft oder Essig säuern. Etwa 15 bis 30 Minuten stehen lassen. Das Fischfleisch wird weißer und fester.
- Fisch unmittelbar vor dem Garen salzen. Salz entzieht dem Fisch Flüssigkeit und somit wertvolle Nährstoffe.

Garen

- Besonders geeignet sind Dünsten, Braten, Grillen. Diese Gartechniken ermöglichen eine schmackhafte Zubereitung.
- Fisch nicht kochen, sondern gar ziehen lassen. Er zerfällt sonst.
- Fisch gut würzen oder mit würzigen Beilagen servieren. Fisch hat wenig Eigengeschmack.
- Fisch, im Ganzen zubereitet, ist gar, wenn sich die Rückenflosse leicht herauslösen lässt.
- Garflüssigkeit für Soßen oder Suppen verwenden, sie enthält wertvolle Nährstoffe, z. B. Iod.
- Tiefgekühlte Fischstücke, z. B. Fischstäbchen, unaufgetaut braten. Die Form bleibt so besser erhalten.
- Fisch vor dem Panieren abtupfen, die Panade weicht sonst durch.
- Panierter und frittierter Fisch hat zwar eine aromatische Kruste, aber gleichzeitig einen höheren Energiegehalt und Fettgehalt.

Frischer Fisch: rote Kiemen, straffe Haut

Drei-S-Regel: Säubern, Säuern, Salzen bei der Zubereitung von Fisch

Säubern

Säuern

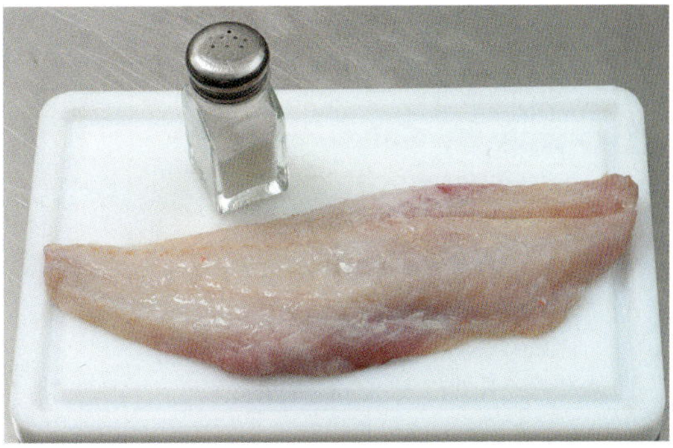

Salzen

Sind braune Eier besser?
Diese häufig anzutreffende Verbrauchermeinung ist falsch. Braune Eier sind nicht besser. Die Farbe der Schale ist abhängig von der Hühnerrasse. Allerdings ist die weiße Schale meist etwas dünner und platzt beim Kochen leichter.
Auch die Farbe des Eidotters sagt wenig über die Qualität eines Hühnereies aus. Früher war das Eidotter im Sommer, wenn die Hühner Grünfutter pickten, orangegelb und im Winter blassgelb. Heute kann der Hersteller die Dotterfarbe bestimmen, ganzjährig wird dem Futter der Legebatterie-Hennen ein natürlicher Farbstoff, Carotin, zugesetzt.

Merke

- **Die Deutsche Gesellschaft für Ernährung empfiehlt: pro Woche bis zu 3 Hühnereier.**
- **Hühnereier sind preiswert, gute Eiweißlieferanten, weich gekocht leicht verdaulich.**
- **Besonders Eigelb enthält hochwertiges Eiweiß, Mineralstoffe, Vitamine, viel Fett.**

Hühnerei – welche Nährstoffe liefert es?

Besonders Eigelb enthält hochwertiges Eiweiß, Mineralstoffe, z. B. Eisen und Calcium, und Vitamine, aber auch reichlich Fett und Cholesterin. Das Fett in Hühnereiern ist leicht verdaulich.

Eier sind preiswerte und konzentrierte Nährstofflieferanten.

Durch Fett- und Cholesterinablagerungen kann es frühzeitig zu Arterienverkalkung und Folgeerkrankungen, z. B. Herzinfarkt, kommen. Aus diesem Grund sollte der Eierkonsum auf drei Eier pro Woche beschränkt werden.

Wer jedoch gesund ist und sich abwechslungsreich ernährt, braucht nicht auf sein Frühstücksei zu verzichten. Von Eierdiäten als „Schlankheitskur" ist aber auf jeden Fall abzuraten. Bei zu hohen Blutfettwerten sollte man dagegen nicht mehr als ein bis zwei Eier pro Woche essen. Diese Menge ist meist bereits in Speisen, z. B. Backwaren, enthalten.

Eier sind vor allem weich gekocht leicht verdaulich, hart gekocht oder gebraten schwerer verdaulich. Beim Erhitzen gerinnt das Eiweiß, und die Verdauungsenzyme können leichter eindringen. Bei hart gekochten Eiern ist die Struktur jedoch wieder so fest, dass dies nur noch schwer möglich ist.

Eier von Hühnern aus Freilandhaltung kosten meist nur wenig mehr, je nach den Umweltbedingungen haben sie jedoch eine höhere Qualität. Die Vogelgrippe verbietet aber zumindest zeitweise die Freilandhaltung. Die Haltung von Hühnern in kleinen Käfigen ist auf keinen Fall artgerecht.

Aufgaben

1. Informiere dich über die Hühnerhaltung.
2. Nenne Gründe, die gegen bzw. für den Kauf von Eiern aus Käfighaltung sprechen.

Hühnereier – Lebensmittelkennzeichnung

Das Lebensmittelrecht schreibt vor, dass beim Verkauf von Hühnereiern jeweils die Güteklassen und Gewichtsklassen und das Mindesthaltbarkeitsdatum sowie Empfehlungen zur Lagerung anzugeben sind. Im Einzelhandel werden hauptsächlich Hühnereier der Güteklasse A angeboten.

Hühnereier sind EU-weit mit einem Erzeugercode versehen, aus dem die Herkunft der Eier und die Art der Legehennenhaltung abgelesen werden kann:

Erzeugercode: z. B. 0-DE-035034

Einteilung nach Güteklassen:
Hühnereier – zu prüfende Merkmale:

- Höhe der Luftkammer (Frischezustand), diese vergrößert sich mit der Lagerdauer
- Aussehen und Beschaffenheit von Eiklar: klar und durchsichtig; Eigelb: zentrale Lage und Keim nicht sichtbar
- Schale sauber und unverletzt
- kein Fremdgeruch

Weitere Angaben, die auf Eierpackungen zu finden sind:

- Name, Anschrift und Kennnummer der Packstelle
- Zahl der verpackten Eier
- Mindesthaltbarkeitsdatum – maximal 28 Tage nach dem Legedatum
- Hinweis, dass die Eier kühl aufbewahrt und nach Ablauf des Mindesthaltbarkeitsdatums durcherhitzt werden müssen

Art der Legehennenhaltung
Diese ist an der ersten Zahl des Stempels – Erzeugercode – auf den Eiern zu erkennen.

- 0 = Bio = ökologische Erzeugung
- 1 = Freilandhaltung: pro Huhn 4 m^2 Auslauffläche im Freien
- 2 = Bodenhaltung: 9 Hühner pro m^2 Bodenfläche im Stall
- 3 = Käfighaltung: Käfige mit Metallgitterböden, i. d. R. in drei oder vier Etagen, 800 cm^2 pro Henne

Güteklassen	Beschaffenheit der Eier/ Verpackungsbeschriftung
A-„Extra“	**Besonders frische Eier** Luftkammerhöhe bis 4 mm. Auf Kleinpackungen: Packdatum und empfohlenes Verkaufsdatum; darüber eine Banderole mit der Bezeichnung „Extra“, nach sieben Tagen muss diese entfernt werden. Die Eier kommen nun in die Güteklasse A – frische Eier.
A	**Frische Eier** Luftkammerhöhe bis 6 mm. Packdatum und empfohlenes Verkaufsdatum auf der Verpackung. Die Bezeichnung „frisch“ ist zulässig.

Gewichtsklassen		
S	klein	unter 53 g
M	mittelgroß	53 bis unter 63 g
L	groß	63 bis unter 73 g
XL	sehr groß	ab 73 g

Aufgaben

1. Erläutere die Angaben auf der Eierpackung.
2. Stelle einen Preis-Mengen-Vergleich zwischen Hühnereiern der Gewichtsklassen XL und M an.

Eigelb und Eiklar trennen

Eischnee schlagen

Unterheben von Eischnee

Aufgaben

1. Eine Spargelsuppe wurde mit Eigelb legiert. Was muss beim Aufwärmen beachtet werden?
2. **Lockerungswirkung von Eigelb**
   Mische ein Eigelb mit 1 EL heißem Wasser. Verschlage die Eimasse mit etwas Zucker. Beschreibe die Veränderung.

Hühnereier – Verarbeitung

- Bei der Herstellung von Speisen mit rohen Eiern darauf achten, dass ganz frische Eier verwendet werden. Bei älteren Eiern steigt die Gefahr der Salmonellenbelastung.
- **Eigelb und Eiklar trennen**
  Das Eigelb von einer Schalenhälfte in die andere gleiten lassen. Das Eiklar dabei in das darunterstehende Gefäß tropfen lassen. Eier jeweils in ein gesondertes Gefäß aufschlagen.
- **Eischnee schlagen**
  Das Eigelb sauber abtrennen. Das Gefäß und der Schneebesen müssen ganz sauber und fettfrei sein, sonst wird der Eischnee nicht steif.

  Eischnee steif schlagen, bis Spitzen stehen bleiben. Eischnee sofort verwenden, er wird sonst wieder flüssig.
- **Unterheben von Eischnee**
  Zum Beispiel Eischnee auf die Teigmasse gleiten lassen. Eischnee vorsichtig unterheben, unterziehen. Durch Rühren oder Erschütterung wird das Gerüst im Eischnee zerstört.
- **Legieren (Sämigmachen)**
  Suppen oder Soßen werden zum Beispiel zur Verfeinerung legiert.

  Arbeitsschritte: Ei trennen. Eigelb mit etwas heißer Flüssigkeit verrühren. Eigelb unter Rühren in die heiße Speise geben. Speise nicht mehr kochen. Das Eigelb gerinnt sonst, es flockt aus.
- Rührei oder Eierstich: pro Ei 1 EL Wasser oder Milch zusetzen. Ei bindet Wasser. Kloß- und Fleischteigen kann Ei als Bindemittel zugesetzt werden.
- Mürbe- und Hefeteig vor dem Backen mit Eigelb oder Milch bestreichen, das Gebäck erhält ein ansprechendes Aussehen, es wird braun.
- Eine trübe Knochenbrühe kann durch Aufkochen mit Eiklar geklärt werden. Eiklar umschließt schwebende Teilchen und setzt sich als Schaum an der Oberfläche ab.

4.8 Speisefette und Speiseöle

Aufgaben

1. Welche Pflanzen bzw. fettreichen Pflanzenteile sind auf den Fotos abgebildet?

2. Erkunde das Angebot an Speisefetten und Speiseölen in einem Geschäft.

3. Schreibt Namen von Speisefetten und -ölen auf Karten. Ordnet die Karten nach Oberbegriffen. Es gibt viele Einteilungsmöglichkeiten:
   a) fest, flüssig, weich,
   b) tierisch, pflanzlich,
   c) Verwendungsmöglichkeiten
   d) usw.

4. Sortiere die folgenden Lebensmittel nach ihrem Fettgehalt. Das Lebensmittel mit dem höchsten Fettgehalt bekommt die Nummer 1.
   a) Mayonnaise,
   b) Chips,
   c) Sahne,
   d) Leberwurst,
   e) Butter,
   f) Schokolade,
   g) Salami,
   h) Speck,
   i) Emmentaler Käse,
   j) Walnüsse,
   k) Sonnenblumenöl.

Fettreiche Lebensmittel	
Nummer 1	?
Nummer 2	?
Nummer 3	?
usw.	?

5. Erstelle eine Mind-Map zum Thema Speisefette und -öle. Unterscheide dabei
   a) feste,
   b) weiche,
   c) flüssige Speisefette und -öle.

Speiseölen und -fetten auf der Spur

Aufgaben der Fette im menschlichen Körper

Fette sind konzentrierte Energielieferanten. **1 g Fett liefert im menschlichen Körper 37 kJ**, 1 g Kohlenhydrate dagegen nur 17 kJ.

Mit einer fettreichen Mahlzeit wird dem Körper also mit einer geringen Nahrungsmenge eine größere Energiemenge zugeführt. Diese Tatsache ist für Schwerarbeiter sicher vorteilhaft, für alle anderen Menschen jedoch eher ein Nachteil. Diese konzentrierte Nahrungsaufnahme kann leicht zu Übergewicht führen.

Fette haben einen höheren Sättigungswert als Kohlenhydrate, fettreiche Speisen verweilen länger im Magen.

Fett ist gleichzeitig ein wichtiger Geschmacksträger in Lebensmitteln. Fettreiche Lebensmittel schmecken oft besser als fettarme. Z.B. Pommes frites werden häufig lieber gegessen als Pellkartoffeln.

Fette dienen als langfristige Energiespeicher. Unterhautfettgewebe und Bauchfett werden auch Depotfett genannt.

Depotfett in geringen Mengen ist für den Körper notwendig.

- Es schützt innere Organe vor Stoß und Druck bzw. bewegliche Organe, z.B. die Niere, werden durch das Depotfett in der richtigen Lage gehalten.
- Depotfett dient außerdem als Wärmeschutz, dünne Menschen frieren eher.
- Depotfett wird zwischen den Mahlzeiten in geringen Mengen zur Energiegewinnung abgebaut.

Depotfett in größeren Mengen – Übergewicht – bedeutet eine zusätzliche Belastung für Herz und Kreislauf. Nehmen wir an, wir müssten eine 20 kg schwere Einkaufstasche in unsere Wohnung im 5. Stock schleppen. Wir sind froh, wenn wir sie dort endlich abstellen können. Übergewicht kann man nicht abstellen, man schleppt es oft jahrelang mit sich herum und schädigt bzw. gefährdet so den eigenen Körper.

Fette sind Träger von fettlöslichen Vitaminen. Die fettlöslichen Vitamine A, D, E und K und auch das Provitamin Carotin – die hauptsächlich in fetthaltigen Lebensmitteln enthalten sind – können nur bei gleichzeitiger Anwesenheit von Fetten aus dem Darm aufgenommen werden.

Fette sind Träger von essenziellen Fettsäuren. Essenzielle – lebensnotwendige – Fettsäuren können im Körper nicht aufgebaut werden, sie müssen mit der Nahrung aufgenommen werden. Essenzielle Fettsäuren sind Bestandteil von allen Zellen. Bei einem Mangel kommt es zu schweren Stoffwechselstörungen. Bei uns ist der Bedarf meist gedeckt.

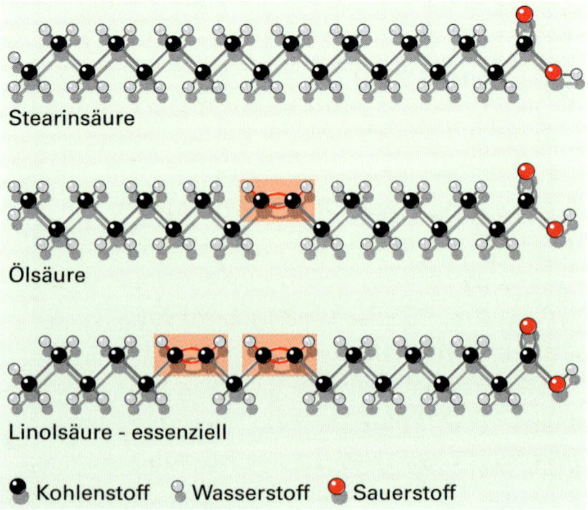

Fettsäuren – Strukturformeln

Wie entsteht aus Sonnenblumenöl Sonnenblumenmargarine?

Fette, z. B. Sonnenblumenöl und -margarine, bestehen aus den Bausteinen Glycerin und drei Fettsäuren.

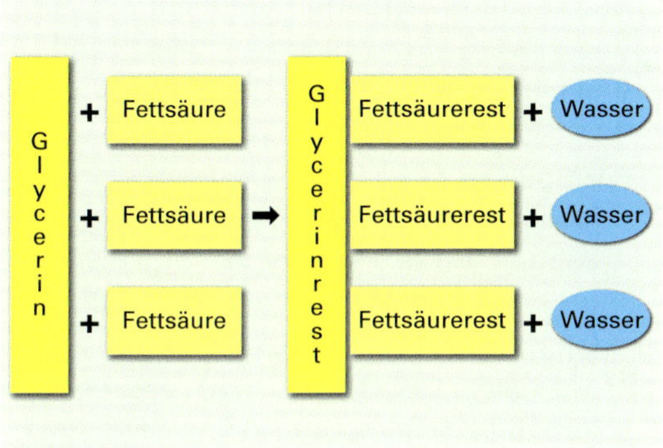

Fettbildung

Fettsäuren bestimmen den Schmelzpunkt: Ob ein Fett bei Zimmertemperatur fest oder flüssig ist, wird durch die enthaltenen Fettsäuren bestimmt.

Gesättigte langkettige Fettsäuren – alle Bindungsarme der Kohlenstoffatome sind mit Wasserstoff abgesättigt – schmelzen zwischen 55 und 70 °C, sie sind bei **Zimmertemperatur fest**.

Mehrfach ungesättigte Fettsäuren – zwei oder mehr Kohlenstoffatome sind nicht vollständig mit Wasserstoff abgesättigt – schmelzen zwischen 5 und 11 °C, sie sind bei **Zimmertemperatur flüssig**.

Sonnenblumenöl besteht zu 60 % aus Linolsäure, einer mehrfach ungesättigten Fettsäure. Sonnenblumenöl ist also bei Zimmertemperatur flüssig. Sonnenblumenmargarine ist dagegen bei Zimmertemperatur streichfähig.

Fetthärtung – aus Öl wird Margarine

Bei der Herstellung von Sonnenblumenmargarine wird ein Teil des Sonnenblumenöls gehärtet, d. h., Wasserstoff wird an die Kohlenstoffatome angelagert. Aus den ungesättigten Fettsäuren werden gesättigte Fettsäuren. Aus Sonnenblumenöl wird Sonnenblumenfett. Diese beiden Bestandteile werden nun wie im Versuch weiter zu Margarine verarbeitet.

Aufgaben

1. **Margarine selbst hergestellt**
   Schmilz in einer kleinen feuerfesten Schüssel vorsichtig 60 g Kokosfett und mische dies mit 40 g Sonnenblumenöl.
   Gib Eisstücke in eine größere Schüssel und stelle die kleinere Schüssel mit dem Fett-Öl-Gemisch hinein.
   Mische das Fett-Öl-Gemisch weiter mit einem Handrührgerät.
   Gib unter Rühren 1 EL Milch und ein Eigelb hinzu. Rühre so lange, bis die Margarine steif ist.

2. Lediglich aus Sonnenblumenöl soll Margarine hergestellt werden. Wie muss ein Teil des Sonnenblumenöls verändert werden?

Garen mit Fett

- **Lebensmittel zum Garen nur gut abgetrocknet in heißes Fett geben.**
  Wasser spritzt sonst.
- **Lebensmittel zum Garen in heißes Fett geben. Gartemperatur zunächst prüfen.**
  Eiweiß gerinnt bzw. Poren schließen sich schneller, es kann nur wenig Fett ins Gargut eindringen. Der Energiegehalt bleibt niedrig.
- **Fett beim Garen sparsam verwenden.**
  Fettzusatz erhöht den Geschmackswert von Speisen. Gleichzeitig wird der Energiegehalt erhöht, dies kann zu Übergewicht führen.
- **Garen bei höheren Temperaturen:**
  Es bilden sich Röststoffe, Aromastoffe, die Garzeit wird verkürzt.

  Die Geschmacksverbesserung bzw. kürzere Garzeit ist unabhängig vom Fettzusatz, man kann sie auch durch andere Gartechniken, z. B. Grillen, oder andere Geräte, z. B. beschichtete Pfanne, erreichen.
- **Fette lassen sich unterschiedlich stark erhitzen.**
  Reine Speisefette und Speiseöle zersetzen sich bei höheren Temperaturen, es entstehen gesundheitsschädliche Dämpfe.

  Butter und Margarine enthalten Wasser und Eiweiß. Sie schäumen beim Erhitzen und werden eher braun als eiweißfreie, reine Fette.
- **Für Speisen mit**
  - kurzer Garzeit/niedriger Gartemperatur können Butter, Margarine und kalt gepresste Speiseöle verwendet werden.
  - längerer Garzeit/höherer Gartemperatur müssen reine Pflanzenfette, z. B. Plattenfette oder Pflanzenöle, evtl. auch Schmalz verwendet werden.
- Fette höchstens zwei- bis dreimal zum Frittieren benutzen, da Fette sich durch starkes bzw. mehrmaliges Erhitzen zersetzen.
- **Fette können sich selbst entzünden.**
  Auf brennendes Fett kein Wasser gießen!

  Einen Deckel auf das Gefäß legen, damit die Flamme erstickt.

Übersicht – Eigenschaften und Verwendungsmöglichkeiten

	Pflanzenöle	Butter, Margarine	reine Pflanzenfette, Talg, Schmalz
Schmelzbereiche	unter 5 °C flüssige Fette	30–35 °C weiche Fette	35–50 °C feste Fette
	Fette, die unter 37 °C schmelzen, sind leichter verdaulich.		
Zusammensetzung	100 % Fett, reines Fett	wasserhaltiges Fett, Eiweißspuren	100 % Fett, reines Fett
	Bei stärkerem Erhitzen: Wasser spritzt, Eiweiß verbrennt.		
Erhitzbarkeit	190 °C	150 °C	200 °C
	Beim Überhitzen werden Fette zersetzt, es bilden sich gesundheitsschädliche Stoffe. Fette nicht überhitzen. Fette nur zwei- bis dreimal für ein Fettbad verwenden.		
Verwendungsmöglichkeiten	Marinaden, Braten, Grillen, Schmoren, Frittieren, Dünsten	Dünsten, Kurzbraten, Backen, Streichfett	Kurzbraten, Braten, Schmoren, Frittieren, Backen, Streichfett

4.9 Wie viel Energie und Nährstoffe benötige ich?

Energiebedarf

Der Gesamtenergiebedarf einer Person setzt sich zusammen aus:
Grundumsatz und Leistungsumsatz.

Als **Grundumsatz** (Ruhe-Nüchtern-Umsatz) bezeichnet man die Energiemenge, die ein Mensch durchschnittlich benötigt

- bei völliger Ruhe,
- 12 Stunden nach der letzten Nahrungsaufnahme,
- leicht bekleidet – in einem Raum mit einer Temperatur von 20 °C.

Der Grundumsatz pro kg Körpergewicht sinkt mit zunehmendem Alter, da sich Stoffwechselvorgänge, z. B. die Atmung, verlangsamen.

Der Grundumsatz steigt mit zunehmender Größe und höherem Gewicht, da mehr Zellen versorgt werden müssen.

Außerdem wird der Grundumsatz durch Stress, Krankheiten und das Geschlecht beeinflusst. Frauen haben einen niedrigeren Grundumsatz als Männer.

Der **Leistungsumsatz** ist die Energie, die über den Grundumsatz hinaus benötigt wird. Der Leistungsumsatz wird vor allem durch Muskelarbeit und geistige Arbeit in der Schule, in Beruf und Freizeit bestimmt. Es gibt körperlich anstrengende Berufe, z. B. Bauarbeiter, und weniger anstrengende, z. B. Büroangestellte. Der Leistungsumsatz dieser Personen ist also unterschiedlich.

Der **Gesamtenergiebedarf** einer Person wird im Wesentlichen durch den Grundumsatz bestimmt. Für die Leistungen im Schulunterricht wird z. B. kaum zusätzlich Energie benötigt, auch wenn man sich in der Pause völlig fertig fühlt, dies ist reine Nervensache.

Viele Jugendliche leiden unter Übergewicht, manche unter Untergewicht. Übergewicht entsteht, da wir uns zu wenig bewegen und mehr Energie zu uns nehmen, als wir benötigen. Geräte erleichtern die Arbeit, Verkehrsmittel ersparen uns Wege. Vor allem am Wochenende wird oft zu viel gegessen.

Aufgaben

1. **Wer bekommt die größte Portion?**
   Wer hat den höchsten Energiebedarf – bei gleichem Körpergewicht:
   a) ein Junge, 13 Jahre,
   b) ein Mädchen, 13 Jahre?
2. Nenne Freizeitbeschäftigungen mit einem
   a) hohen Energiebedarf,
   b) niedrigen Energiebedarf.
3. Benenne den Energiegehalt von jeweils 10 g
   a) Eiweiß,
   b) Fett,
   c) Kohlenhydraten.
4. Ermittle mithilfe der Tagesleistungskurve, vgl. S. 156, Tageszeiten mit deiner höchsten Leistungsbereitschaft.

Kohlenhydratbedarfsdeckung

Aufgaben

1. Lies und beurteile die Ernährungsgewohnheiten von Marie.
2. Erläutere Marie, welche anderen Lebensmittel sie auswählen sollte: Anstelle von Weizenbrötchen … usw.

Zum Frühstück isst Marie Weizenbrötchen mit Konfitüre und Multivitaminnektar, der so besonders gesund sein soll.

Zum zweiten Frühstück isst sie den „kleinen Happen für den großen Hunger zwischendurch“. Zur Abwechslung kann es auch mal Joghurtschokolade oder Vitaminbonbons geben.

Zum Mittagessen ein Burger …
Nachmittags ein Stück Kuchen und ein Glas Cola-Getränk …

Zwei Drittel unseres Kohlenhydratbedarfs sollten durch Stärke gedeckt werden.
Hierfür eignen sich besonders folgende Lebensmittel: Vollkornprodukte, Kartoffeln, Obst, Gemüse und Hülsenfrüchte.

Obst und Gemüse sollten außerdem möglichst oft roh verzehrt werden. In dieser Form sind neben Stärke und Ballaststoffen auch reichlich Vitamine und Mineralstoffe enthalten.

Aufgrund des Ballaststoffgehaltes regen diese Lebensmittel die Darmbewegung an, eine bessere Verdauung ist gesichert. Außerdem werden diese Lebensmittel nicht so schnell verdaut, die Kohlenhydrate werden langsam und gleichmäßig ans Blut abgegeben. Das Sättigungsgefühl hält länger vor.

Ein Drittel unseres Kohlenhydratbedarfs kann durch Zucker usw. gedeckt werden.
Unsere Ernährungsgewohnheiten sehen jedoch anders aus. Wir essen zu süß. Unser Geschmacksempfinden „süß“ nimmt ab, die Speisen und Getränke werden immer stärker gesüßt.

Bei der Lebensmittelverarbeitung werden auch häufig Ballaststoffe entfernt, übrig bleiben leicht verdauliche, energiereiche Lebensmittel wie Zucker, Brötchen, Kuchen, Süßigkeiten. Diese Lebensmittel enthalten oft kaum Vitamine und Mineralstoffe. Sie haben einen geringen Sättigungswert, sie machen oft hungrig und durstig. So besteht die Gefahr, dass zu große Mengen davon aufgenommen werden. Übergewicht kann die Folge sein.

Ungeeignete Lebensmittel

Geeignete Lebensmittel

Fettbedarfsdeckung

Aufgaben

1. Marie hat einen täglichen Fettbedarf von etwa 75 g, vgl. Abbildung. Berate Marie bei der Auswahl und Zusammenstellung ihrer täglichen Fettaufnahme: Streichfett? usw.
2. Ermittle mithilfe der Nährwerttabelle, in wie viel Gramm
   a) Kartoffelchips,
   b) Fleischwurst,
   c) Erdnüssen,
   d) Vollmilchschokolade
   die täglich erlaubte Menge an versteckten Fetten enthalten ist.

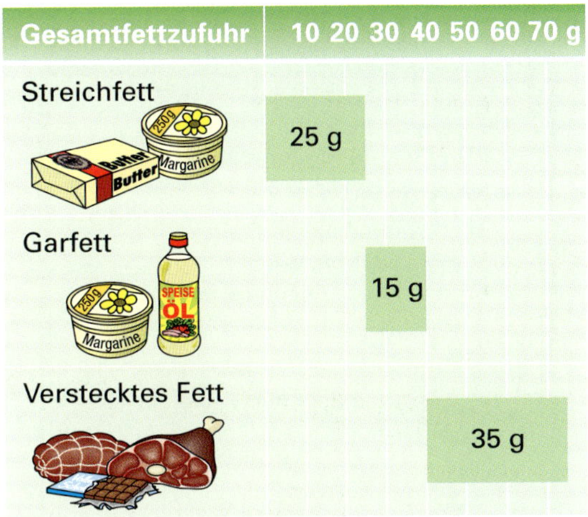

Die tägliche Fettzufuhr setzt sich zusammen aus dem benötigten Streichfett, Garfett (Zubereitung von Speisen) und unsichtbaren „versteckten" Fetten in Lebensmitteln.

Streichfett: Täglich sollten nicht mehr als 20 bis 30 g Butter oder Margarine verwendet werden.

Garfett und Streichfett zusammen sollten nicht mehr als die Hälfte der täglichen Fettzufuhr ausmachen. Gartechniken auswählen, die nur wenig oder keinen Fettzusatz erfordern, z.B. Dämpfen, Grillen, Mikrowelle. Für Salate usw. geringe Mengen hochwertiger Pflanzenöle verwenden.

Fettreiche Lebensmittel möglichst vermeiden, da sonst die Gefahr einer zu hohen Fettzufuhr besteht. Ohne es zu sehen, werden hier versteckte Fette aufgenommen.

Wir nehmen täglich etwa doppelt so viel Fett auf wie benötigt!

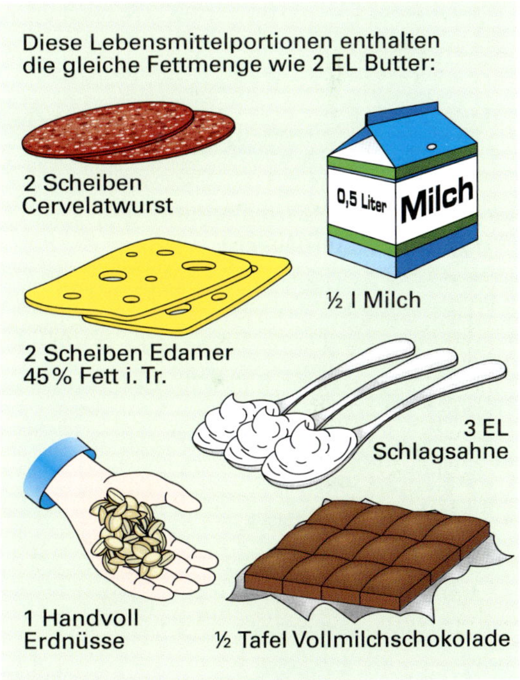

Merke

Die Deutsche Gesellschaft für Ernährung empfiehlt: täglich höchstens 40 g Streichfett oder Garfett.

Aufgaben

1. Erläutere die Bedeutung der Eiweißstoffe für Jugendliche.
2. Beurteile folgende Werbeaussagen:
   a) „So erhält Ihr Kind eine extra Portion Milch."
   b) „... sind so gesund wie ein kleines Steak zwischendurch."

Empfehlenswerte Eiweißzufuhr in g pro kg Körpergewicht

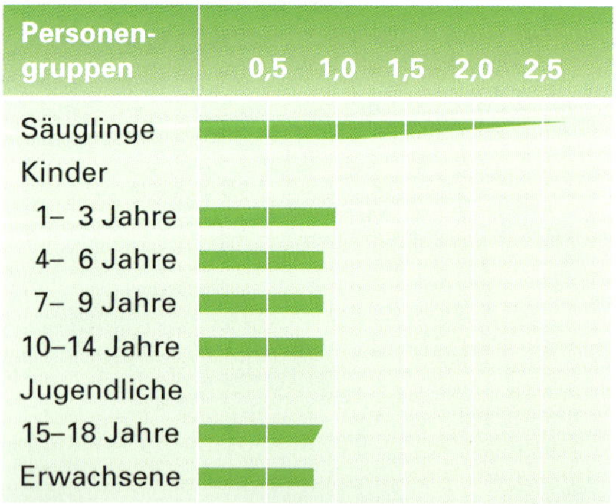

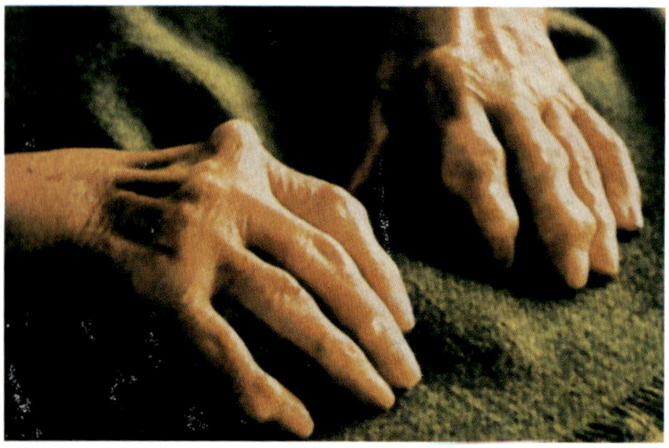

Gicht in beiden Händen

Eiweißbedarfsdeckung

Der Eiweißbedarf ist abhängig von der Eiweißmenge, die täglich zum Aufbau bzw. zur Erneuerung von Körpereiweiß benötigt wird.

Man unterscheidet zwei Personengruppen:

- **Personen, die Eiweiß zur Erneuerung und zum Aufbau von Körpereiweiß benötigen:**
  Zu dieser Gruppe gehören Jugendliche, Kinder, Säuglinge, Schwangere und Stillende. Beim Betrachten der Tabelle fällt auf, dass der Eiweißbedarf mit zunehmendem Alter sinkt, da die Wachstumsgeschwindigkeit abnimmt.
- **Personen, die Eiweiß nur zur Erneuerung von Körpereiweiß benötigen:**
  Erwachsene sollten täglich 0,8 g Eiweiß pro kg Körpergewicht aufnehmen.

  Ältere Menschen haben einen niedrigeren Energiebedarf als jüngere, der Eiweißbedarf bleibt jedoch unverändert. Ältere Menschen müssen also wie auch Jugendliche auf eine eiweißreiche Kost achten.

Bei der täglichen Eiweißbedarfsdeckung sollte Folgendes beachtet werden:

- Nur **ein Drittel** der Eiweißaufnahme sollte durch **tierische Lebensmittel** erfolgen. Eine ausreichende Versorgung mit Milch, Milchprodukten und Seefisch ist neben der Eiweißbedarfsdeckung auch für die Calcium-, Iodbedarfsdeckung usw. notwendig.
- Durch **pflanzliche Lebensmittel**, wie Vollkornprodukte, Gemüse, Kartoffeln, Hülsenfrüchte usw., sollten **zwei Drittel des Eiweißbedarfs** gedeckt werden. Pflanzliche Lebensmittel enthalten gleichzeitig Ballaststoffe, die eine Überversorgung mit Energie und Eiweiß verhindern.
- Der Eiweißbedarf muss auf jeden Fall gedeckt werden. Eiweiß kann durch keinen anderen Nährstoff ersetzt werden. Eiweiß sollte täglich mit der Nahrung aufgenommen werden, da es nur begrenzt gespeichert werden kann.
- Eiweißreiche Lebensmittel enthalten meist gleichzeitig Purine, die bei entsprechender Veranlagung und einem Überangebot zu Gicht führen.

4.10 Bewusste Ernährung

Vollwertig essen und trinken nach den 10 Regeln der DGE

1. **Vielseitig essen:** Genießen Sie die Lebensmittelvielfalt. Merkmale einer ausgewogenen Ernährung sind abwechslungsreiche Auswahl, geeignete Kombination und angemessene Menge nährstoffreicher und energiearmer Lebensmittel.

2. **Reichlich Getreideprodukte – und Kartoffeln:** Brot, Nudeln, Reis, Getreideflocken – am besten aus Vollkorn – sowie Kartoffeln enthalten kaum Fett, aber reichlich Vitamine, Mineralstoffe, Spurenelemente sowie Ballaststoffe und sekundäre Pflanzenstoffe. Verzehren Sie diese Lebensmittel mit fettarmen Zutaten.

3. **Gemüse und Obst – Nimm „5" am Tag ...:** Genießen Sie 5 Portionen Gemüse und Obst am Tag, möglichst frisch, nur kurz gegart, oder auch eine Portion als Saft – idealerweise zu jeder Hauptmahlzeit und auch als Zwischenmahlzeit: Damit werden Sie reichlich mit Vitaminen, Mineralstoffen, Ballaststoffen und sekundären Pflanzenstoffen versorgt. Das Beste, was Sie für Ihre Gesundheit tun können.

4. **Täglich Milch und Milchprodukte, ein- bis zweimal in der Woche Fisch; Fleisch, Wurstwaren sowie Eier in Maßen:** Diese Lebensmittel enthalten wertvolle Nährstoffe, wie Calcium in Milch, Iod, Selen und Omega-3-Fettsäuren in Seefisch. Fleisch ist wegen des hohen Beitrags an verfügbarem Eisen und an den Vitaminen B_1, B_6 und B_{12} vorteilhaft. Mengen von 300–600 g Fleisch und Wurst pro Woche reichen hierfür aus. Bevorzugen Sie fettarme Produkte.

5. **Wenig Fett und fettreiche Lebensmittel:** Fett liefert lebensnotwendige (essenzielle) Fettsäuren und fetthaltige Lebensmittel enthalten auch fettlösliche Vitamine. Fett ist besonders energiereich, daher kann zu viel Nahrungsfett Übergewicht fördern, möglicherweise auch Krebs. Zu viele gesättigte Fettsäuren fördern langfristig die Entstehung von Herz-Kreislauf-Krankheiten. Bevorzugen Sie pflanzliche Öle und Fette (z. B. Raps- und Sojaöl und daraus hergestellte Streichfette). Achten Sie auf unsichtbares Fett, das in Fleischerzeugnissen, Milchprodukten, Gebäck und Süßwaren sowie in Fast-Food- und Fertigprodukten meist enthalten ist. Insgesamt 70–90 g Fett pro Tag reichen.

6. **Zucker und Salz in Maßen:** Verzehren Sie Zucker und Lebensmittel bzw. Getränke, die mit verschiedenen Zuckerarten (z. B. Glucosesirup) hergestellt wurden, nur gelegentlich. Würzen Sie kreativ mit Kräutern und Gewürzen und wenig Salz. Bevorzugen Sie iodiertes Speisesalz.

7. **Reichlich Flüssigkeit:** Wasser ist lebensnotwendig. Trinken Sie ca. 1,5 l Flüssigkeit jeden Tag. Bevorzugen Sie Wasser – ohne oder mit Kohlensäure – und andere kalorienarme Getränke. Alkoholische Getränke nur gelegentlich und nur in kleinen Mengen konsumieren.

8. **Schmackhaft und schonend zubereiten:** Garen Sie die Speisen bei möglichst niedrigen Temperaturen, soweit es geht kurz, mit wenig Wasser und wenig Fett. Das erhält den natürlichen Geschmack, schont die Nährstoffe und verhindert die Bildung schädlicher Verbindungen.

9. **Nehmen Sie sich Zeit, genießen Sie Ihr Essen:** Bewusstes Essen hilft, richtig zu essen. Auch das Auge isst mit. Lassen Sie sich Zeit beim Essen. Das macht Spaß, regt an, vielseitig zuzugreifen, und fördert das Sättigungsempfinden.

10. **Achten Sie auf Ihr Gewicht und bleiben Sie in Bewegung:** Ausgewogene Ernährung, viel körperliche Bewegung und Sport (30 bis 60 Minuten pro Tag) gehören zusammen. Mit dem richtigen Körpergewicht fühlen Sie sich wohl und fördern Ihre Gesundheit.

Sonderkommission Ernährung

Ihr kennt jetzt die Grundsätze, wie man sich vollwertig ernährt.

Ihr seid also Ernährungsfachleute, euch kann keiner mehr etwas vormachen.

Gesagt, getan, ihr bewerbt euch bei der Jugendfernsehshow „Fit durch Wellness“ und ihr werdet mit eurem Fachwissen sofort engagiert.

Nun gibt es für euch viel Arbeit.

Euer erster Fall
Jörg ist nicht persönlich in der Sendung erschienen, aber er hat folgende E-Mail an den Sender geschickt.

Lies zunächst, was Jörg geschrieben hat.

joerg-fin@-online.de
fit-and-wellness@web.de

Thema: Was soll ich essen?

Hallo, liebe Redakteure der Sendung „Fit durch Wellness“,

ich sehe Eure Sendung immer. Heute habe ich selbst eine Frage. Ich weiß nicht, wie ich mich gesund ernähren soll, da ich leider nicht den Lernbereich Ernährung gewählt habe. Nächstes Mal würde ich eine andere Wahl treffen.

In der Anlage schicke ich Euch einen Tageskostplan, was ich so durchschnittlich pro Tag esse. Meine Freundin Marie, die ein Computerfreak ist, hat die Daten bereits in ein Nährwertprogramm eingegeben.

Überprüft bitte meinen Tageskostplan, vgl. S. 147, und teilt mir in Eurer Sendung mit:

Welche Ernährungsgewohnheiten sollte ich ändern?

Euer Jörg

Ein Tipp:
Der folgende Aufgabenkatalog kann euch bei der Bearbeitung des Falles helfen.

1. Lies auf S. 147, was der 15-jährige Jörg normalerweise am Tag isst.
2. Ermittle die
   a) Gesamtenergiezufuhr,
   b) Gesamteiweißzufuhr,
   c) Gesamtfettzufuhr,
   d) Gesamtkohlenhydratzufuhr.
3. Welche Nährstoffe nimmt Jörg mit dem Tageskostplan
   a) zu viel,
   b) zu wenig auf?
4. Ordne die Lebensmittel des Tageskostplanes von Jörg den verschiedenen Lebensmittelgruppen der Ernährungspyramide zu.
5. Nenne wichtige Nährstoffe der einzelnen Lebensmittelgruppen.
6. Vergleiche Jörgs Istwerte mit den Sollwerten unten.
7. Mache Verbesserungsvorschläge. Wie kann Jörg sich gesünder und umweltbewusster ernähren?
8. Erstelle einen vollwertigen Tageskostplan für Marie, vgl. unten, aus regionalen und saisonalen Lebensmitteln.
9. Welche ernährungsabhängigen Erkrankungen können bei Jugendlichen auftreten?

Noch ein Tipp:
Benutze das Sachwortverzeichnis. So findest du schnell die Informationen, um den Aufgabenkatalog zu bewältigen.

Auswertung – Rollenspiel
Im Rollenspiel „Wir sind auf Sendung“ könnt ihr Jörg sicher Ratschläge geben, was er besser machen soll.

Sollwerte für die Energie- und Nährstoffzufuhr

	kJ	Kohlenhydrate	Fett	Eiweiß
Jörg, 15 J.	11200	362	91	99
Marie, 14 J.	9400	304	76	83

Tageskostplan von Jörg, 15 Jahre

Menge	Lebensmittel	Energie in kJ	Energie kcal	Eiweiß in g	Fett in g	Kohlenhydrate in g
Erstes Frühstück						
40 g	Brötchen (1 Stück)	426	101	3	1	20
50 g	Roggenvollkornbrot (1 Scheibe)	428	102	4	1	21
20 g	Butter (4 TL)	651	155	+	17	0
57 g	Hühnerei (1 Stück)	370	88	7	6	1
30 g	Doppelrahmfrischkäse (1 Portion)	497	118	5	11	1
50 g	Schinken, gekocht (1 Scheibe)	553	132	10	10	0
20 g	Konfitüre	224	53	+	0	13
	Tee	0	0	0	0	0
	Istzufuhr erstes Frühstück	?	?	?	?	?
Zweites Frühstück						
50 g	Vollmilchschokolade (½ Tafel)	1160	276	5	17	20
	Istzufuhr zweites Frühstück	?	?	?	?	?
Mittagessen						
150 g	Schweineschnitzel (1 großes Stück)	653	155	32	3	+
10 g	Maiskeimöl (1 EL)	390	93	0	10	0
200 g	Kartoffelsalat mit Öl	770	183	4	6	30
200 g	Bohnensalat	420	100	2	5	10
75 g	Eiscreme	671	160	3	9	15
30 g	Schlagsahne	381	90	1	9	1
	Istzufuhr Mittagessen	?	?	?	?	?
Nachmittag						
50 g	Kartoffelchips (kleine Tüte)	1180	281	3	20	21
330 g	Cola-Getränk (1 Dose)	611	145	0	0	36
	Istzufuhr Nachmittag	?	?	?	?	?
Abendessen						
40 g	Roggenmischbrot (1 Scheibe)	362	86	2	+	18
50 g	Roggenvollkornbrot (1 Scheibe)	428	102	4	1	21
20 g	Margarine (4 TL)	628	150	+	16	0
30 g	Leberwurst, grob (1 Portion)	534	127	4	12	+
30 g	Edamer Käse, 45 % Fett i.Tr. (1 Scheibe)	443	105	7	8	1
70 g	Tomate (1 Stück)	49	12	1	+	2
	Tee	0	0	0	0	0
	Istzufuhr Abendessen	?	?	?	?	?
	Gesamt-Istzufuhr	?	?	?	?	?
	Gesamt-Sollzufuhr	?	?	?	?	?

Lebensmittelempfehlungen der DGE auf einen Blick

Aufgaben

1. Stelle die tägliche Lebensmittelauswahl, vgl. Tabelle, durch Lebensmittelsymbole oder eigene Zeichnungen dar.
2. Verteilt in Gruppen die Lebensmittel auf fünf Mahlzeiten.
3. Erläutert eure Mahlzeitenzusammenstellung den Mitschülerinnen und Mitschülern.
4. Übertrage die verschiedenen Menüvorschläge in dein Heft.
5. Vergleiche den Tageskostplan von Jörg, vgl. S. 147, mit den Empfehlungen der DGE.

Lebensmittel	Verzehrsempfehlungen
Gruppe 1: Getränke	Täglich 1½ l Flüssigkeit, z. B. Wasser, Tee, Kaffee, verdünnte Obst- und Gemüsesäfte
Gruppe 2: Getreide, Getreideprodukte und Kartoffeln	Täglich 4 bis 6 Scheiben Brot (ca. 200 bis 300 g), 1 Portion Reis (gekocht 150 bis 180 g) oder Nudeln (gekocht 200 bis 250 g) oder Kartoffeln (ca. 200 bis 250 g ≙ 4 mittelgroße), Vollkornprodukte bevorzugen
Gruppe 3: Gemüse, Salat	Täglich mindestens 300 g Gemüse, gegart, und 100 g Rohkost/Salat oder 200 g gegart und 200 g roh
Gruppe 4: Obst	Täglich mindestens 2 bis 3 Stück oder 2 bis 3 Portionen Obst (200 g und mehr)
Gruppe 5: Milch und Milchprodukte	Täglich 200 bis 250 g Milch/Joghurt und 2 Scheiben Käse (50 bis 60 g), fettarme Produkte bevorzugen
Gruppe 6: Fisch, Fleisch, Wurst und Eier	Wöchentlich 1 bis 2 Portionen Seefisch (80 bis 150 g fettarm und 70 g fettreich), wöchentlich 300 bis 600 g Fleisch und Wurst, fettarme Produkte bevorzugen, wöchentlich bis zu 3 Eier
Gruppe 7: Fette (Butter, Pflanzenmargarine oder -öle)	Täglich 15 bis 30 g Butter oder Margarine und 10 bis 15 g Öl, z. B. 2 Esslöffel Butter oder Margarine und 1 Esslöffel hochwertiges Pflanzenöl

Außerdem sollten die Lebensmittel

- möglichst wenig verarbeitet und frei von Zusatzstoffen sein.
- aus der Gegend stammen und der Jahreszeit entsprechen – ökologischer Anbau.
- möglichst frisch und unverpackt sein.
- die Bedürfnisse des Einzelnen erfüllen, z. B. Genusswert, Eignungswert.

Vegetarische Ernährung

In Deutschland ernähren sich etwa 9% der Bevölkerung vegetarisch. In der ganzen Welt sind es etwa eine Milliarde Menschen, die meisten allerdings unfreiwillig aus wirtschaftlichen oder klimatischen Gründen.

Die vegetarische Ernährung soll Menschen eine natürliche und gesunde Lebensweise ermöglichen. 1867 wurde in Deutschland die erste vegetarische Vereinigung gegründet.

Vegetarier ist, wer keine Lebensmittel von getöteten Tieren zu sich nimmt, z.B. auch kein Schweineschmalz. Es gibt unterschiedliche Formen des Vegetarismus.

Formen des Vegetarismus

1. **Ovolaktovegetarier** essen neben pflanzlichen Lebensmitteln Produkte von lebenden Tieren: **Milch, Milcherzeugnisse, Eier**.
2. **Laktovegetarier** verzichten zusätzlich auf Eier.
3. **Veganer** verzehren keine Lebensmittel, die von Tieren stammen, auch nicht Milch, Milchprodukte und Honig.

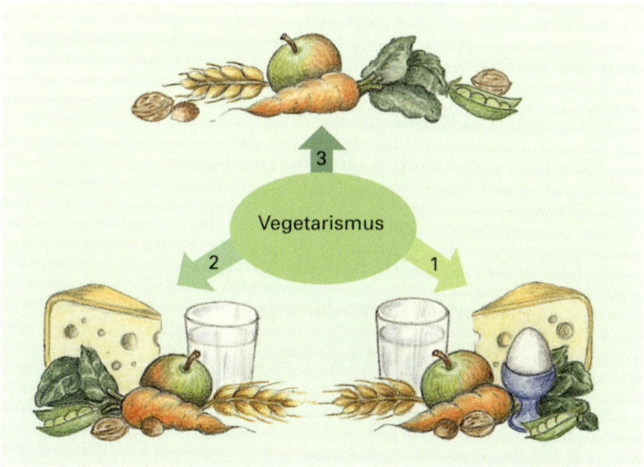

Bewertung der Kostform von (Ovo-)Laktovegetariern

Ovolaktovegetarier und Laktovegetarier ernähren sich bei richtiger Lebensmittelauswahl gesund. Auf Fleisch und Fisch kann man verzichten, solange Milch und Milchprodukte und evtl. Eier die pflanzliche Nahrung ergänzen.

Getreide, Hülsenfrüchte, Nüsse, Obst und Gemüse bilden die Grundlage dieser gesunden Ernährung.

Vegetarier sind meist gesünder als Nichtvegetarier, sie haben häufig

- **ein geringeres Körpergewicht**,
- **einen niedrigeren Blutdruck**,
- **einen niedrigeren Blutfettspiegel**.

Herz- und Kreislauferkrankungen treten bei dieser Personengruppe aufgrund der Ernährung und der sonstigen gesunden Lebensführung seltener auf.

Vegetarier lehnen meist den Genuss von Alkohol und Nikotin ab und empfehlen körperliche Bewegung.

Bewertung der Kost von Veganern

Veganer müssen ihre Kost sehr sorgfältig zusammenstellen. Sonst kann es durch falsche oder einseitige Lebensmittelauswahl zu einer Unterversorgung mit Eiweiß, Vitamin B_{12} und D, Iod, Calcium und Eisen kommen.

Der **Rohkostanteil muss gering gehalten** werden. Gegarte Lebensmittel werden vom Körper besser ausgenutzt. Bei der Zusammenstellung der Speisen ist besonders auf Vollkornprodukte, Hülsenfrüchte, Nüsse, Kartoffeln, Trockenobst und Hefeflocken (enthalten B-Vitamine) zu achten.

Nein, das Hühnchen esse ich nicht

Immer mehr Jugendliche nehmen ihre Tierliebe ernst. Unter-30-Jährige verzehrten im letzten Jahr ein Drittel weniger Fleisch als ein durchschnittlicher Bundesbürger. Bilder von Schlachtmethoden, Massentierhaltung und BSE lassen bei der jungen Generation Skrupel aufkommen.

Eltern bangen um die Gesundheit ihrer frischgebackenen Vegetarier. Sie befürchten, die Jugendlichen könnten an Mangelerscheinungen erkranken. Das Problem der vegetarischen Ernährung ist vor allem der Eisenmangel. Die Folgen sind Müdigkeit, Konzentrationsschwäche, Gewichtsverlust und Infektionsanfälligkeit.

Wenn Jugendliche Fleisch ablehnen, muss ihr Speiseplan viel eisenhaltiges grünblättriges Gemüse und Vollkorn enthalten. Zusammen mit Vitamin C gelangt das Eisen besser in den Körper.

Vollwert-Ernährung

Der Mediziner und Ernährungsforscher Werner Kollath begründete 1942 mit dem Buch „Die Ordnung der Natur“ die „Vollwert-Ernährung“. Er entwickelte ein Wertesystem. Die Lebensmittel sollten so natürlich wie möglich belassen werden: je geringer der Verarbeitungsgrad, desto höher der Wert eines Lebensmittels.

Die Thesen der Vollwert-Ernährung wurden von Koerber, Männle und Leitzmann aktualisiert.

Lebensmittel aus der Region und entsprechend der Jahreszeit

Durch die Verwendung von Lebensmitteln aus der Region sollen umfangreiche Transporte und damit Energieverbrauch, Schadstoffbelastung, Lärmbelästigung sowie Müllerzeugung verringert werden.

Lebensmittel aus winterlichem Unterglasanbau sollen vermieden werden. Treibhausgemüse weist häufig einen höheren Schadstoffgehalt auf. Außerdem wird für die Erzeugung viel Energie benötigt, z. B. für 1 kg Salatgurken werden 5 l Heizöl verbraucht.

Zusammensetzung der Vollwert-Ernährung

Geringer Verarbeitungsgrad

Die Einteilung der Lebensmittel nach Wertstufen erfolgt nach dem Verarbeitungsgrad. Je geringer der Verarbeitungsgrad, desto höher ist der Wert eines Lebensmittels.

Bei der Lebensmittelverarbeitung werden häufig wichtige Inhaltsstoffe vermindert, zerstört oder abgetrennt. Beim Reis z. B. wird mit den Randschichten Thiamin – Vitamin B_1 – entfernt. Isolierte Lebensmittelinhaltsstoffe, wie Zucker, sollen möglichst gemieden werden.

Bei der Lebensmittelverarbeitung werden häufig Zusatzstoffe, wie Farbstoffe und Konservierungsstoffe, zugesetzt.

Verarbeitete Lebensmittel belasten außerdem häufig durch ihre Verpackung die Umwelt.

Generell gilt für die Lebensmittelauswahl:

- **Zu bevorzugen sind**
  - Getreide und Vollkornprodukte,
  - Gemüse, Obst, Kartoffeln, Hülsenfrüchte,
  - Rohmilch (Vorzugsmilch),
  - naturbelassene Fette und Öle,
  - Kräuter-, Früchtetee,
  - Kräuter und Gewürze.
- **Zu meiden sind**
  - Auszugsmehle, polierter Reis,
  - Zucker,
  - Fleisch, Wurst, Fisch, Eier,
  - ultrahocherhitzte Milch,
  - extrahierte, raffinierte Öle,
  - Kaffee, Alkohol, schwarzer Tee,
  - Kochsalz.

Die Vollwert-Ernährung kennt keine Verbote, sondern nur Empfehlungen, „minderwertige Produkte“ zu meiden.

Ziele der Vollwert-Ernährung

- hohe Lebensqualität, besonders Gesundheit
- Schonung der Umwelt, Energieeinsparung, Vermeidung von Veredelungsverlusten
- Weltweite Förderung der sozialen Gerechtigkeit

Tageskostplan für eine Person – **Vollwert-Ernährung**

Aufgaben

1. Lies den Tageskostplan.
   Welche Lebensmittelgruppen der Ernährungspyramide sind enthalten?
2. Welche Lebensmittelgruppen sind nicht enthalten?
3. Welche Verarbeitungsverfahren werden bevorzugt?

1. und 2. Frühstück

Frischkornmüsli
3 EL Weizen, grob geschrotet, in
2 EL Wasser eingeweicht
4 EL Dickmilch
1 Apfel
1 TL Honig
1 EL gehackte Nüsse

Früchtetee

1 Scheibe Vollkornbrot
1 TL Butter
1 Scheibe Gouda
1 Tomate

Vorzugsmilch

Mittagessen und Nachmittagsmahlzeit

Linseneintopf
75 g Linsen in
350 ml Gemüsebrühe über Nacht quellen lassen
100 g Kartoffeln
100 g Lauch
75 g Tomaten
Majoran, Thymian
3 EL Sahne
1 EL Zitronensaft
1 EL Petersilie

Mineralwasser

Obstsalat
½ Birne
½ Apfel
75 g Honigmelone
75 g blaue Weintrauben
1 TL Pinienkerne

Frisches Obst oder Gemüse

Abendessen

Bunter Salat
75 g Salatgurke
75 g Tomate
1 gelbe Paprikaschote
50 g Rettich
1 EL kalt gepresstes Olivenöl
1 EL Apfelessig
Kräutersalz
40 g Schafskäse

Apfelpfannkuchen
1 TL Butter, zerlassen
55 g Dinkel, gemahlen
⅛ l Milch
1 Eigelb
1 Eischnee
1 EL Butter zum Backen
½ Apfel

Obstsaft

4.11 Gemeinsame Mahlzeiten

Frühstücksgestaltung

Familie Schulze

Spätestens wenn Mirja und ihr Bruder Mark aufstehen, beginnen die Schwierigkeiten. Mirja blockiert regelmäßig das Bad, vor dem Mark dann ungeduldig und nörgelnd wartet.

Herr Schulze versucht sich aus den allmorgendlichen Schwierigkeiten seiner Kinder herauszuhalten – sie stören ihn zwar, aber er ist mit seinen Gedanken schon bei der Arbeit und ohnehin spät dran … Immer häufiger antwortet er seiner Frau auf die Aufforderung, doch richtig zu frühstücken: „Lass doch – ich kriege sowieso nichts runter. Gib mir nur einen Kaffee!“

Und dann die Kinder! … Mittlerweile ist wenigstens Mark im Bad, – aber ehe er fertig ist … Und Mirja trödelt wieder! … „Kinder, seht zu! – Ihr kommt sonst zu spät zur Schule!“ Mutter seufzt, für das Frühstück bleibt wieder kaum Zeit.

Mirja kommt endlich herunter und beginnt gleich zu maulen: „Ist Vati schon weg? Er hat nicht einmal Tschüs gesagt!“

Mutter: „Er hatte es heute besonders eilig. Setz dich und frühstücke – ihr seid ohnehin knapp in der Zeit.“ Mirja sieht auf das mit Konfitüre bestrichene Brot und verzieht die Mundwinkel: „Schon wieder Erdbeerkonfitüre …, ich habe gar keinen Appetit!“

Mark stürmt in die Küche. Er schaut seiner Mutter über die Schulter. „Mutti, ich mag heute kein Frühstück. Heiße Milch mag ich sowieso nicht und außerdem schreiben wir in der ersten Stunde eine Mathearbeit, und viel zu spät ist es auch schon.“ Er greift seine Schultasche und fordert Mirja auf, sich zu beeilen. Die lässt sofort ihr halb gegessenes Brot liegen und will sich mit ihrem Bruder auf den Schulweg machen, als ihre Mutter sie noch kurz aufhält, um beiden wenigstens etwas Geld mitzugeben, von dem sie sich in der Pause etwas zu essen kaufen sollen.

Spätestens in der ersten großen Pause sieht man Mirja und Mark dann mit Freunden beim Bäcker, wo sie sich Kuchen und Limonade kaufen.

Familie Schulze beim Mittagessen

Familie Meier

Familie Meier steht morgens eine halbe Stunde früher auf. Schon vor dem Schlafengehen wird umschichtig der Tisch für das gemeinsame Frühstück gedeckt. So haben sie alle genügend Zeit für ein gemütliches Frühstück. Abwechslung ist dabei großgeschrieben. Da gibt es nicht nur Brot und Butter, sondern auch verschiedene Aufschnitt- und Käsesorten, manchmal ein Ei, Müsli oder Saft usw.

Am Frühstückstisch redet man miteinander. Was wird der heutige Tag bringen? Worauf freuen wir uns, worauf nicht? Sie sprechen noch einmal über die Probleme von gestern, die sie nun überschlafen haben. Oder sie planen gemeinsam, was sie nachmittags oder abends unternehmen wollen. Die zu erwartende Klassenarbeit ist nicht immer das Thema Nr. 1.

Claudia entscheidet mit, was sie als Schulbrot mitnehmen möchte: mal einen Joghurt, mal ein Wurstbrötchen mit einem Salatblatt dazwischen, dann wieder eine Banane, ein Knäckebrot oder einen knackigen Apfel.

Meiers haben außerdem mit anderen Eltern eine Unterschriftensammlung gestartet. Die Eltern wollen mit dieser Aktion den Schulträger dazu bringen, dass in der Schule in den Pausen keine Süßigkeiten mehr verkauft werden dürfen. Stattdessen soll der Hausmeister Milchmixgetränke, Obst und Ähnliches anbieten.

Mittags isst Claudia …

Aufgaben

1. Lies die beiden Texte.
   Was macht Familie Schulze falsch?
   Was macht Familie Meier richtig?
2. Vervollständige den Bericht der Familie Meier.

Zum Weiterlesen:
Vom Frühstück und wie man es nicht essen sollte

Zwei junge Leute betreten den Frühstücksraum eines nicht sehr großen Hotels. Keiner grüßt beim Hereinkommen. Einer schiebt sich das T-Shirt hoch und kratzt sich am nackten Bauch. Beide setzen sich. Der eine rutscht mit dem Hintern halb vom Sitz und gähnt mit offenem Mund. Die Kellnerin tritt zu ihnen und fragt: „Was darf ich den Herren zum Trinken bringen?“

„Kaffee!“, sagt der eine.

„Auch“, der andere.

Dann schieben sie sich an das Büfett und beladen sich die Teller, bis nichts mehr draufgeht. Wieder am Tisch stemmen sie den rechten Ellenbogen auf, legen den linken Unterarm quer vor sich auf den Tisch und heben die linke Hand nur, wenn etwas von den verpackten Frühstückszutaten aufgerissen werden muss. Sie behalten dabei das Messer in der Hand, bohren damit im Butterpäckchen oder im Käsekästchen herum und lecken die Marmelade von der Klinge. Und so weiter.

Warum nicht so?

Wer als Neuer in eine Gruppe kommt, sollte mit einem kurzen Gruß andeuten, dass er die anderen wahrgenommen hat und keine feindseligen Gefühle hegt.

Man verrichtet seine Körperpflege nicht in der Öffentlichkeit und erst recht nicht im Speisezimmer.

Gerade sitzen hat einen gesundheitlichen Sinn. Wer krumm sitzt, verursacht sich einen Wirbelsäulenschaden und muss es später mit Schmerzen büßen.

… Man legt das Messer aus der Hand auf den Teller, wenn man es nicht benutzt. Das Gleiche gilt auch für Gabel oder Löffel.

(Knigge für die nächste Generation, Sybil Gräfin Schönfeldt, Hamburg 2003)

Familienfeier

Fast-Food-Restaurant

Kantine

Staatsbankett

Esskultur und Tischkultur

Der Begriff „Mahlzeit" war ursprünglich die Zeitangabe für ein Gastmahl, zu dem eingeladen wurde. Heute versteht man unter Mahlzeit das Einnehmen von Speisen und Getränken.

Mahlzeiten werden bei uns zunehmend in Kantinen, Fast-Food-Restaurants oder sonst wo außer Haus eingenommen. Vor allem jüngere Leute zwischen 19 und 25 Jahren essen häufig außer Haus. Mahlzeiten sind auch in dieser Form meist Gelegenheiten, bei denen man sich mit anderen Menschen trifft.

Die gemeinsamen Mahlzeiten haben deshalb eine große Bedeutung, die weit über die körperliche Sättigung hinausgeht.

Bei den Mahlzeiten werden Tagesereignisse und Probleme besprochen. Das gilt für das gemeinsame Essen im Kreis der Familie sowie für das Geschäftsessen mit Kollegen.

Zu den Festen im Jahreskreis, z. B. Weihnachten, gibt es traditionelle Speisen und gemeinsame Mahlzeiten – oft im größeren Familienkreis mit den Großeltern und sonstigen Verwandten.

Bei Familienereignissen, z. B. Geburtstag, Namenstag, Taufe, Erstkommunion, Konfirmation, Hochzeit und Beerdigung, wird zu einer gemeinsamen Mahlzeit eingeladen und zusammen gefeiert. Diese gemeinsamen Mahlzeiten unterstreichen Freundschaft und Zusammengehörigkeit.

Jugendliche isst allein

Bei einem Picknick im Freien oder beim Grillen werden nicht nur die Speisen und Getränke genossen, sondern die zwanglose Gemeinschaft schafft Nähe und gute Stimmung.

Auch bei jedem Staatsbesuch gibt es gemeinsame Mahlzeiten mit den Staatsgästen. Hier soll die gemeinsame Mahlzeit ebenfalls Nähe und Verbindung schaffen. Gleichzeitig soll dabei ein Staat repräsentiert werden.

Ebenso gibt es in den verschiedenen Religionen das gemeinsame Mahlhalten, hier werden Traditionen weitergegeben und die Zusammengehörigkeit wird unterstrichen.

Bei den Christen ist dies das gemeinsame Abendmahl, bei den Juden die gemeinsame Feier des Sabbatmahls, bei den Muslimen die gemeinsame Feier des Zuckerfestes zum Abschluss des Fastenmonats Ramadan.

Tischgemeinschaft verbindet, ist mehr als Essen und Trinken.

Aufgaben

1. Beschreibe eine gemeinsame Mahlzeit, die du als besonders schön erlebt hast.
2. Betrachte die Bilder, vgl. S. 154. Beschreibe jeweils, was die abgebildeten Menschen beim Essen empfinden mögen.
3. Lies den Text: Wieso weiß die Person nach dem gemeinsamen Essen, dass sie zu Hause wieder willkommen ist?

Gemeinsam essen macht stark

Von einer längeren Reise kam ich nach Hause, und nachdem mein damals zwölf Jahre alter Sohn blitzschnell gegessen hatte, stand er vom Tisch auf und verkündete, dass er in sein Zimmer gehe. Ich hatte mich auf das Zusammensein mit ihm gefreut und fragte ihn, ob er nicht noch eine Weile sitzen bleiben könne. „Warum denn?", wollte er wissen. „Weil ich dich gerne ansehen möchte", antwortete ich. „Okay", erwiderte er und setzte sich mit einem ironischen Funkeln in den Augen und das Kinn auf die Hände gestützt wieder hin und schaute mir unverwandt in das Gesicht. Als er eine Zeit so dagesessen hatte, fragte er: „Hast du genug gesehen?" „Nein", gab ich wahrheitsgemäß zur Antwort, „aber schwirr ruhig ab!" Ich bekam nicht, was ich gern gehabt hätte, aber ich bekam, was ich am nötigsten brauchte: einen eindeutigen Eindruck, dass unsere Beziehung in Ordnung war, dass ich zu Hause wieder willkommen war und dass es ihm gut ging (Jesper Juul).

Zuckerfest

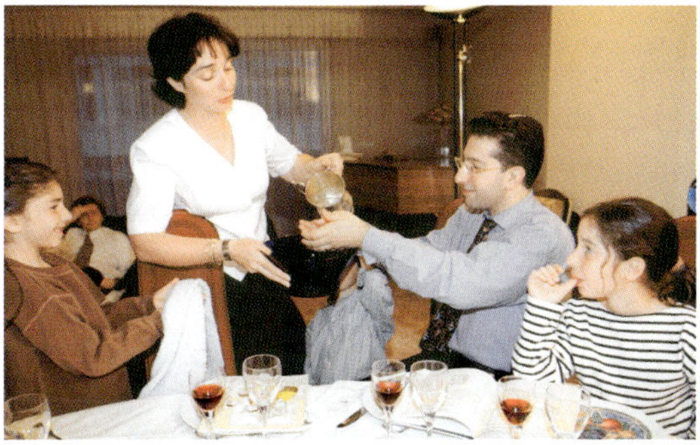

Sabbatmahl

Gestaltung und Zusammenstellung von Mahlzeiten

Aufgaben

Beschreibe den Verlauf der Tagesleistungskurve bei
a) drei Mahlzeiten,
b) fünf Mahlzeiten.

Das erste Frühstück ist das Sprungbrett in den Tag.

- Ein gutes Frühstück ermöglicht die Leistungsfähigkeit am Vormittag.

- Folgende Grundsätze sollten bei der Einnahme und der Zusammenstellung beachtet werden:
  - Rechtzeitig aufstehen, nicht in Eile frühstücken.
  - Möglichst oft gemeinsam am ansprechend gedeckten Tisch frühstücken.
  - Das Frühstück nicht auslassen, um schlank zu bleiben.
  - Nicht immer das gleiche Frühstück anbieten. Es gibt viele Abwechslungsmöglichkeiten: Unterschiedliche Brotsorten, verschiedener Brotbelag, Fruchtsäfte, Obst, Müsli, Milch und andere Milchprodukte können das Frühstück verbessern.

Das zweite Frühstück sollte vitaminreich und mineralstoffreich sein.

- Das zweite Frühstück sollte das erste Frühstück in Bezug auf die Nährstoffzufuhr ergänzen. Wurde z.B. mit dem ersten Frühstück wenig Calcium aufgenommen, so müssen nun calciumreiche Lebensmittel, z.B. Milch, ausgewählt werden.
- Obst, Gemüse, Milch und Milchprodukte sind besonders geeignet.

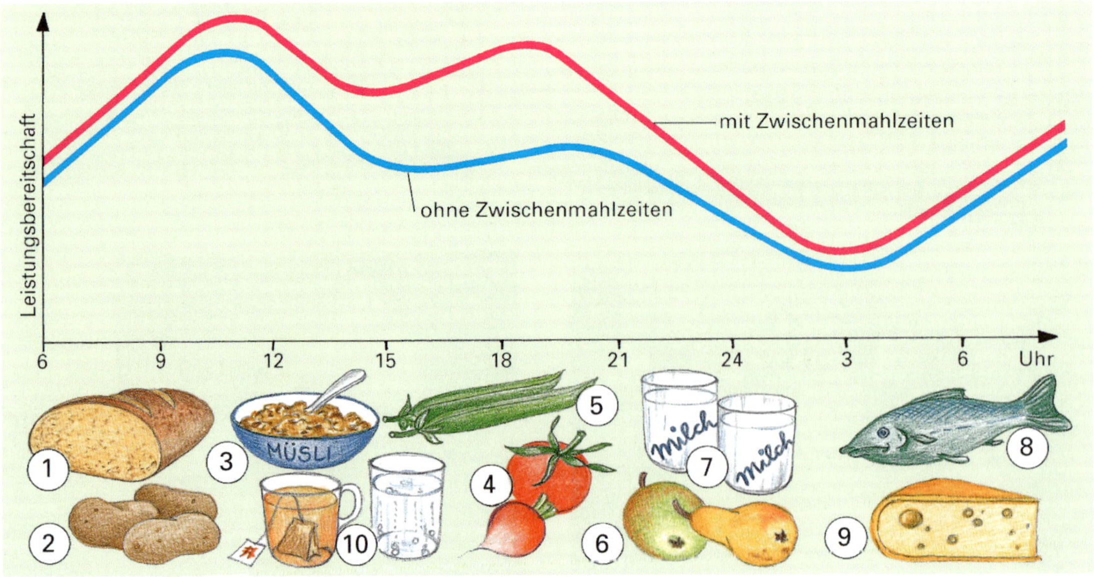

Tagesleistungskurve

Das Mittagessen ist eine Hauptmahlzeit.

- Höchstens ein Drittel der Gesamtenergiemenge sollte mit der Mittagsmahlzeit aufgenommen werden. Große Mahlzeiten erfordern viel Verdauungsarbeit. Die geistige Leistungsfähigkeit lässt nach, da das Gehirn weniger versorgt wird. Eine kleinere Mahlzeit verhilft schneller aus dem Leistungstief.
- Die Mahlzeit sollte langsam aufgenommen werden, da sich das Sättigungsgefühl erst nach etwa 15 Minuten einstellt. Es muss nicht aufgegessen werden, das natürliche Sättigungsgefühl geht sonst verloren.
- Es muss nicht immer Fleisch sein. Milch, Milchprodukte, Fisch, Hülsenfrüchte und Getreidegerichte sind eine Alternative.
- Bei der Zubereitung sollte auf eine sparsame Verwendung von Fett geachtet werden.

Nachmittagsmahlzeit

Fünf kleinere Mahlzeiten sind besser als drei große Mahlzeiten.

- Bei fünf Mahlzeiten bleibt die Leistungsfähigkeit besser erhalten, der Körper wird durch die Verdauungstätigkeit nicht so stark belastet.
- Die Nachmittagsmahlzeit sollte wie das zweite Frühstück vitaminreich und mineralstoffreich sein.

Das Abendbrot ermöglicht den Ausgleich.

- Die Lebensmittel, die bei den anderen Mahlzeiten zu wenig aufgenommen wurden, sollten berücksichtigt werden. Zum Abendbrot könnte es z. B. einen Rohkostsalat und Vollkornbrot geben.
- Ist die Familie erwerbstätig, kann abends gemeinsam ein warmes Abendbrot gegessen werden. Ein warmes Abendessen führt nicht zur Gewichtssteigerung, in vielen Ländern isst man abends warm.
- Das Abendessen sollte spätestens zwei Stunden vor dem Schlafengehen eingenommen werden, da der Schlaf sonst durch den „vollen Magen" beeinträchtigt werden kann.

Zusammenstellung von Mahlzeiten

- Speisen appetitanregend zusammenstellen.
- Lebensmittel einer Mahlzeit sollen unterschiedliche Farben haben. Ein Gericht wie Blumenkohl mit Kartoffelbrei und Kalbsgeschnetzeltem wirkt wenig appetitanregend.
- Die Lebensmittel sollten unterschiedlichen Geschmack haben, dieser kann besonders auch durch die Zugabe von Kräutern und Gewürzen verstärkt werden. Wenn Salz, dann Iodsalz. Der Eigengeschmack der Speisen soll erhalten bleiben.
- Lebensmittel mit unterschiedlicher Struktur auswählen, z. B. Fisch mit weicher Struktur und Rohkostsalat mit fester Struktur. Durch Lebensmittel mit fester Struktur wird ein höherer Sättigungswert erreicht.

Merke ×

- **Essgewohnheiten werden wie andere Verhaltensweisen anerzogen.**
  Ernährungsverhalten kann so Folge falscher Essgewohnheiten oder Traditionen sein, z. B.
  - **essen müssen, was auf den Tisch kommt – auch wenn man es nicht mag oder wenn man satt ist,**
  - **nicht essen dürfen, weil es nicht Essenszeit ist – auch wenn man hungrig ist,**
  - **nicht essen, weil man meint, keine Zeit zu haben.**
- **Häufiges Ernährungsfehlverhalten:**
  - **zu hastig essen,**
  - **zu unkontrolliert essen, z. B. vor dem Fernseher,**
  - **unregelmäßig essen,**
  - **statt fünf Mahlzeiten drei, meist mit zu großen Portionen.**
- **Ernährungsfehlverhalten kann Ursache für Krankheiten sein.**

Fast Food

Fast Food ist durch schnellen Service und gleichbleibendes Angebot gekennzeichnet. Als Fast Food werden hauptsächlich Hamburger, Bratwürste, Grillhähnchen, Pizzen, Crêpes, Fleischtaschen, Salate, Cola- und Limonadengetränke angeboten.

Der Umsatz aller Fast-Food-Betriebe erreicht etwa 40 Prozent des gesamten Umsatzes der Gastronomie. Zeitmangel wird als wichtigster Grund für den Verzehr von „Snacks" genannt.

In Fast-Food-Restaurants sind hauptsächlich Jugendliche anzutreffen. Sie gehen in diese Restaurants, um schnell, preiswert und ungestört mit Freunden zu essen.

Allerdings haben sie auch die Erfahrung gemacht, dass Fast Food oft nicht satt macht.

Ahnen sie, dass Fast Food ungesund und die Verpackung/das Einweggeschirr eine unnötige Belastung für die Umwelt ist?

Fast-Food-Produkte werden von Jugendlichen häufig als Zwischenmahlzeit gegessen. Der Energiegehalt der Speisen entspricht jedoch meist dem einer Hauptmahlzeit. Fettgehalt und Salzgehalt der Produkte sind oft sehr hoch, Vitamingehalt, Mineralstoffgehalt und Ballaststoffgehalt dagegen niedrig.

Eine regelmäßige bzw. ständige Einnahme von Fast-Food-Produkten führt zu Gesundheitsstörungen. Gelegentlich kann die „schnelle Mahlzeit" jedoch ohne Schaden verzehrt werden, sie darf aber nicht zur Gewohnheit werden.

Fast-Food-Produkte im Vergleich

Produkte Portion	Energie kJ	Kohlenhydrate g	Fette g	Eiweiß g	Vitamin B_1 Thiamin mg	Calcium mg	Eisen mg	Menge g bzw. ml
Currywurst mit Pommes frites	3560	48	62	17	0,6	17	3,4	220
Bratwurst mit Brötchen	2900	27	51	25	0,6	15	1,5	190
Big Mäc mit Pommes frites	3230	79	35	27	0,3	123	4,8	320
Pommes frites mit Mayonnaise	1900	43	27	5	0,2	12	2,4	130
Pommes frites mit Ketchup	1480	46	15	5	0,2	13	2,4	130
Hamburger, einfach	1100	36	7	12	0,1	42	1,6	100
Chef-Salat	1350	3	23	15	0,3	192	1,6	300
Cola-Getränk	550	33	0	0	0,3	10	0,3	330
Milchshake	1630	66	10	10	0,1	380	0,7	400
Vollmilch-joghurt	430	7	6	6	0,1	98	0,1	150

Beachte beim Verzehr:

- Den Energie- und Nährstoffgehalt der Speisen und Getränke einschätzen und überlegen, ob es sich um eine Hauptmahlzeit oder Zwischenmahlzeit handelt.
- Alternativen zu den Fast-Food-Restaurants berücksichtigen, z. B. gemeinsames Picknick im Freien, Beisammensein mit selbst hergestellten Salaten.
- Das heute angebotene alternative Fast Food in Erwägung ziehen, z. B. Vollkornbrötchen anstelle von Soft-Brötchen, Salate, gebackene Kartoffeln anstelle von Pommes frites, Mineralwasser, Milch anstelle von Limonaden- und Colagetränken.
- Fast Food mit einem geringen Energie-, Fett- und Salzgehalt aussuchen, z. B. Salat.
- Den geringen Ballaststoff-, Vitamin- und Mineralstoffgehalt von Fast Food z. B. durch den Verzehr von Salat/Gemüse, frischem Obst, Vollkorn- und Milchprodukten ausgleichen.
- Fast Food in Ruhe – nicht im Stehen – essen, nur so wird nicht „über den Hunger" gegessen.
- Fast Food mit aufwendiger Verpackung/Einweggeschirr aufgrund der Umweltbelastung ablehnen.
- Fast-Food-Mahlzeiten durch Frühstück und Abendessen in der häuslichen Verpflegung ergänzen: Vollkornbrot, Obst, Gemüse, Milch und Milchprodukte.

Aufgaben

1. Vergleiche den Energie- und Nährstoffgehalt der verschiedenen Fast-Food-Produkte mit den Richtwerten für
   a) Zwischenmahlzeiten,
   b) Mittagessen.
2. Untersuche, welche Verpackungsmaterialien in Fast-Food-Restaurants eingesetzt werden.
3. Sammle Rezepte für alternative Zwischenmahlzeiten.

Richtwerte für Mädchen (bis 15 Jahre)

	Zwischenmahlzeit	Mittagessen
Energie	940 kJ	2820 kJ
Kohlenhydrate	30 g	91 g
Fett	8 g	23 g
Eiweiß	8 g	25 g

Richtwerte für Jungen (bis 15 Jahre)

	Zwischenmahlzeit	Mittagessen
Energie	1120 kJ	3360 kJ
Kohlenhydrate	36 g	109 g
Fett	9 g	27 g
Eiweiß	10 g	30 g

Das Sandwich erobert jetzt auch den deutschen Fast-Food-Markt

Das dreieckige Sandwich ist der Aufsteiger der letzten Jahre auf dem deutschen Imbissmarkt: Rund 30 Millionen € werden pro Jahr mit dem belegten Sandwich umgesetzt. Pro Woche werden in Deutschland rund 300 000 der vorgepackten Snacks abgesetzt, mit steigender Tendenz.

Sandwich

4.12 Ernährung und Gesundheit

Aufgaben

1. Nenne Gründe, die Jugendliche für die Durchführung einer Reduktionsdiät – Abmagerungsdiät – angeben.
2. Erstelle eine Liste von Situationen, in denen du
   a) wenig,
   b) viel essen möchtest.
3. Nenne Lebensmittel, die anstelle der abgebildeten energiereichen Lebensmittel gegessen werden können. Begründe deine Auswahl.

Übergewicht führt zu gesundheitlichen Gefährdungen

Knochen und Gelenke werden durch Übergewicht überbeansprucht. Es kann zu Veränderungen an Wirbelsäule, Knien und Füßen kommen.

Bronchien werden anfälliger für Erkrankungen. Die freie Atmung ist beeinträchtigt, es kann leichter eine Bronchitis entstehen.

Herz und Kreislauf werden überbelastet. Herz- und Kreislauferkrankungen, Bluthochdruck können entstehen.

Stoffwechselerkrankungen können durch Übergewicht bzw. Überernährung zum Ausbruch kommen. Zuckerkrankheit, Fettstoffwechselstörungen und Gicht können Folgeerkrankungen sein.

77 % aller Übergewichtigen haben eine Stoffwechselerkrankung bzw. Bluthochdruck.

Unfälle bei der Arbeit und auf der Straße treten bei Übergewichtigen leichter auf, da sie meist langsamer als Normalgewichtige sind.

Seelische Störungen sind häufig eine Folge des Übergewichts, z. B. Komplexe – Minderwertigkeitsgefühle.

Aufgrund dieser Risiken sollte das Gewicht bei Übergewicht gesenkt werden.

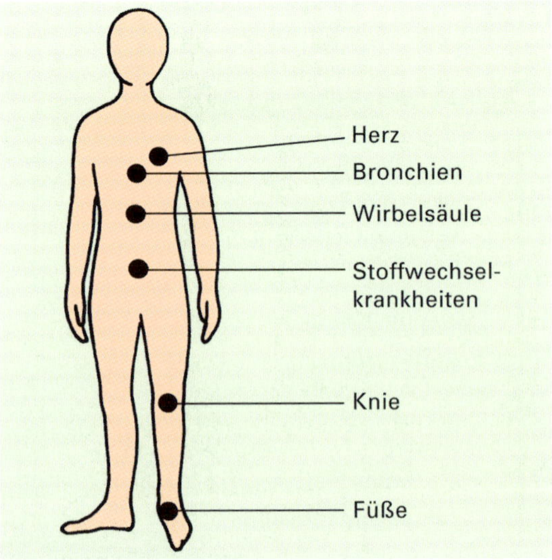

Gesundheitliche Gefährdungen

Abnehmen – aber wie?

Übergewichtige merken meist gar nicht,

- **was sie essen und**
- **wie viel sie essen.**

Also:

- **Mehr frisches Obst und Gemüse** der Saison auswählen, oft roh essen, sie enthalten Ballaststoffe und einen hohen Wassergehalt, Vitamine und Mineralstoffe. Vor jeder Mahlzeit eine Portion Rohkost essen oder ein Glas Wasser trinken.
- **Vollkornprodukte und Kartoffeln** häufiger essen, sie enthalten ebenfalls Ballaststoffe, Vitamine, Mineralstoffe und Eiweiß. Diese Lebensmittel haben ein großes Nahrungsvolumen und gleichzeitig einen geringen Energiegehalt.
- Stark verfeinerte Lebensmittel, wie Auszugsmehle, Zucker, stark gezuckerte Lebensmittel usw., meiden, sie enthalten konzentrierte Energie.
- **Weniger tierische eiweißreiche Lebensmittel** essen, sie enthalten meist gleichzeitig versteckte Fette.
- **Fettkonsum einschränken**. Fettarme Gartechniken auswählen, z. B. Dämpfen, Dünsten, Grillen, Mikrowelle.
- **Speisen nicht stark salzen**, der Flüssigkeitsbedarf wird sonst erhöht. Ein hoher Salzkonsum kann bei einer Reduktionsdiät den Nieren schaden. Kräuter und Gewürze verwenden.
- Auf eine **ausreichende Flüssigkeitszufuhr** achten, damit die Stoffwechselendprodukte der abgebauten körpereigenen Stoffe ausgeschieden werden können.

Oder einfach die Regeln einer bewussten Ernährung, vgl. S. 145, berücksichtigen.

Merke

Eine energiearme Mischkost soll zu einer Umstellung der Lebensmittelauswahl und des Essverhaltens führen.

Feststellen, was man isst

Obst und Gemüse für den Heißhunger

Abnehmen in Gemeinschaft ist leichter

Sonja wiegt 33 kg und ist 157 cm groß. Zuerst machte sie Diäten, nun trinkt sie nur noch Tee, knabbert am Knäckebrot. Sonja hungert und treibt Sport bis zum Umfallen. Sonja meint: „Ich bin stark, ich kann über meinen Körper bestimmen, ich werde die magische Grenze von 30 Kilogramm erreichen." Die Menstruation ist inzwischen ausgeblieben, in ihrem Körper wird kein Kind wachsen.

Bei einem Familienfest vor einem Jahr haben sich die Verwandten über ihre Pummeligkeit lustig gemacht. Sie wog damals 55 kg bei einer Größe von 155 cm. Sonja ist begabt, in der Schule hat sie keine Schwierigkeiten, in der letzten Zeit kann sie sich allerdings nicht mehr so recht konzentrieren. Die Haare sind dünn und glanzlos geworden. Sonja trägt einen großen Pullover, in den sie ihren Körper einhüllen, ihn schützen kann.

Ihr Vater ist Maurer, ihre Mutter ist Geschäftsführerin in einem Lebensmittelladen. Im letzten Jahr fing Sonjas Vater an zu trinken, inzwischen ist die Ehe geschieden. Sonja hatte sich früher mit ihrem Vater gut verstanden. Jetzt beschimpft er sie immer: „Du bist ja nicht normal; aus dir wird nie etwas; so findest du nie einen Mann …" Sonja denkt: „Die Frau von heute: erfolgreich, schlank, sportlich und aktiv. Ich nicht?" Sonja hat sich zurückgezogen. Sie glaubt, sie hätte es leichter, wenn sie ein Junge wäre. Sonja kocht gern für andere. Sie selbst isst wenig. Vom Essen bekommt Sonja Magendrücken.

Aufgaben

1. Welche Gründe können bei Sonja zur Magersucht geführt haben?
2. Wie kann Sonja geholfen werden?

Essstörungen

In unserer Gesellschaft hat das Interesse an Jogging, Trimmaktionen und Diäten zugenommen. Gleichzeitig vermitteln uns die Medien den Eindruck, dass Glück und Erfolg vom Erreichen eines übertriebenen „Idealgewichts" abhängen. Drei Viertel der 12- bis 16-jährigen Mädchen hatten bereits das Gefühl, Übergewicht zu haben.

Von einer Essstörung spricht man, wenn Gedanken und Gefühle sich nur noch auf das Essen, den Körper, das Gewicht konzentrieren und das Interesse an Freunden, Familie, Beruf und Schule abnimmt.

Man schätzt, dass etwa 500 000 Personen in Deutschland an Magersucht oder Ess-Brech-Sucht erkrankt sind. Viele Magersüchtige hungern sich zu Tode.

Die Betroffenen brauchen Verständnis außerhalb der Familie, z. B. von Freunden oder in einer Selbsthilfegruppe. Nur mithilfe einer länger dauernden ärztlichen oder sonstigen fachkundlichen Behandlung können Essgestörte langsam wieder gesund werden.

Voraussetzung für die Heilung ist, dass die Essgestörten ihr Essverhalten als Krankheit begreifen und gesund werden möchten.

Kennzeichen der Magersucht

- Die Pubertätsmagersucht – 95 % sind Mädchen – fällt in die Entwicklungsstufe, die wir als Übergang zwischen Kindheit und Erwachsensein bezeichnen. Die eigene Sexualität wird abgelehnt.
- Es besteht ein Zwang zum Hungern. Eine falsche Einschätzung des Körpergewichts liegt vor. Man ist mager, glaubt aber, man wäre dick. Selbst bei Untergewicht empfindet man sich noch als zu dick.
- Die Gedanken kreisen ständig um das Essen.
- Die Belastbarkeit ist gering, Fleiß und Ehrgeiz sind extrem hoch, die schulischen Leistungen sind gut.

Die Behandlung

Bei starkem, lebensbedrohlichem Untergewicht werden die Betroffenen in Kliniken verhaltenstherapeutisch behandelt. Normales Essen muss wieder erlernt werden. Die familiären und sonstigen Probleme müssen bewältigt werden.

Heilungschancen sind nur bei ca. einem Drittel der Betroffenen gegeben.

Kennzeichen bei Ess-Brech-Sucht

- Verschlingen größerer Lebensmittelmengen. Dabei erfolgt ein wahlloses Durcheinanderessen aller sonst verbotenen „Dickmacher".
- Die Heißhungerattacken werden durch selbst herbeigeführtes Erbrechen beendet. Durch das Erbrechen erlernen die Betroffenen, ihr Gewicht zu kontrollieren.
- Nach vermehrtem Essen erfolgt der Versuch, wieder abzunehmen. Strenge Diät, Erbrechen, Abführmittel und Entwässerungsmittel werden zur Gewichtsabnahme eingesetzt. Die Betroffenen sind im Teufelskreis zwischen Hungern und Essen gefangen.

Die Behandlung

Je nach Schweregrad der Erkrankung werden die Betroffenen stationär oder in Selbsthilfegruppen behandelt. Nur mithilfe von Fachleuten bestehen Heilungschancen.

Zum Weiterlesen – Maureen Stewart: Essen? Nein, danke!

Rebecca wog jetzt **vierzig Kilo**, jedenfalls heute Morgen hatte sie genau vierzig Kilo gewogen. Zu viel, viel zu viel. Auf jeden Fall zu viel für jemanden, der 165 Zentimeter groß war. Sie konnte die Haut von ihrem Bauch abziehen und das schwabbelige Fett mit den Fingern tasten. Beim bloßen Gedanken daran wurde ihr übel. (...)

Neununddreißig Kilo!

Rebeccas Herz schlug schneller, ihr Blut pulsierte. Sie hatte an diesem einen Tag ein ganzes Kilo verloren. Das Leben war herrlich, es war großartig, endlich hatte sie es geschafft, sie hatte sich unter Kontrolle. Sie hatte alles unter Kontrolle. (...)

Rebecca zählte die Erbsen auf ihrem Teller. Fünfundzwanzig! Wie sollte sie das schaffen, fünfundzwanzig Erbsen zu essen – und dazu noch zwei Röstkartoffeln und Lammbraten mit Unmengen von Bratenfett und Soße. Ihr Hals war wie zugeschnürt.

Vorsichtig schnitt sie ein Stück Lammfleisch in acht Stücke und steckte ein Stück in den Mund. Sie kaute es zwölfmal, bevor sie es herunterschluckte. Zwölf war heute die Zahl. Also wollte sie auch zwölf Erbsen essen und dazu ein Stück Kartoffel zwölfmal durchgekaut. (...)

Vierunddreißig Kilo. Rebecca konnte es kaum glauben. Wunderbar! Sie kroch ins Bett zurück und machte Pläne für den Tag. Sie war geschwächt, aber glücklich. Überglücklich! ...

Es muss noch einiges geschehen, bis Rebecca begreift, dass sie dabei ist, sich umzubringen.

4.13 Lebensmittelvergiftungen und -infektionen

Aufgaben

Lies die Fallbeispiele.
Nenne mögliche Gründe für die Erkrankungen.

In einer Kantine soll es Hähnchen geben. Die tiefgefrorenen Hähnchen werden über Nacht auf der Abtropffläche der Spüle aufgetaut. Am nächsten Morgen werden die Hähnchen gegart. Die Abtropffläche wird kurz abgewischt. Danach werden die gekochten Kartoffeln zum schnelleren Abkühlen auf die Abtropffläche der Spüle geschüttet. Die Kartoffeln sollen bald zu einem Kartoffelsalat für den nächsten Tag verarbeitet werden.
Später erkranken die Kantinenbesucher, die von dem Kartoffelsalat aßen.

Herr K. ist als Hauswirtschaftshelfer in einem Hotel tätig. Er hat gerade einen dreiwöchigen Urlaub in Spanien verbracht. In der ersten Woche hatte er unter einer schweren Durchfallerkrankung gelitten, inzwischen hat er sich davon gut erholt. Gemeinsam mit der Köchin stellt er für einen Empfang am Abend Platten mit belegten Broten her.
Am nächsten Tag erkranken viele Gäste, sie haben Durchfall bzw. müssen sich erbrechen.

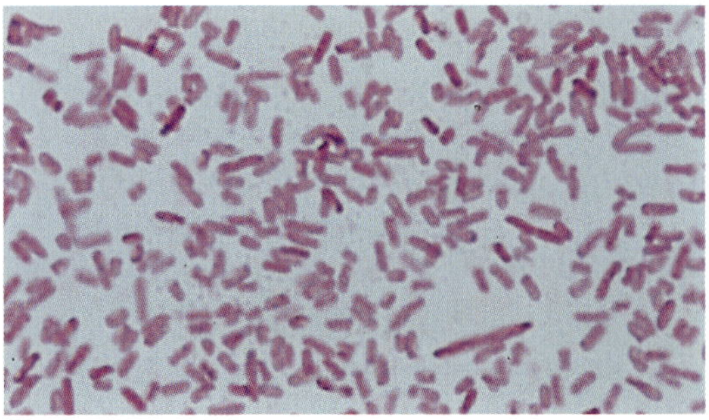

Salmonellen (ca. 1600-fach vergrößert)

Salmonellose – eine Lebensmittelinfektion

Eine Infektion ist eine Ansteckung durch Krankheitserreger. Salmonellen sind Mikroorganismen, d.h. winzig kleine Lebewesen, die im Dickdarm von Tieren, z.B. Geflügel, und auch Menschen leben.

Durch den Verzehr von rohen oder ungenügend gegarten Lebensmitteln, die mit Salmonellen verunreinigt – infiziert – sind, werden diese auf den Menschen übertragen.

Bei einer **Lebensmittelinfektion** gelingt es dem Körper nicht mehr, die Salmonellen abzutöten. Sie siedeln sich im Darm an und vermehren sich weiter. Im Stuhl dieser Menschen sind Salmonellen vorhanden. Diese Personen können andere anstecken, ohne selbst Vergiftungssymptome zu zeigen.

Bei einer **Lebensmittelvergiftung** erkrankt der Mensch aufgrund der aufgenommenen Giftstoffe, die die Salmonellen gebildet haben.

Häufig infizierte Lebensmittel sind z.B. Geflügel, Eier, Eiertrockenpulver, Fisch, Hackbraten, Fleischwaren. Andere Lebensmittel können durch salmonelleninfizierte Lebensmittel oder Geräte ebenfalls verunreinigt werden.

Hauptursachen für Lebensmittelinfektionen:
- belastetes Viehfutter,
- unsaubere Lebensmittelverarbeitung,
- warme Lagerung von Lebensmitteln/Speisen. Die Vermehrung erfolgt besonders schnell bei 20 bis 45 °C.

Salmonellen können nicht an Geruchs-, Geschmacks- oder sonstigen Lebensmittelveränderungen erkannt werden.

Wenige Salmonellen verursachen meist noch keine Erkrankung, da sie im menschlichen Körper sofort vernichtet werden. Erst wenn sich die Salmonellen zuvor in Lebensmitteln vermehrt haben und dann aufgenommen werden, kann es zu einer Lebensmittelvergiftung bzw. -infektion kommen.

Folgende Krankheitssymptome treten bei einer Salmonellose nach 12 bis 36 Stunden auf: Fieber, Kopfschmerzen, Gliederschmerzen, Durchfall, Übelkeit und Erbrechen.

Die Krankheitsdauer beträgt ein bis acht Tage. Die Erkrankung muss gemeldet werden.

Salmonellose – wie kann man sie verhindern?

- Nach der Toilettenbenutzung die Hände waschen.
- Leicht verderbliche tierische Lebensmittel im Kühlschrank aufbewahren. Auch Eier gehören in den Kühlschrank. Mikroorganismen benötigen Wärme für die Vermehrung.
- Geräte, die mit Fleisch in Berührung kamen, z.B. Messer, vor der weiteren Verwendung gründlich reinigen. Auch die Hände nach dem Hantieren mit rohem Fleisch gründlich waschen.
- Größere Fleischstücke – besonders Geflügel ohne Plastikbeutel – vor dem Garen vollständig bei kühlen Temperaturen (Keller, Kühlschrank) auftauen lassen. Das Auftauwasser in einem Gefäß auffangen, sorgfältig beseitigen. Das Gefäß gründlich reinigen. Das Auftauwasser kann Salmonellen enthalten.
- Fleischstücke gut durchgaren: 70 °C Kerntemperatur. Es darf kein roter Fleischsaft mehr austreten.
- Speisen nicht längere Zeit warm halten, sondern rasch in kaltem Wasser herunterkühlen. Zum Verzehr wieder aufwärmen, besser kurz durchkochen oder durchbraten.
- Spiegeleier von beiden Seiten bzw. mit dem Deckel auf der Pfanne braten. Wenn das Eigelb geronnen ist, besteht keine Salmonellengefahr.
- Bei Speisen mit rohen Eiern nur Eier verwenden, die nicht älter als fünf Tage sind (Legedatum). Ältere Eier nur durchgegart essen.
- Speisen mit rohen Eiern sofort verzehren. Salmonellen können sich dann nicht vermehren.
- In der Gemeinschaftsverpflegung keine Speisen mit rohen Eiern herstellen und essen, z.B. Weinschaumcreme.
- Bei Speisen, die in der Mikrowelle ungenügend erwärmt wurden, können Erreger in kalten Stellen überleben. Speisen gleichmäßig in dem Gefäß ausbreiten und auf mindestens 70 °C erhitzen.

Aufgaben

Nenne und erläutere mithilfe der Abbildung mögliche Ursachen für das Entstehen einer Salmonellose.

Aufgaben

1. Lies die Fallbeispiele.
   Nenne mögliche Ursachen für die jeweiligen Lebensmittelvergiftungen.
2. Erläutere den Unterschied zwischen einer Lebensmittelinfektion und einer Lebensmittelvergiftung.

Ein Patient wollte den Krankenschwestern und -pflegern nach seiner Entlassung eine Freude machen und holte für jeden eine große Portion Eis. Dass sich der Eishändler vor einigen Wochen am Finger verletzt hatte, wusste er natürlich nicht, auch was sonst inzwischen mit dem Eis passiert war, war ihm unbekannt. Die Schwestern und Pfleger aßen begeistert das Eis, abends litt das Krankenhauspersonal unter Erbrechen und Durchfall. Da eine Eisportion für die Nachtschwester zurückgestellt wurde, konnte man später die Ursache für die Erkrankung des Personals feststellen.

Um 8.00 Uhr bereitet der Koch eine Weinschaumsoße zu. Um 9.00 Uhr probiert er die Weinschaumsoße mehrmals mit dem gleichen Löffel, da er sich nicht entscheiden kann, ob sie süß genug ist. Danach bleibt die Soße bis zum Servieren am Mittag in der Küche stehen.

Eitererreger – Staphylokokken

Vorkommen von Eitererregern

- eiternde Wunden
- Nasen- und Rachenschleimhäute
- Speichel

Eitererreger bilden Toxine – Giftstoffe –, die sie an die Lebensmittel abgeben.

Lebensmittel, die besonders häufig infiziert sind:

- Kartoffelsalat
- Fleisch- und Geflügelsalat
- gekochter Schinken
- Cremes, Flammeris, Tortenfüllungen

Hauptursachen für Lebensmittelvergiftungen:

- unsaubere Lebensmittelverarbeitung
- eiternde Wunden usw.
- warme Lagerung von Lebensmitteln/Speisen, die Vermehrung der Eitererreger erfolgt besonders rasch bei 20 bis 45 °C

Lebensmittelvergiftungen durch Eitererreger werden meist durch Menschen verursacht.

Die Giftstoffe sind sehr hitzebeständig. Erst nach einem Erhitzen von 90 Minuten auf 100 °C sind die Giftstoffe zerstört.

Krankheitssymptome treten nach zwei bis sechs Stunden auf: Erbrechen, Durchfall, Leibschmerzen, evtl. Kreislaufstörungen. Die Erkrankung klingt rasch ab.

Vermeidung von Lebensmittelvergiftungen

- Nicht auf Speisen husten oder niesen.
- Wunden sauber abdecken.
- Personen mit Hautausschlag, eitrigen Entzündungen usw. dürfen nicht in Küchenbetrieben beschäftigt werden.
- Lebensmittel kühl lagern, nicht warm halten, Mikroorganismen können sich nicht so schnell vermehren.
- Lebensmittel nur mit sauberem Löffel probieren.
- Gefährdete Lebensmittel, z. B. gekochten Schinken, nicht mit den Händen anfassen, Schutzhandschuhe tragen.

Brot ist verschimmelt

Schimmelpilze vermehren sich durch Sporen, z. B. beim Köpfchenschimmel kann man das Zerplatzen der Sporenkapseln beobachten. Die Sporen gelangen über die Luft auf Lebensmittel und Arbeitsgeräte.

Schimmelpilze bilden ein Fadengeflecht – Myzel – aus, das das ganze Lebensmittel durchdringen kann. Aus dem Myzel wachsen dann neue Sporenträger. Im Myzel bilden einige Schimmelpilze giftige Stoffe, die das ganze Lebensmittel durchdringen können.

1960 wurden die **Aflatoxine**, die bekanntesten Giftstoffe von Schimmelpilzen, entdeckt. Etwa 100 000 Puten starben damals in England nach der Verfütterung von verschimmeltem Erdnussmehl. Aflatoxine gehören zu den stärksten uns bekannten Giften, sie rufen bei Tieren Leberkrebs hervor.

Besonders Nüsse, Aprikosen- und Pfirsichkerne und Getreide sind häufig durch Aflatoxine verunreinigt.

So kann Schimmelbildung verhindert werden:

Gefährdete Lebensmittel

- kühl und trocken lagern,
- nur in kleinen Mengen einkaufen.

Verschimmelte Lebensmittel! Wie soll man sich verhalten?

- Bei verschimmeltem Brot den „Schimmelrasen“ großzügig ausschneiden, besser das Brot nicht essen, da man nicht feststellen kann, wie weit das Brot bereits mit Giftstoffen durchdrungen ist.
- Beim Einkauf auf Schimmelbildung achten und gegebenenfalls Lebensmittel sofort umtauschen.
- In Konfitüre und anderen Lebensmitteln mit einem hohen Zuckergehalt wurden keine Giftstoffe nachgewiesen. Hier genügt ein großzügiges Entfernen des Schimmels.

Aufgaben

Lies den Zeitungsartikel. Wie kam es zu der Vergiftung im Tierpark?

Muli ist tot

Der bei Kindern beliebte Muli aus dem Tierpark G. ist tot. Er wurde von Besuchern mit verschimmeltem Brot gefüttert. Einer der Betroffenen, Hans P., meint: „Dies kann nicht die Ursache sein, ich habe den verschimmelten Teil des Brotes immer abgeschnitten.“

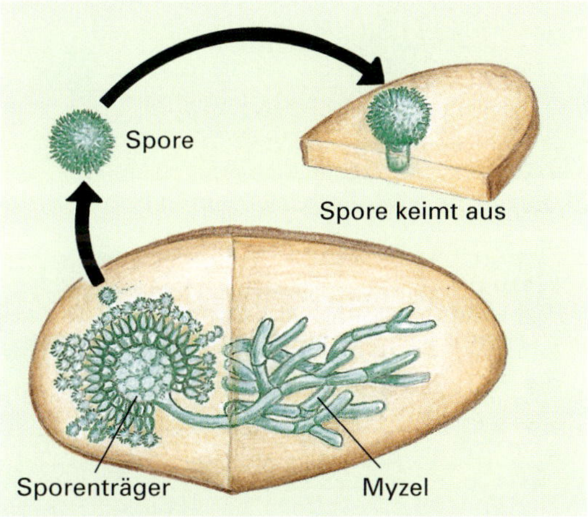

Vermehrung von Schimmelpilzen

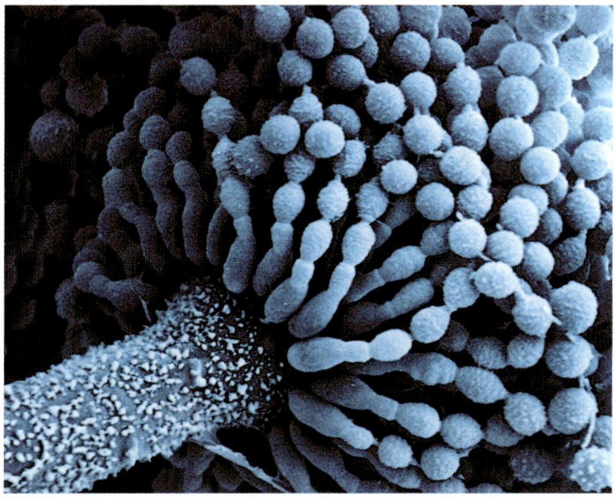

Schimmelpilz, stark vergrößert

4.14 Lebensmittelerzeugung und -verarbeitung

Versprühen von Pflanzenschutzmitteln

Zusatzstoffe, z. B. Farbstoffe, in Lebensmitteln

Gewürze werden bestrahlt

Beim Grillen entstehen Schadstoffe

Schadstoffe und Zusatzstoffe

Bei der Lebensmittelerzeugung und -verarbeitung gelangen Schadstoffe und Zusatzstoffe in die Nahrung:

- **durch Industrie und Verkehr:** toxische – giftige – Schwermetalle (Blei, Cadmium und Quecksilber) usw.,
- **durch die Landwirtschaft:** Pestizide (Pflanzenschutzmittel), Düngemittel, Tierarzneimittel usw.,
- **durch die Lebensmittelindustrie:** Zusatzstoffe wie Nitrat/Nitrit, Farbstoffe, Konservierungsmittel usw. Auch Stoffe aus Verpackungsmaterial, mit denen die Lebensmittel während Verarbeitung und Transport in Berührung kommen, sind mögliche Ursachen für eine Schadstoffbelastung.

  Nitrat/Nitrit vgl. S. 109.

  Radioaktiv bestrahlte und gentechnisch veränderte Lebensmittel werden außerdem angeboten. Vgl. S. 173 f.
- **Bei der Lebensmittelverarbeitung** und **-lagerung** können weitere Schadstoffe gebildet werden, z. B. beim Grillen.

Begriffserläuterungen

Als **Schadstoffe** werden in der Umwelt vorkommende Stoffe bezeichnet, die den Menschen, andere Lebewesen oder die Umwelt schädigen können.

Zusatzstoffe sind alle Stoffe, die nicht normale Lebensmittelinhaltsstoffe sind und bei der Verarbeitung und Zubereitung von Lebensmitteln verwendet werden, z. B. Farbstoffe und Konservierungsstoffe.

Aufgaben

1. Beschreibe die Veränderung der Lebensmittelqualität in den abgebildeten Situationen.
2. Ermittle mithilfe der Zutatenliste Lebensmittelgruppen, bei denen
   a) Farbstoffe,
   b) Konservierungsstoffe
   verwendet wurden.

Cadmium – Schadstoff

Cadmium gelangt durch Abwässer von Zinkhütten und Müllverbrennungsanlagen in die Umwelt.

Cadmium wird von Pflanzen und Fischen aufgenommen. Andere Tiere und Menschen nehmen Cadmium dann über diese Pflanzen und Fische auf.

Man schätzt, dass ein erwachsener Bundesbürger 20 bis 30 mg Cadmium in Leber und Niere gespeichert hat.

Besonders hohe Cadmiumwerte wurden nachgewiesen in

- Wildpilzen, bis zu 15 mg pro Kilogramm. Pro Woche sollte ein Erwachsener höchstens 200 bis 250 g Wildpilze essen. Wildpilze reichern Cadmium und andere Schwermetalle an. Zuchtpilze sind nicht belastet.
- Leber und Niere von Schweinen und Rindern. Leber und Niere sollten selten verzehrt werden.
- Tintenfischen und Tintenfischerzeugnissen. Darin wurden über 2 mg Cadmium pro Kilogramm nachgewiesen.

Anzeichen einer Cadmiumvergiftung:
Knochenerweichung, Zahnausfall, Rippenschmerzen, Schmerzen an der Wirbelsäule und in der Hüftgegend, Schrumpfung des Skeletts um bis zu 30 cm. Eine Nierenfunktionsbeeinträchtigung kann zum Tode führen.

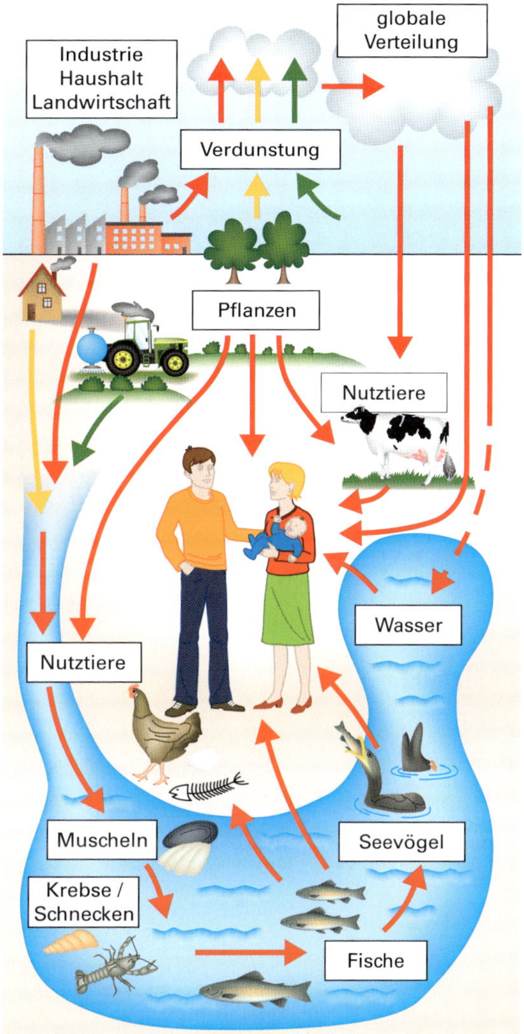

Nahrungskette

Vergiftung in Japan
In der Zeit von 1940 bis 1958 starben 130 Menschen an einer unbekannten Krankheit, die den Namen Itai-Itai-Krankheit (Aua-Aua-Krankheit) erhielt. Die Knochen der erkrankten Personen wurden druckempfindlich und brachen. Besonders betroffen waren ältere Menschen, die jahrelang Reis von Feldern gegessen hatten, die mit Flusswasser bewässert worden waren. An dem Fluss lag eine Zinkhütte, deren Abwässer dort eingeleitet wurden.

Aufgaben

Vom Schaubild zum Text
Beschreibe das Schaubild „Nahrungskette" in einem erläuternden Text, der Auskunft darüber gibt, wie Cadmium und andere Schwermetalle über die Nahrungskette in den menschlichen Körper gelangen.

Überlege zunächst eine Gliederung für die Beschreibung.
Wo fange ich an, …
Was schreibe ich als Nächstes?

Aufgaben

1. Lies die Fallbeispiele.
2. Welche Personen sind besonders betroffen?
3. Warum spricht man von einer pseudoallergischen Reaktion?
4. Ermittle die Namen von Farbstoffen und finde Lebensmittel, die diese enthalten.

Susanne reagiert auf bestimmte Stoffe allergisch mit Nesselfieber. Vor einigen Wochen bekam sie, direkt nachdem sie sich mit ihrem Bruder eine Tüte Weingummi geteilt hatte, am ganzen Körper auf der Haut stark juckende Quaddeln, die jedoch nach einiger Zeit wieder verschwanden. Bei entsprechenden Hauttests und Blutuntersuchungen konnten jedoch keine Antikörper nachgewiesen werden.

Peter bekommt Asthmaanfälle, wenn er sich aufregt. Vor einigen Tagen machte er sich eine Limonade aus rotem Brausepulver. Bereits Minuten nachdem er sie getrunken hatte, bekam er plötzlich Atemnot und musste nach Luft ringen. Sein Zustand besserte sich nach kurzer Zeit. Auch bei Peter ergab ein Allergietest kein positives Ergebnis.

Farbstoffe – Zusatzstoffe

Lebensmitteln, die farblos sind oder bei der Verarbeitung ihre natürliche Farbe verloren haben, werden oft natürliche oder synthetische Farbstoffe zugesetzt. Farbe und Aroma sind wichtige Faktoren bei der unbewussten Beurteilung von Lebensmitteln. Ausgebleichte Erdbeerkonfitüre z. B. ist nicht einmal als Billigprodukt zu verkaufen, die fehlende Farbe signalisiert eine mindere Qualität.

Natürliche Farbstoffe sind gesundheitlich unbedenklich, z. B. Betenrot, Betanin, Zuckercouleur, Carotine, Lactoflavin.

Synthetische Farbstoffe sind einfacher und billiger herzustellen. Lebensmittel werden damit gleichmäßiger und kräftiger gefärbt.

Einige dieser synthetischen Farbstoffe rufen **pseudo**-(scheinbar)**allergische Reaktionen** hervor. Eine Allergie ist eine Überempfindlichkeitsreaktion des Körpers auf bestimmte Stoffe, bei der Antikörper im Blut gebildet werden. Symptome sind z. B. Nesselfieber, Asthma. Bei Farbstoff„allergien" kommt es zu den gleichen Symptomen, anschließend befinden sich aber keine Antikörper im Blut, deshalb spricht man hier von einer pseudoallergischen Reaktion.

Azorubin (E 122), rot, ist der Farbstoff, der am häufigsten pseudoallergische Reaktionen auslöst.

Der Verbraucher kann sich vor Produkten mit synthetischen Farbstoffen schützen, indem er die Zutatenliste beachtet. Verwendete Farbstoffe werden mit dem Namen oder der E-Nummer in der Zutatenliste angegeben.

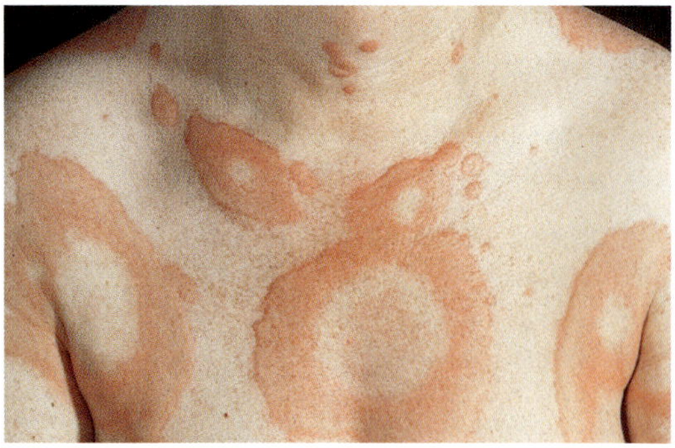

Nesselfieber

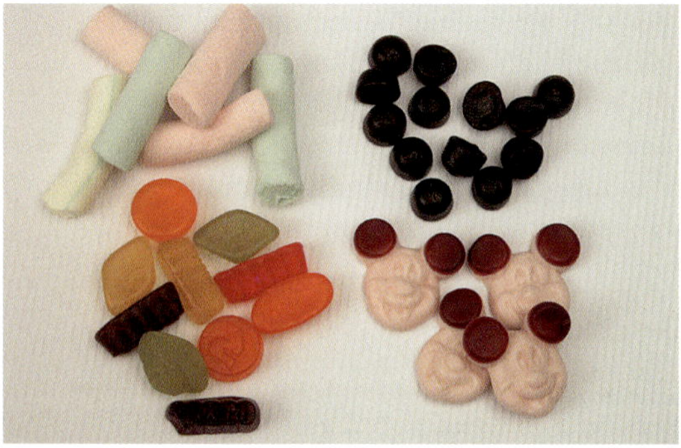

Gefärbte Süßigkeiten

Chemische Konservierungsstoffe

Aufgaben

1. Welches Geliermittel soll Petra kaufen? Begründe deine Entscheidung.
2. Warum muss dem zuckersparenden Geliermittel ein Konservierungsmittel zugesetzt werden?

Petra will Johannisbeergelee herstellen. Hierfür benötigt sie Geliermittel, damit das Gelee fest wird. In einem Geschäft findet sie das folgende Angebot:

Geliermittel ohne Konservierungsstoff, 1 kg Zucker für 1 kg Früchte

Geliermittel, zuckersparend, mit Konservierungsstoff Sorbinsäure, $^1/_2$ kg Zucker für 1 kg Früchte

Häufig verwendete chemische Konservierungsstoffe

Sorbinsäure (E 200 bis E 203) für Salate, Fruchtsäfte, Sauerkonserven, Marzipan, Schnittbrot

Benzoesäure (E 210 bis E 213) für Salate, Fruchtsäfte, Sauerkonserven, Marzipan

PHB-Ester (E 214 bis E 219) für Salate, Marzipan

Propionsäure (E 280 bis E 283) für Brot, Feinbackwaren

Schwefeldioxid für Trockenfrüchte, Trockengemüse

Das Lebensmittelrecht erlaubt den Einsatz bestimmter chemischer Konservierungsstoffe, um den Lebensmittelverderb und damit mögliche Lebensmittelvergiftungen zu verhindern.

Die Kenntlichmachung verwendeter Konservierungsstoffe ist vorgeschrieben. Auf einem Behälter mit Kartoffelsalat kann z. B. Folgendes stehen:

Zutatenliste: ... Benzoesäure.

Oder auf einer Speisekarte steht hinter der Angabe **Heringstopf**:

Konservierungsstoff E 200.

Die E-Nummer oder der Name des Konservierungsstoffes muss genannt werden.

Die Verbraucher wissen aufgrund dieser Angabe, dass den Lebensmitteln bzw. Speisen Konservierungsstoffe zugesetzt wurden.

Geschmacksverstärker

Geschmacksverstärker sind Zusatzstoffe, die den Geschmack und/oder den Geruch eines Lebensmittels verstärken. Geschmackgebende Inhaltsstoffe gehen z. B. bei der Hitzebehandlung von Fertiggerichten verloren; durch den Zusatz von Geschmacksverstärkern möchte man den noch vorhandenen Eigengeschmack verstärken. Der Einsatz teurer Gewürze wird somit umgangen. Geschmacksverstärker finden sich u. a. in Pizza, Tütensuppen und Keksen.

Ein bekannter Geschmacksverstärker ist die **Glutaminsäure (E 620)**. Glutaminsäure gibt den Speisen in Verbindung mit Kochsalz einen würzig fleischigen Geschmack. Dieser Geschmack wird in der Regel als angenehm empfunden. Einige Menschen reagieren jedoch mit einer Lebensmittelunverträglichkeit – dem Chinarestaurant-Syndrom – auf diesen Zusatzstoff.

Symptome: Herzklopfen, Kopfschmerzen, Taubheit im Nacken, Gliederschmerzen, Schwächegefühl und Übelkeit. Diese Menschen sollten besonders auf die Lebensmittelkennzeichnung achten.

Süßstoffe und Zuckeraustauschstoffe

Süßstoffe sind synthetische oder natürliche Lebensmittelzusatzstoffe mit intensivem süßen Geschmack. Die Süßstoffe haben im Gegensatz zum Zucker nur einen geringen oder keinen Energiegehalt.

Süßstoffe können von Diabetikern zum Süßen von Speisen und Getränken verwendet werden. Bei Übergewicht werden Süßstoffe zur Gewichtsabnahme eingesetzt. Lightprodukte, z.B. Getränke und Joghurt, enthalten Süßstoffe anstelle von Zucker.

Süßstoffe sind in Form von Streu- und Flüssigsüße sowie in Tablettenform im Handel.

Kennzeichnung: Wenn ein Lebensmittel Süßstoffe enthält, muss dies in der Zutatenliste angegeben werden. Süßstoffe gehören zu den Zusatzstoffen.

Aufgrund zahlreicher Untersuchungen wurde ermittelt, dass die Süßstoffe nicht gesundheitsschädlich sind. Vorsichtshalber hat die Weltgesundheitsorganisation trotzdem Höchstwerte für den Verzehr festgelegt. Süßstoffe begünstigen nicht die Entstehung von Karies.

Die bekanntesten Süßstoffe sind Saccharin (E 954), Cyclamat (E 952) und Aspartam (E 951).

Saccharin war der erste Süßstoff, der industriell hergestellt wurde. Saccharin ist zum Kochen und Backen nur bedingt geeignet.

Cyclamat darf nur noch energieverminderten Erfrischungsgetränken zugesetzt werden.

Aspartam wird aus Aminosäuren hergestellt. Zum Kochen und Backen kann Aspartam nicht verwendet werden.

Zuckeraustauschstoffe gelangen im menschlichen Körper ohne Insulin in die Zellen. Deshalb werden die Zuckeraustauschstoffe wie die Süßstoffe anstelle von Zucker in der Diabetesdiät verwendet.

Zuckeraustauschstoffe enthalten im Gegensatz zu den meisten Süßstoffen Energie, und zwar etwa 17 kJ pro Gramm.

Sie werden häufig mit Süßstoffen kombiniert, um so eine höhere Süßkraft bei einem geringeren Energiegehalt zu erhalten.

Zuckeraustauschstoffe haben einen Nachteil: Sie werden im Dünndarm nicht vollständig aufgenommen und gelangen teilweise unverändert in den Dickdarm. Dort binden sie Wasser und können so Durchfall hervorrufen.

Zuckeraustauschstoffe gehören ebenfalls zu den Zusatzstoffen, sie müssen in der Zutatenliste genannt werden.

Zuckeraustauschstoffe sind **Fruchtzucker**, ein Einfachzucker mit hoher Süßkraft, außerdem die Zuckeralkohole **Mannit** (E 421), **Sorbit** (E 420) und **Xylit** (E 967).

Zuckeraustauschstoffe kommen in vielen Pflanzen vor.

Aufgaben

1. Ermittle in Geschäften, welche Produkte
   a) Süßstoffe,
   b) Zuckeraustauschstoffe enthalten.
2. Erläutere folgende Kennzeichnung: „PEPPERMINT ohne Zucker Sorbit kann bei übermäßigem Verzehr abführend wirken."

Süßstoffe	Saccharin	Cyclamat	Aspartam	Acesulfam	Neohesperidin DC
Süßkraft stärker als Saccharose	500-mal	30-mal	200-mal	200-mal	500-mal
Löslichkeit	in kaltem Wasser schlecht	gut	zerfällt im sauren Bereich	gut	begrenzt
Hitzebeständigkeit	zerfällt im sauren Bereich	gut	schlecht	gut	gut

Gentechnisch veränderte Lebensmittel

Tomaten, vier Wochen nach dem Kauf im Supermarkt noch knackig frisch und wohlschmeckend – kann es das geben? Die Gentechniker sagen Ja! Das Gen, das für ein zellwandabbauendes Enzym verantwortlich ist, wird „abgeschaltet".

Seit circa 20 Jahren wird die Gentechnik eingesetzt. Gentechnik kann die klassischen Züchtungsmethoden nicht ersetzen, sondern sie ist ein zusätzliches Mittel zum schnelleren Erreichen züchterischer Ziele.

Mittels der Gentechnik ist es möglich, gezielt einzelne vorteilhafte Eigenschaften in eine Pflanze oder ein Tier einzubauen oder unerwünschte Eigenschaften daraus zu entfernen.

Das Prinzip der Gentechnik besteht darin, genetische Informationen – Erbgut – von einem Organismus auf einen anderen zu übertragen. Bei Fischen kann man z. B. ein „Antifrostgen" übertragen, sie können nun in kalten Gewässern leben.

Gentechnisch veränderte Bakterienkulturen helfen bei der Käseherstellung und beim Backen, sie produzieren Aromen, Vitamine, Süßstoffe und Enzyme.

Gentechnisch veränderte Lebensmittel kann man in drei Gruppen unterteilen:

1. Lebensmittel aus gentechnisch veränderten Organismen, z. B. gentechnisch veränderte Sojabohnen oder Tomaten.
2. Lebensmittel, die lebende gentechnisch veränderte Organismen enthalten, z. B. Joghurt mit gentechnisch veränderten Milchsäurebakterien.
3. Lebensmittel, die gentechnisch veränderte Stoffe, z. B. Enzyme, enthalten.

Das gegenwärtige Angebot

Wir erhalten nur gentechnisch veränderte Sojabohnen, Raps, Mais oder Öl. Man geht davon aus, dass gegenwärtig 60 bis 70 % aller Lebensmittel in irgendeiner Weise mit der Gentechnik in Berührung gekommen sind.

Direkte Erbgutveränderungen bei Pflanzen, Tieren und Mikroorganismen

Beispiele

Tomaten mit längerer Haltbarkeit

Kartoffeln mit höherem Stärkegehalt

Krankheitsresistente Zuckerrüben

- In den Labors warten insgesamt über 50 gentechnisch veränderte Obst-, Gemüse- und Getreidesorten sowie Milch- und Hefeprodukte auf ihren Einsatz

Methoden

Schematische Darstellung am Beispiel einer Pflanze

Der Pflanze werden Zellen entnommen

Zelle

Zellkern

Erbmaterial (DNA) enthält die Gene mit den Erbinformationen

Ein fremdes Gen mit den gewünschten Eigenschaften wird eingeschleust

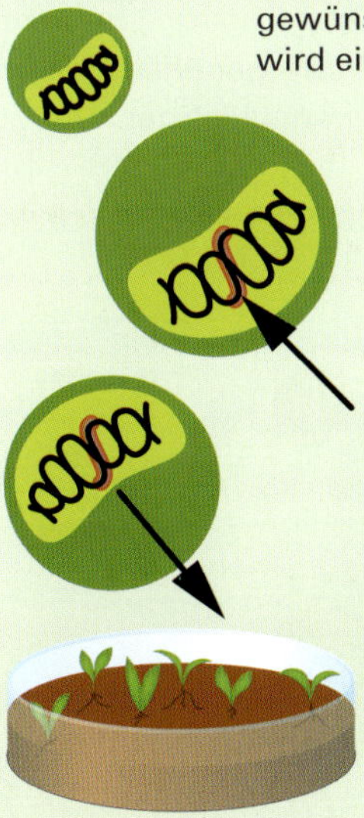

- durch Bakterien oder Viren („Gen-Taxi")
- oder durch direktes Einfügen oder Einspritzen in den Zellkern

Die Zelle hat durch die Genübertragung etwas Neues „gelernt", sie erfüllt eine neue Aufgabe

Über Zellkulturen werden Pflanzen mit den neu gewonnenen Eigenschaften vermehrt

Nutzen für die Verbraucher

Gentechnisch veränderte Lebensmittel bringen derzeit keinen Nutzen für die Verbraucher. 70 % der Verbraucher lehnen diese Lebensmittel ab.

Vertrieb und Kennzeichnung

Im Ausland gentechnisch hergestellte Lebensmittel und Zusatzstoffe dürfen ohne spezielle Beschränkung nach Deutschland eingeführt werden. Ausgenommen sind Lebensmittel, die vermehrungsfähige Organismen enthalten, also z. B. das lebende Schwein, dem ein Gen für menschliches Wachstum eingefügt wurde, muss laut Gentechnik-Gesetz draußen bleiben. Das Kotelett vom Gen-Schwein darf jedoch importiert werden, ebenso wie Cornflakes aus Gen-Mais und Ketchup aus Gen-Tomaten.

Gentechnisch veränderte Lebensmittel müssen immer als solche gekennzeichnet werden, wenn in den Lebensmitteln die neu eingeführte Erbinformation nachgewiesen werden kann.

Kennzeichnung von Lebensmitteln aus gentechnisch veränderten Pflanzen: z. B.

„aus gentechnisch verändertem ... hergestellt".

Für Zusatzstoffe und Aromen, die in gentechnisch veränderten Organismen hergestellt wurden, besteht ebenfalls eine Kennzeichnungspflicht. Die Zusatzstoffe werden im Zutatenverzeichnis mit dem Zusatz „gentechnisch verändert" oder „aus genetisch veränderten ... hergestellt" gekennzeichnet.

Gekennzeichnet als Gen-Food?

Kennzeichnungspflicht für gentechnisch veränderte Lebens- und Futtermittel

GVO: gentechnisch veränderter Organismus

	Beispiel	
GVO-Lebensmittel	Mais, Sojasprossen, Tomaten	ja
aus GVO hergestellte Lebensmittel	Maismehl	ja
	raffiniertes Mais-, Soja-, Rapsöl	ja
	Glucosesirup aus Maisstärke	ja
Lebensmittel von Tieren, die mit GVO-Futtermitteln gefüttert wurden	Fleisch, Eier, Milch	nein
Lebensmittelzusatzstoffe/ Aromen aus GVO	Lecithin aus GVO-Sojabohnen in Schokolade	ja
mit GVO-Enzymen* hergestellte Lebensmittel	Käse (Chymosin)	nein
GVO-Futtermittel	Mais	ja
aus GVO hergestellte Futtermittel	Maiskleber, Sojamehl	ja
Futtermittelzusatzstoffe aus GVO	Vitamin B_2 (Riboflavin)	ja
GVO-Pflanze	Chicorée	ja

*Enzyme verbleiben nicht im Lebensmittel   Quelle: EU-Kommission, BMU, BMVEL   © Globus 8599

Folgende Befürchtungen hinsichtlich der Gentechnik werden geäußert:

- Die ökologischen Risiken bei der Freisetzung von gentechnisch veränderten Organismen in die Umwelt sind nicht vorhersehbar. Es kann zu Kreuzungen zwischen gentechnisch veränderten und eng verwandten „unveränderten" Pflanzen kommen.
- Mögliche gesundheitliche Risiken für die Verbraucher sind zurzeit nicht klar abschätzbar, z. B. Allergien, da es keine Langzeituntersuchungen gibt.
- Es gibt keinen überragenden Nutzen für die Verbraucher, der die Inkaufnahme des Risikos rechtfertigt.

Gene im menschlichen Organismus

Der menschliche Körper besteht aus rund 100 Billionen Zellen. In jeder Zelle – außer in den roten Blutkörperchen – befindet sich die ganze Erbinformation des Menschen, verteilt auf 30 000 bis 40 000 Gene. Sobald wir etwas essen, nehmen wir viele Milliarden fremde Gene von Rindern, Schweinen oder Tomaten auf. Wer das nicht möchte, müsste verhungern.

Klonen

In jeder einzelnen Zelle eines Organismus ist der komplette Satz des Erbgutes vorhanden, so kann theoretisch aus jeder Zelle ein neuer Organismus hervorgebracht werden.

Zumindest beim Schaf, aber auch bei Kühen und Schweinen wurde dies mittlerweile Realität.

Das Vorgehen ist einfach erklärt, aber schwierig in der Durchführung: Aus einer Eizelle wird der Zellkern entfernt und durch einen Zellkern eines ausgewachsenen Tieres ersetzt. Die Eizelle entwickelt sich zum Embryo, der anschließend in eine (Leih-)mutter eingepflanzt und der üblichen Entwickung überlassen wird.

5 Speisenzubereitung

Wir erstellen eine Rezeptdatei

In der nächsten Zeit werdet ihr viele verschiedene Rezepte kennenlernen. Da lohnt es sich schon, eine Rezeptdatei anzulegen, damit man jederzeit die Rezepte nachkochen bzw. -backen kann.

Zunächst überlegt euch eine Gliederung für die Rezeptdatei, z. B.

Inhaltsverzeichnis meiner Rezeptdatei

– *Suppen*

– *Soßen*

– *Beilagen*

– *Fleischgerichte*

– *usw.*

- Nun benötigt ihr einen Kasten, den man auch selbst anfertigen kann, oder einen Ordner für eure Rezeptdatei. Den Kasten bzw. den Ordner könnt ihr außen noch ansprechend gestalten, z. B. auf der Vorderseite „Rezepte, die ich besonders gern mag“ – und auf der Rückseite?
- Für die einzelnen Unterthemen müssen nun Trennblätter gefertigt werden. Diese können auch mit Fotos bzw. Zeichnungen von entsprechenden Gerichten und Getränken verziert werden. Außerdem ist es sicher bald ratsam, für die einzelnen Unterthemen Inhaltsverzeichnisse anzulegen, damit ihr den Überblick behaltet.
- Schreibt jedes Rezept auf ein Extrablatt und ordnet es an der richtigen Stelle ein. Beginnen könnt ihr z. B. mit den Rezepten im Anhang des Buches, dann habt ihr die Rezepte auch noch, wenn ihr das Buch wieder abgeben müsst.
- Fragt eure Eltern und Freunde nach deren Lieblingsrezepten und ergänzt dadurch eure Rezeptdatei.
- Die Rezeptdatei könnt ihr dann z. B. auch benutzen, wenn ihr Wandzeitungen zu den verschiedenen Gartechniken erstellt.

Schreiben von Rezepten am PC

Obstsalat, Sommer

1 EL Zitronensaft ½ EL Honig	mit mischen.
1 Pfirsich	waschen, schälen, entkernen, würfeln.
1 Birne	waschen, schälen, entkernen, würfeln.
125 g Weintrauben	waschen, halbieren, entkernen.
100 g Johannisbeeren	waschen, entstielen.
	Obst mit der Marinade vorsichtig mischen.

Ein Rezept hat Tina bereits mit dem PC aus einem Kochbuch abgeschrieben.

Hierzu hat Tina Word oder ein anderes Schreibprogramm geöffnet.

Zunächst hat Tina die Überschrift geschrieben und farblich gestaltet.

Danach hat sie die Zutaten und die jeweiligen Tätigkeiten geschrieben.

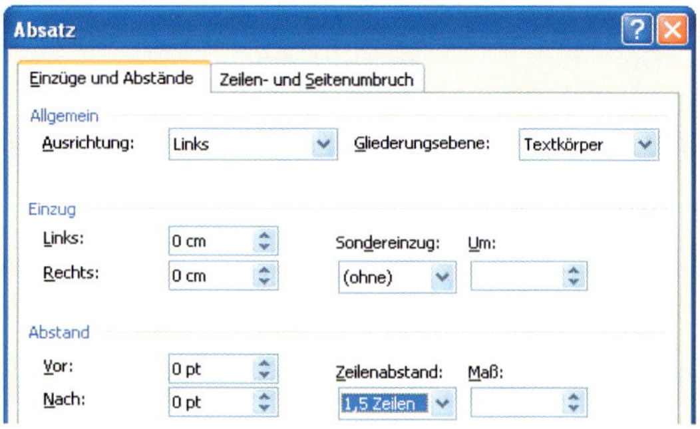

Zeilenabstand

Abstände zwischen den Wörtern

Die Abstände in den einzelnen Zeilen hat sie mit der Tab-Taste eingegeben.

Abstände zwischen den Zeilen

Für die beiden größeren Abstände hat sie im Menü „Format" und im Pulldown-Menü „Absatz..." und „Zeilenabstand – 1,5 Zeilen" angeklickt.

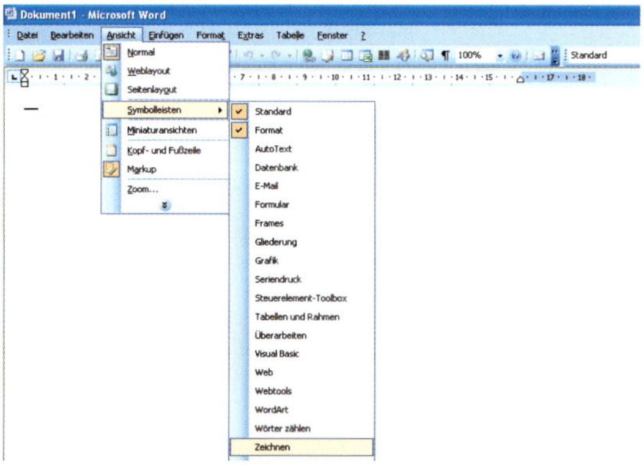

Einfügen von Linien

Einfügen von Linien

Zum Einfügen von Linien hat sie im Menü „Ansicht" und im Pulldown-Menü „Symbolleisten" und dann „Zeichnen" angeklickt. In der Symbolleiste hat sie nun „Linie" angeklickt und zunächst eine Linie im Rezept gezogen. Danach hat sie den Vorgang noch einmal wiederholt, um die zweite Linie zu ziehen.

Rahmen, Hintergrund

Hierfür hat sie im Menü „Format" und im Pulldown-Menü „Rahmen und Schattierung..." angeklickt.

Hier kann sie sich Hintergrundfarben und/oder Rahmenarten auswählen.

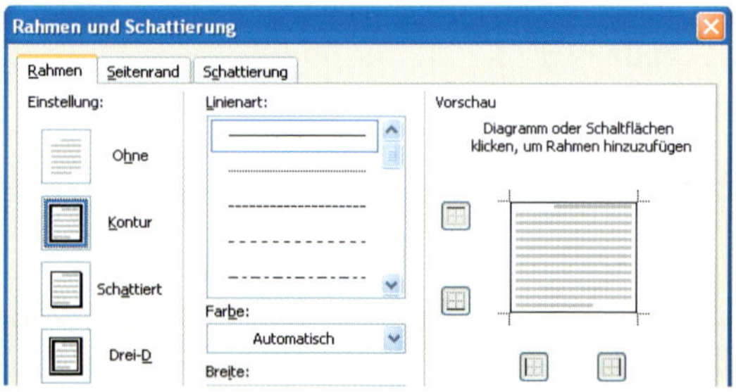

Rahmen und Schattierungen

5.1 Arbeiten in der Küche

Arbeitsplatzgestaltung

Beim Einrichten des Arbeitsplatzes ist auf die richtige Anordnung der Arbeitsgeräte, Schüsseln usw. zu achten:

- Das Brett für das Zerkleinern steht direkt vor der arbeitenden Person. Der Teller für den Abfall steht rechts daneben.
- Die Hände sollen sich beim Arbeiten möglichst nicht kreuzen – sich nicht gegenseitig behindern –, und es soll nicht zu unnötig weiten Bewegungen kommen. Rechtshänder: Die Rohware wird mit der linken Hand gegriffen, so steht sie links.
- Der Bewegungsablauf muss dem Menschen angepasst werden. Rechtshänder arbeiten im Allgemeinen von rechts nach links, Linkshänder umgekehrt.
- Beide Hände sollten möglichst gleichmäßig benutzt werden. auch wenn die Arbeitshand meist geübter ist.
- Die Zahl der Bewegungen möglichst gering halten.

Greifraum – man unterscheidet inneren und äußeren Greifraum

- **Innerer Greifraum**: Gegenstände, die häufig benötigt werden, gehören in den inneren Greifraum. Hier können sie mit gebeugtem Arm bequem erreicht werden, z.B. Brett, auf dem das Obst zerkleinert wird.
- **Äußerer Greifraum**: Gegenstände, die nicht so häufig gebraucht werden, gehören in den äußeren Greifraum. Sie können nur mit gestrecktem Arm erreicht werden, z.B. Schüssel für den Obstsalat.

1 Rohware – Obst 3 Schüssel für geschnittenes Obst
2 Schneidbrett 4 Schüssel für Abfall

Aufgaben

1. Beide Schülerinnen haben einen Arbeitsplatz für die Herstellung eines Obstsalats eingerichtet.
   Was wird richtig gemacht?
   Was wird falsch gemacht?
2. Richte einen Arbeitsplatz ein.

Arbeitsplätze: Herstellen von Obstsalat

☐ innerer Greifraum ☐ äußerer Greifraum

Hände waschen

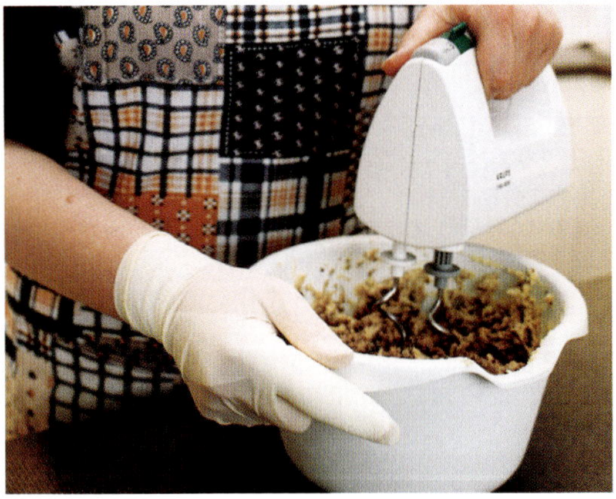

Wunden sauber abdecken

Rezept gründlich lesen

Arbeitshygiene

„Hallo Marie, wir hatten gerade Hauswirtschaft. Stell dir mal vor, wie wir nächste Woche zum Unterricht kommen sollen: Wir sollen eine Schürze umbinden. Alle, die lange Haare haben, sollen sie zusammenbinden. Die Hände sollen wir uns waschen, als ob meine sonst schmutzig wären. Ringe dürfen wir nicht tragen …

Die will uns ärgern, oder siehst du einen Sinn in diesen Vorschriften?"

Vor Praxisbeginn

- Eine Schürze umbinden oder einen Kittel anziehen. Die Kleidung wird geschützt, und es soll verhindert werden, dass Bakterien von der „Straßenkleidung" auf die Speisen gelangen.
- Schmuck ablegen. Armbänder, Ringe und Armbanduhren können zur Gefahr werden.
- Lange Haare zusammenbinden. Ein Kopftuch oder Ähnliches tragen. Lange Haare und Halstücher können z. B. in elektrische Geräte geraten. Schwere Unfallfolgen sind möglich.
- Vor Praxisbeginn und nach dem Gang zur Toilette die Hände waschen. Personen – auch eure Mitschüler – können krank machende Bakterien ausscheiden, ohne dies zu wissen. Bereiten diese Mitschüler nun Speisen zu, ohne sich vorher die Hände zu waschen, können andere Schüler erkranken.
- Schnittwunden oder andere Verletzungen müssen mit einem sauberen Pflaster oder Verband abgedeckt sein.
- Nach dem Naseputzen oder Husten die Hände waschen. Nicht auf Speisen niesen oder husten.
- Speisen nur mit sauberem Löffel abschmecken bzw. probieren. Auf eiternden und offenen Wunden, Nasen- und Rachenschleimhäuten befinden sich Bakterien, diese können sich in Speisen vermehren und zu Lebensmittelvergiftungen führen.

Weitere Vorbereitungen
- Das Rezept gründlich durchlesen.
- Einen Arbeitsplan erstellen.

Den Arbeitsplatz vorbereiten
- Lebensmittel genau abwiegen oder abmessen.
- Lebensmittel und Geräte bereitstellen.

Wir beginnen mit der Zubereitung
- Möglichst im Sitzen arbeiten.
- Lebensmittel, soweit möglich, gründlich waschen, da sich Schmutz und evtl. auch Schadstoffe auf der Oberfläche befinden.
- Den Abfall auf einem Teller oder in einer Schüssel sammeln.
- Nur saubere Geräte für die Speisenzubereitung verwenden.
- Fleisch ist besonders häufig mit krank machenden Bakterien behaftet. Durch bereits verwendete Geräte können diese auf andere Lebensmittel übertragen werden und zu Lebensmittelvergiftungen führen.
- Lebensmittel erst unmittelbar vor der Weiterverarbeitung zerkleinern.
- Lebensmittel abgedeckt und kühl aufbewahren.
- Speisen nicht warm halten. Abkühlen und bei Bedarf wieder aufwärmen. Besonders in warmen Speisen, aber auch bei Zimmertemperatur können sich Bakterien schnell vermehren.
- Speisen gut, aber mit Bedacht abschmecken.
- Speisen ansprechend anrichten und garnieren.

Nun geht es an das Aufräumen
- Die Küche nach dem Essen und auch zwischendurch sorgfältig aufräumen und reinigen.
- Geschirrtücher und Wischtücher regelmäßig wechseln und waschen.
- Arbeitstische nicht als Sitze benutzen.
- Ein Ämterplan erleichtert die Verteilung der Aufräumarbeiten.

Arbeitsplatz einrichten

Speisen kühl aufbewahren

Sauberer Löffel zum Probieren

Unfallgefahren – Unfallverhütung

Aufgaben

1. Betrachte die Abbildungen.
   Was wird hier falsch gemacht?
   Wie macht man es richtig?
2. Nenne weitere Unfallursachen und beschreibe Möglichkeiten der Unfallverhütung.
3. Erstellt ein Plakat „Unfallgefahren/ Sicherheitsmaßnahmen in der Schulküche".
4. Beschreibe Erste-Hilfe-Maßnahmen bei
   a) kleineren Schnittverletzungen,
   b) Verbrennungen.
5. Stelle fest, welches Erste-Hilfe-Material in der Schulküche vorhanden ist.
6. Lege bei einem Mitschüler oder einer Mitschülerin einen Fingerkuppenverband an.

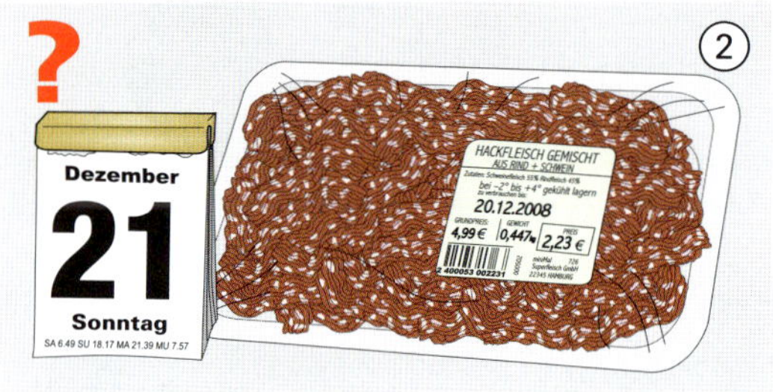

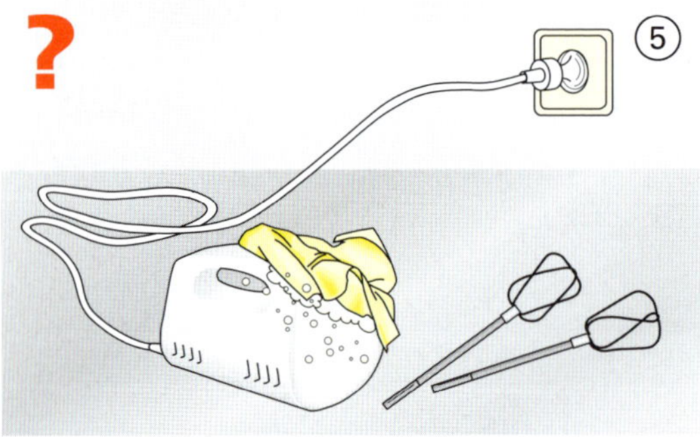

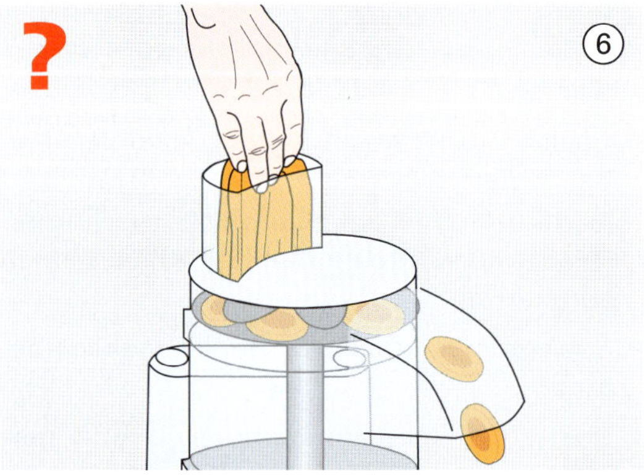

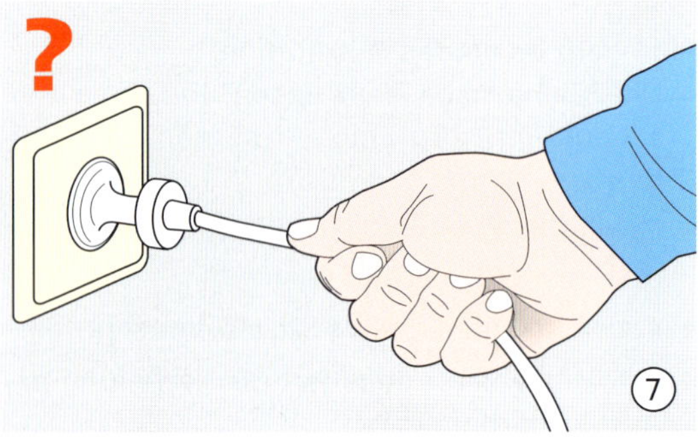

Vermeidung von Stürzen – 85 % aller Unfälle sind Stürze

- Heruntergefallene Abfälle, z. B. Obstschalen, sofort aufheben.

- Verschüttetes sofort aufwischen.
- Verspritztes Fett sofort aufwischen.

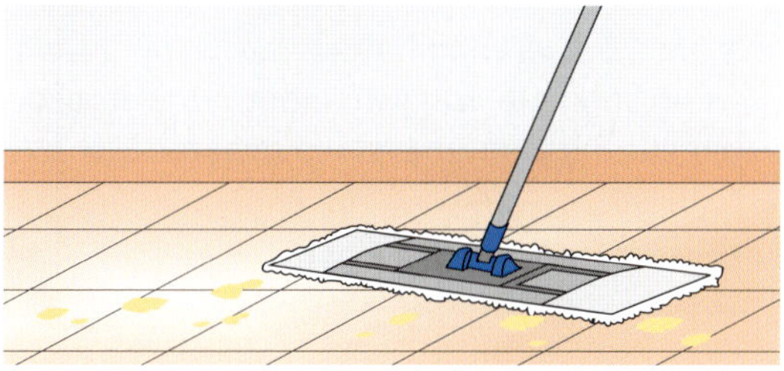

- Nichts in den Laufbereich stellen.
- Auf richtige Arbeitskleidung, besonders Schuhe mit rutschfester Sohle, achten.
- Keine Anschlusskabel von elektrischen Geräten herunterhängen lassen.
- Stühle nicht als Leiterersatz verwenden. Eine Leiter mit rutschfesten Tritten, Gummifüßen und Sicherheitsbügel benutzen.

Vermeidung von Schnittwunden und Verletzungen durch Geräte

- Beim Arbeiten Haare zusammenbinden, Schmuck ablegen.
- Den Restehalter bei Zerkleinerungsmaschinen als Fingerschutz benutzen.

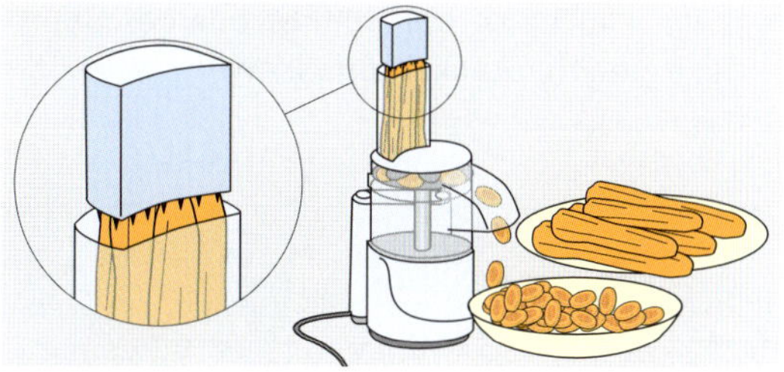

- Krallengriff beim Schneiden anwenden.

- Messer nicht herumliegen lassen. Nach dem Gebrauch wieder in den Messerbehälter stellen.
- Nicht mit Schneidegeräten, z. B. Messern, herumlaufen. Die Klinge bzw. Schneide nach unten halten.

- Schneidewerkzeug nie in das Spülwasser legen, sondern einzeln spülen. Es könnte jemand hineingreifen und sich verletzen.

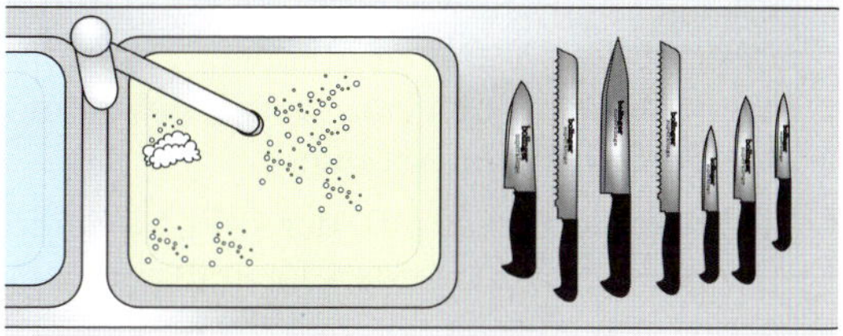

- Fallende Messer und Gläser nicht auffangen.
- Beschädigtes Geschirr beseitigen.
- Vor dem Reinigen der elektrischen Geräte den Stecker ziehen. Motorgehäuse nur feucht abwischen, nicht spülen.
- Stecker nicht an der Schnur aus der Steckdose ziehen, Stecker anfassen.

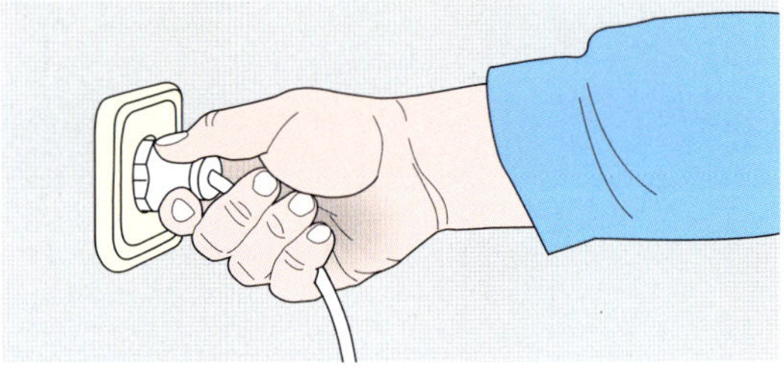

Vermeidung von Verbrennungen und Verbrühungen

- Heiße Flüssigkeit, z.B. von Kartoffeln, vorsichtig abgießen.
- Keine Fritteuse mit heißem Fett transportieren.
- Niemals Gefäße mit heißer Flüssigkeit auf dem Boden abstellen.
- Auf brennendes Fett kein Wasser gießen. Einen Deckel auf das Gefäß legen, damit die Flamme erstickt.

- Lebensmittel gut abtrocknen, bevor sie frittiert oder gebraten werden. So werden gefährliche Fettspritzer vermieden. Zum Frittieren deshalb auch nur wasserfreies, reines Fett bzw. Öl verwenden.
- Darauf achten, dass z.B. der Grill auch von außen sehr heiß werden kann. Topfhandschuhe bzw. Topflappen benutzen.

Vermeidung von Vergiftungen und Verätzungen

- Beim Einkauf von leicht verderblichen Lebensmitteln auf das Verbrauchsdatum achten, es ist ein Verfallsdatum. Das Mindesthaltbarkeitsdatum ist kein Verfallsdatum.

- Bei schlechtem Geruch oder Schimmelbildung Lebensmittel nicht mehr essen.
- Selbst gesammelte Pilze nur dann essen, wenn man sie wirklich kennt. Vorsichtshalber zur Pilzberatungsstelle gehen.
- Reinigungsmittel nur in entsprechend gekennzeichneten Flaschen oder Gefäßen aufbewahren, nie in Getränkeflaschen füllen.

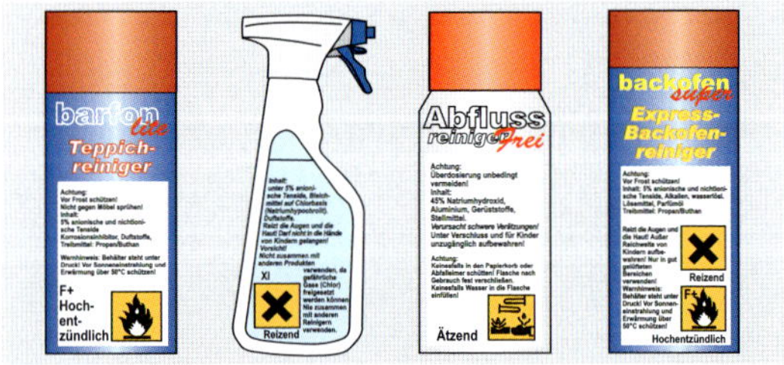

- Dosierungsvorschriften bei Reinigungsmitteln beachten. Es kann sonst zu gefährlicher Gasbildung kommen. Durch richtiges Dosieren wird auch die Umwelt geschont.

Merke

Durch frühzeitiges Erkennen von Unfallursachen werden Unfälle verhütet.
Unfälle werden durch umsichtiges und richtiges Arbeiten vermieden.

Erste-Hilfe-Maßnahmen

Wunden
Kleine Wunden nicht auswaschen, etwas bluten lassen. Grobe Schmutzteile vorsichtig mit einem sauberen Tuch entfernen. Steriles Pflaster verwenden.

Sonst können selbst kleine Wunden lebensgefährlich werden. Es kann zu Entzündungen und zu einer Blutvergiftung kommen.

Größere Wunden nicht berühren. Weder Puder, Salbe noch Desinfektionsmittel verwenden. Mit steriler Wundauflage und Mullbinde oder Verbandspäckchen bedecken. Sofort zum Arzt gehen.

Nasenbluten
Den Kopf leicht vornüberbeugen. Kalte Umschläge in den Nacken.

Insektenstiche
Feuchte, kühle Umschläge mit Essigwasser oder verdünntem Salmiakgeist. Bei Bienenstichen und Wespenstichen im Mundraum sofort Notruf – Erstickungsgefahr!

Inzwischen Hals mit Eisbeutel kühlen.

Verbrennungen und Verbrühungen
Betroffene Stelle sofort in kaltes Wasser – kein Eiswasser – eintauchen oder unter fließendes Wasser halten, bis der Schmerz nachlässt; mindestens 15 Minuten. Kein Mehl oder sonstige Hausmittel verwenden. Evtl. mit Brandwunden-Verbandspäckchen oder Verbandtuch abdecken.

Verätzungen
Sofort Notruf. Kleidung über den betroffenen Stellen entfernen. Haut ausgiebig mit Wasser abspülen. Dabei die unverletzten Teile, z.B. das andere Auge, schützen.

Knochenbrüche/Verletzungen der Gelenke
Ruhigstellung der verletzten Körperteile in der vorgefundenen Lage.

Erstickungsgefahr – Fremdkörper in der Luftröhre
Sofort Oberkörper tief nach vorn beugen, mit der flachen Hand kräftige Schläge zwischen die Schulterblätter, husten lassen.

Grundsätzliches bei Unfällen
- Ruhe bewahren
- Erkennen, überlegen, handeln
- Weitere Schädigungen verhindern
- Unfallstelle absichern
- Hilfe herbeiholen – Notruf
- Verletzte Person nicht allein lassen

Merke ×

Der Notruf muss folgende Informationen enthalten:
- **Wo geschah es?**
  Unfallort, Straße/Nr.
  Ortsbeschreibung
- **Was geschah?**
  kurze Beschreibung des Unfallhergangs
- **Wie viele Verletzte?**
  Zahl der Verletzten
- **Welche Arten von Verletzungen?**
  ungefähre Verletzungsart, besonders lebensbedrohliche Verletzungen nennen
- **Warten auf Rückfragen**
  gegebenenfalls Name und Telefonnummer für Rückrufe

Stabile Seitenlage

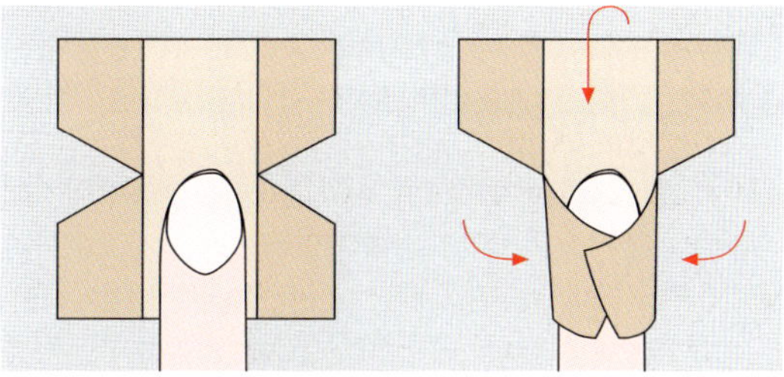

Fingerkuppenverband

Gemeinsam geht es leichter

Aufgaben

Marie und Stefan sollen das Mittagessen gemeinsam zubereiten.

1. Lies die Rezepte auf Seite 186 genau durch. Informiere dich über die Zubereitung der Speisen.
2. Bereitet den Arbeitsplatz vor: Geräte herrichten, Lebensmittel bereitstellen und abwiegen bzw. abmessen.
3. Bestimmt die Zeit, die für die einzelnen Arbeitsschritte bei der Zubereitung der genannten Speisen benötigt wird.
4. Verteilt die Arbeiten auf zwei Personen. Denkt auch an das Aufräumen und Tischdecken.
5. Ermittle die Gesamtarbeitszeit. Lege den Zeitpunkt fest, wann ihr essen wollt.
6. Bereitet die Mahlzeit nach Plan zu und berichtigt ihn gegebenenfalls.
7. Lies die Bezeichnungen der genannten Zutaten in dem Korb unten links.
8. Ermittle Rezepte aus dem Buch, die mit diesen Zutaten hergestellt werden können.
9. Erstelle für diese Speisen einen Arbeitsplan für zwei Personen.

Arbeitsplan für das Mittagessen

Zeit	Schüler 1	Schüler 2
10 Min.	Zutaten und Geräte bereitstellen	
10 Min.	Wasser mit Salz und Öl aufsetzen. ?	Zitronen auspressen. ?
10 Min.	?	?

Planen einer Mahlzeit für zwei Personen

Marie und Stefan bekommen einen Korb mit Lebensmitteln. Sie sollen gemeinsam aus diesen Lebensmitteln eine Mahlzeit für zwei Personen zusammenstellen, zubereiten und den Tisch für die zubereiteten Speisen decken. Tischdecken, vgl. S. 72.

Marie und Stefan wissen: Die vorhandenen Lebensmittel sollen alle verwendet werden. Restmengen, z. B. ½ Möhre, dürfen aber übrig bleiben. Gewürze und kleine Mengen an Grundnahrungsmitteln, z. B. Mehl, Stärke, Zucker, Honig, sind im Vorrat.

Informieren
Marie und Stefan werden nun Rezepte suchen, nach denen sie Speisen aus diesen Vorräten herstellen können, vgl. S. 186.

Plan der Durchführung
Nun müssen Marie und Stefan planen, in welcher Reihenfolge sie die Rezepte zubereiten wollen und wer welche Arbeiten dabei übernehmen soll.

Ausführen
Nachdem der Arbeitsplan erstellt worden ist, geht es an die Zubereitung der Speisen.

Aufräumen
Nach dem Essen müssen Marie und Stefan dann die Küche und das Geschirr wieder säubern und alles an seinen „Stammplatz" zurückstellen.

Zum Schluss besprechen Marie und Stefan, was gut geklappt hat bzw. was sie nächstes Mal besser machen wollen.

Variante: Jetzt wird es noch schwieriger
Marie und Stefan bekommen keinen Korb mit Lebensmitteln, sondern eine Personengruppe und eine Mahlzeit vorgegeben, z. B. Jugendliche – Mittagessen.

Marie und Stefan müssen nun für diese Personengruppe eine vollwertige und saisonale Mahlzeit planen und zubereiten.

Von Marie und Stefan ausgewählte Rezepte

Spaghetti

2 l Wasser, 1 TL Salz	und
2 EL Öl	in einen Topf geben. Wasser zum Kochen bringen.
250 g Spaghetti	in das kochende Wasser geben. Herunterschalten, umrühren.
	Spaghetti ohne Deckel gar ziehen lassen. Die Spaghetti sollen noch Biss haben.
	Spaghetti in ein Sieb geben, abtropfen lassen. Spaghetti anrichten.

Hackfleischsoße

1 kleine Möhre, 1 Zwiebel	waschen, schälen, fein würfeln.
1 EL Öl	in der Pfanne erhitzen.
125 g Rinderhack	darin anbraten, das Rinderhack dabei zerteilen. Zwiebel- und Möhrenwürfel dazugeben, mitbraten.
1 EL Mehl	darüberstreuen, unter Rühren durchschwitzen lassen.
6 EL Wasser	unter Rühren dazugeben. Soße kurz aufkochen, herunterschalten. Mit
1 ½ EL Tomatenmark, 1 Pr. Zucker, Salz, Pfeffer, Thymian, Oregano	abschmecken. Hackfleischsoße anrichten.

Grüner Salat – Kopfsalat

½ Rezept Sahnemarinade	mit
Joghurt	herstellen, vgl. S. 215.
1 kleiner Kopfsalat	Welke Blätter entfernen, die Blätter vom Strunk lösen, das Herz nicht weiter zerteilen. Salat im stehenden Wasser gründlich waschen, auf einem Sieb abtropfen lassen.
1 EL Kräuter: Dill, Petersilie	waschen, hacken, unter die Marinade geben. Kurz vor dem Anrichten die Marinade über die Salatblätter geben, mischen.

Erstellung von Arbeitsplänen

- Untergliedere den Arbeitsablauf für einzelne Speisen usw. zuerst in Arbeitsschritte. Auch die Dauer der einzelnen Arbeitsschritte muss bestimmt werden.
- Überlege bei den einzelnen Arbeitsschritten, ob es sich um Tätigkeitszeiten, z. B. Schälen von Zwiebeln, oder um Wartezeiten, z. B. Garziehen der Spaghetti, handelt.
- Durch eine sinnvolle Nutzung der Wartezeiten wird die Gesamtarbeitszeit verkürzt. Wartezeit, z. B. während des Garziehens der Spaghetti, wird für die Zubereitung des Obstsalates genutzt.
- Plane den Arbeitsablauf für die Zubereitung der Speisen so, dass möglichst geringe Wartezeiten anfallen. Können die Wartezeiten nicht für andere Zubereitungsarbeiten genutzt werden, so werden sie für Reinigungsarbeiten oder für das Tischdecken eingeplant.
- Beachte, dass die Speisen möglichst gleichzeitig fertig werden bzw. Speisen, die noch abkühlen müssen, zuerst zubereitet werden.
- Der Arbeitsablauf wird im Allgemeinen mit der Speise begonnen, die die längste Zubereitungsdauer hat.
- Aus einer ersten Arbeitsplanung ergibt sich die ungefähre Gesamtarbeitszeit und dadurch die Uhrzeit für den Arbeitsbeginn bzw. für die Mahlzeiteneinnahme.

Die Gesamtarbeitszeit entsteht aus

Tätigkeitszeit: eine planmäßige, unmittelbar der Arbeitsaufgabe dienende Tätigkeit, Ausführung der notwendigen Arbeiten.

Wartezeit: eine ablaufbedingte Unterbrechung, z. B. Garen der Lebensmittel, man wartet, bis die Tätigkeit wieder notwendig wird.

Verteilzeit: entsteht durch störungsbedingte oder persönlich bedingte Unterbrechungen, z. B. Nase putzen.

Erholungszeit: dient der Wiederherstellung der Arbeitskraft, z. B. Erfrischungsgetränk zu sich nehmen.

Tätigkeitszeit

Wartezeit

Verteilzeit/Erholungszeit

Aufgaben

1. Beschreibe den Arbeitsablauf beim Geschirrspülen.
2. In welcher Reihenfolge werden folgende Gegenstände beim Spülen per Hand gereinigt:
   a) Kartoffelschüssel aus Porzellan,
   b) Wassergläser,
   c) Fischbesteck,
   d) Bratpfanne,
   e) Kompottschälchen aus Glas,
   f) Bratenwender,
   g) Suppenschüssel,
   h) Suppenlöffel,
   i) flache Teller – verschmutzt,
   j) Suppenteller?

Geschirrspülen – perfekt durchgeführt

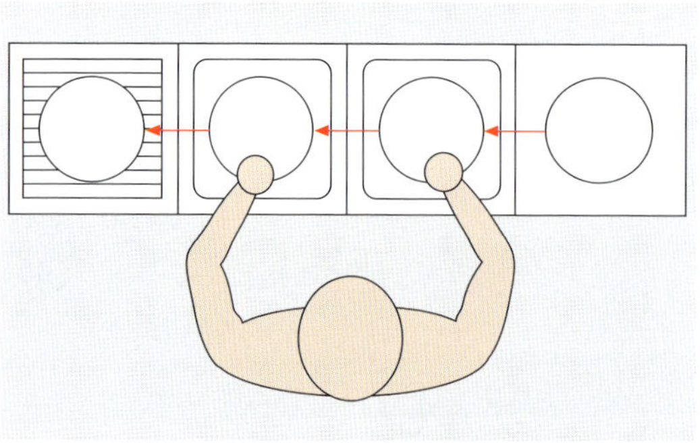

Arbeitsplatz für das Geschirrspülen

Geschirrspülen

- Töpfe, Pfannen und Backbleche gleich nach dem Leeren mit Wasser füllen. Speise- bzw. Gebäckreste trocknen nicht an und sind später leichter zu entfernen.
- Stark verschmutztes Geschirr unter fließendem Wasser vorspülen. Das Spülwasser muss dann nicht so oft gewechselt werden.
- Geschirr sortiert und stapelweise rechts neben die Spüle stellen. Besteck in ein Sammelgefäß geben.
- In beide Spülbecken heißes Wasser einlassen. Dem Wasser in dem rechten Spülbecken wenig Spülmittel zusetzen. Spülmittel löst Fett und fetthaltige Speisereste und erleichtert die Arbeit. Durch größere Spülmittelmengen wird kein besseres Ergebnis erzielt. Sie belasten nur wie alle anderen Reinigungsmittel über die Abwässer die Umwelt.
- In folgender Reihenfolge wird das Geschirr gespült: Glas – Porzellan – Besteck – Töpfe und Pfannen.
- Schmutziges Geschirr stapelweise in die rechte Spüle setzen, so werden unnötige Handgriffe vermieden.
- Das Geschirr dann einzeln im heißen, klaren Wasser in der linken Spüle nachspülen, danach in den Abtropfkorb oder auf die Abtropffläche stellen.
- Glas vorsichtig und gründlich abtrocknen. Das restliche Geschirr kann – falls genügend Zeit vorhanden ist – auf der Abtropffläche trocknen.
- Sauberes Geschirr sortiert abstellen und sorgfältig einräumen. Die Schüler der nächsten Klasse wissen sonst nicht, wo ihr es „versteckt“ habt.
- Spülbürste und Spülbecken nach dem Abwasch gründlich reinigen.
- Spültücher und Geschirrtücher zum Trocknen aufhängen oder zur Wäsche geben.

Reinigungsmittel umweltgerecht – ökologisch – auswählen

- Vor der Verwendung eines Reinigungsmittels genau die Gebrauchsanweisung und Dosierungsanweisung durchlesen.
- In den meisten Fällen genügt Spülmittel zum Reinigen von stark verschmutztem Geschirr, z. B. Töpfen usw.
- Mechanische Reinigungsmittel wie Stahlwolle und Scheuermittel zerkratzen empfindliche Oberflächen, z. B. Edelstahl, Emaille und Kunststoff.
- Schmutz lösende Reinigungsmittel und Allzweckreiniger lösen lediglich Fett und Schmutz. Werden diese Mittel zu stark dosiert, können sie die Oberfläche angreifen. Sie wird rau und kann schneller wieder verschmutzen, der Gegenstand sieht oft nicht sauber aus.
- Reinigungsmittel sparsam verwenden, sie belasten die Umwelt.
- Wasser und Reinigungsmittel bei Verschmutzung wechseln. Den schmutzigsten Gegenstand immer zum Schluss reinigen.
- Viele Reinigungsmittel, die im Haushalt verwendet werden, sind überflüssig. Sie können durch ungefährlichere „Hausmittel" ersetzt werden, z. B. Scheuerseife anstelle von Allzweckreiniger, flüssiges Scheuermittel anstelle von Wannenspray, Wasser mit einem Spritzer Essig oder Spiritus anstelle des Glasreinigers, die Toilettenbürste und evtl. Essigwasser anstelle des WC-Reinigers.
- Der Einsatz von Desinfektionsmitteln ist im Haushalt normalerweise überflüssig. Die Wohnung kann nicht hygienisch sauber sein. Außerdem sollte sich bereits das Kleinkind an „Bakterien" gewöhnen. Sonst werden keine natürlichen Abwehrkräfte aufgebaut, man wird leichter krank.
- Reinigungsmittel können eine Gefährdung für Kinder bedeuten. Beim Kauf eines Reinigungsmittels auf einen Verschluss mit Kindersicherung achten.

Aufgaben

1. Folgende Gegenstände sollen gereinigt werden:
   a) eine Kunststoffschüssel,
   b) ein Topf aus Edelstahl,
   c) eine Emaillepfanne,
   d) eine Glasvase.
   Wähle jeweils geeignete Reinigungsmittel und Arbeitsgeräte aus.
2. Die Schulküche soll gründlich gereinigt werden: Welche Arbeitsgeräte und Reinigungsmittel werden für die Reinigung
   a) des Herdes,
   b) der Arbeitsfläche,
   c) der Spüle benötigt?
3. Notiert die Reinigungsmittel, die ihr im Haushalt verwendet. Ermittelt aus der Gebrauchsanweisung die Verwendungszwecke.
4. Erstellt Wandzeitungen zu den Themen „Reinigung und Umwelt" und „Ökoputzschrank".

Reinigungsmittel

5.2 Grundtechniken der Speisenzubereitung

Entfernen von unerwünschten Bestandteilen

Waschen: Sämtlicher Schmutz wird entfernt. Lebensmittel mit empfindlicher Struktur, z. B. Salat, wird in stehendem Wasser gewaschen.

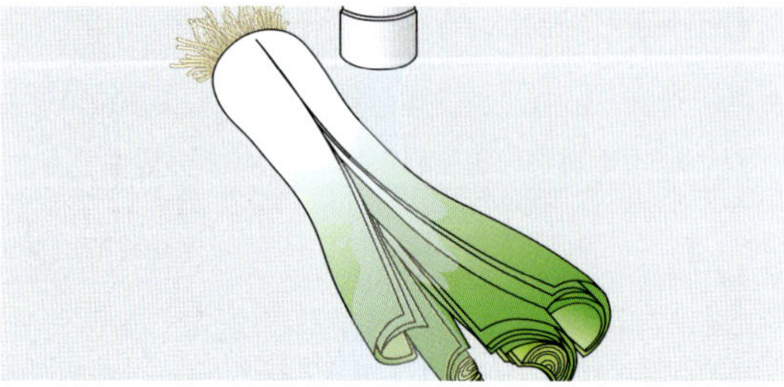

Waschen: Lebensmittel mit fester Struktur, z. B. Lauch, wird unter fließendem Wasser gewaschen.

Putzen: Schadhafte, nicht essbare Bestandteile werden entfernt, z. B. durch Abschneiden.

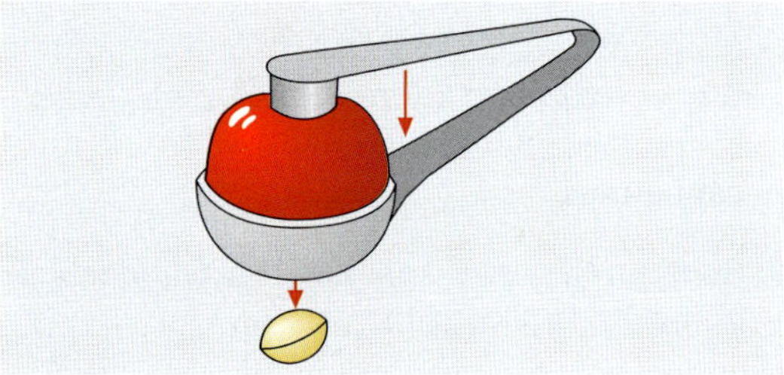

Putzen: Nicht essbare Bestandteile werden entfernt, z. B. durch Entkernen.

Schälen: Schalen werden mit dem Sparschäler oder dem Gemüsemesser entfernt.

Pellen: Entfernen von feinhäutigen Schalen, z. B. Kartoffeln, Eier.

Schaben: Wurzelgemüse, z. B. junge Möhren, kann auch geschabt werden. Dabei wird lediglich eine dünne Schicht entfernt.

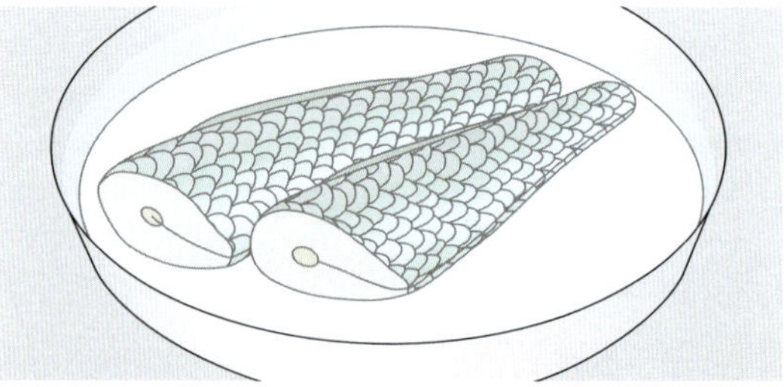

Wässern: Entfernen unerwünschter Stoffe, z. B. Salz. Lebensmittel nicht zu lange im Wasser liegen lassen.

Zerkleinerungstechniken

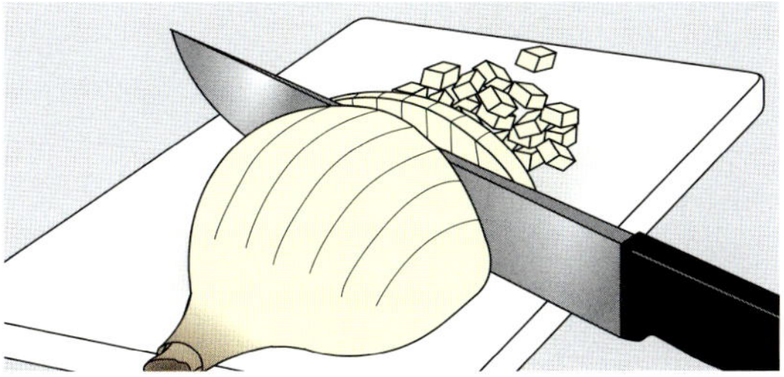

Schneiden: Mit dem Messer werden Lebensmittel in Stücke, Würfel, Streifen, Stifte usw. geschnitten.

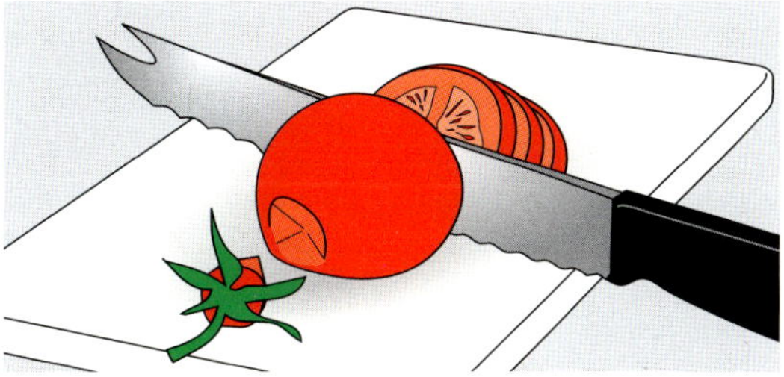

Mit dem Tomatenmesser werden Tomaten in Scheiben geschnitten.

Hacken: Mit dem Wiegemesser oder dem Kochmesser können Lebensmittel in feinste Stücke gehackt werden.

Reiben: Durch eine fein aufgeraute Fläche – Reibe – entstehen sehr kleine Stücke.

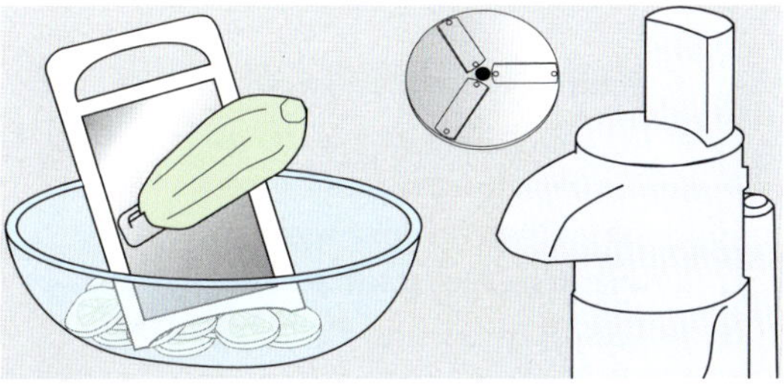

Hobeln: Feine Scheiben entstehen durch ein Schneidmesser, das sich auf einer Fläche befindet.

Raspeln: Durch eine grob gelochte Fläche – Raspel – entstehen feine längliche Stücke.

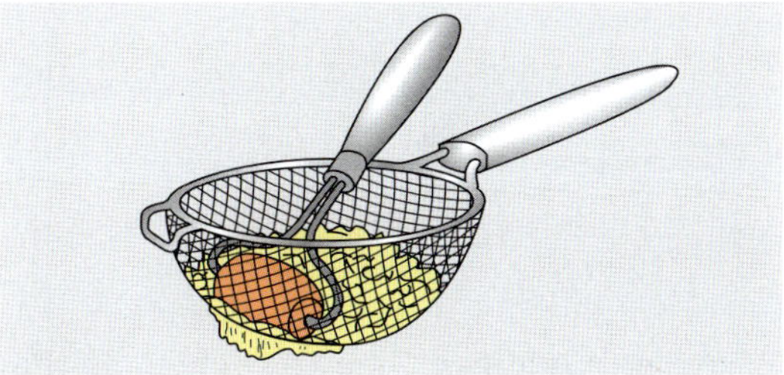

Passieren/Pürieren: Gegarte bzw. weiche Lebensmittel werden durch ein Sieb gestrichen.

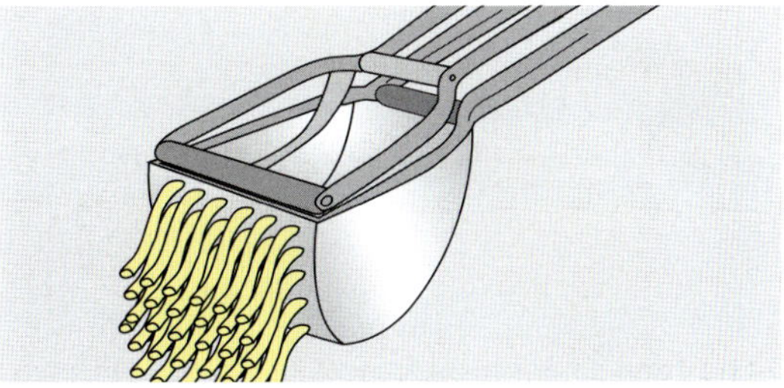

Passieren/Pürieren erfolgt auch mit der Kartoffelpresse und anderen Geräten.

Mischen und Schlagen von Lebensmitteln

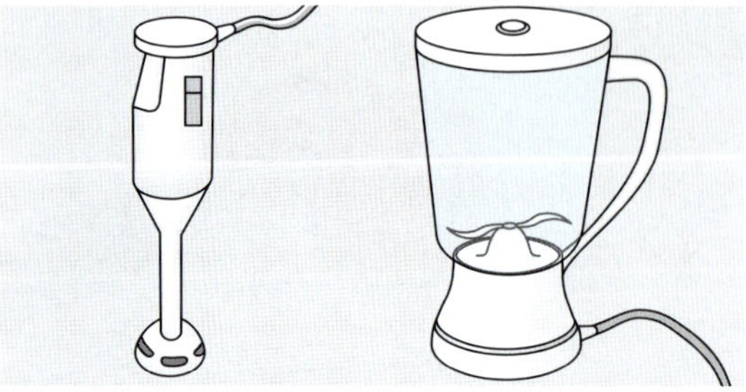

Mixen ist ein Mischen von Flüssigkeiten und feinen festen Zutaten. Beim Mixen mit sich drehendem Messerkreuz werden feste Bestandteile zerkleinert.

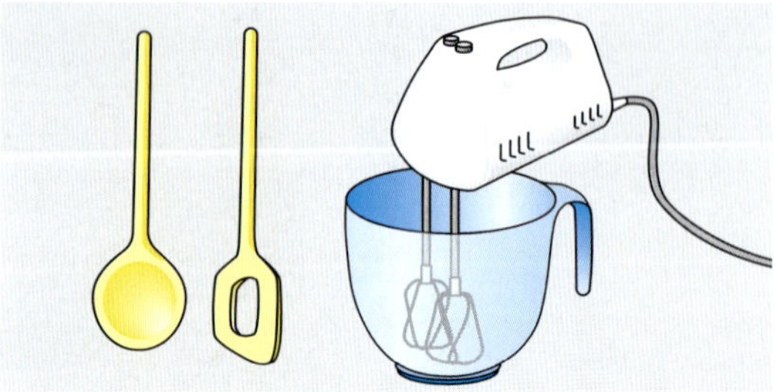

Beim **Rühren** werden Flüssigkeiten bzw. breiartige oder trockene Massen gemischt, die Zutaten werden gleichmäßig verteilt.

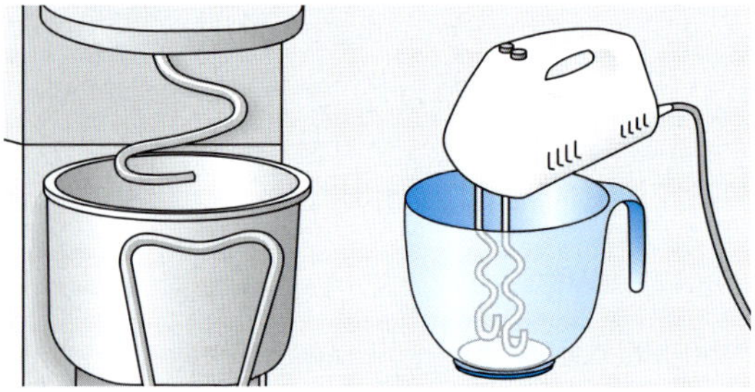

Beim **Kneten** werden Lebensmittel unter Druck zu einer einheitlichen Masse verarbeitet.

Schlagen dient dem Einschlagen von Luft in flüssige Lebensmittel oder Speisen.

Aufgaben

1. Nenne jeweils Beispiele aus der Zubereitung von Speisen und Gebäck, bei denen die Techniken
   a) Mixen,
   b) Rühren,
   c) Kneten,
   d) Schlagen
   eingesetzt werden.
2. Eischnee soll unter eine Biskuitmasse gehoben werden. Worauf ist zu achten?
3. Nenne mögliche Gefahren beim Einsatz eines Pürierstabes. Wie kann man diese verhindern?
4. Beschreibe die verschiedenen Zerkleinerungstechniken an je einem Beispiel.

Merke

- **Schneidtechniken beachten.**
- **Lebensmittel erst kurz vor der Weiterverarbeitung zerkleinern, sonst werden wichtige Nährstoffe zerstört.**
- **Zum Rühren und Schlagen ein hohes Gefäß verwenden, um Spritzen zu vermeiden.**
- **Keine Emaillegefäße verwenden, da sonst Stücke von der Emaille abplatzen könnten.**
- **Beim Schlagen die Schneebesen nicht am Gefäßrand abklopfen, da sonst die eingeschlagene Luft entweicht.**
- **Eischnee oder geschlagene Sahne vorsichtig unterheben, nicht rühren, da sonst die Luft entweicht.**

Aufbereitungsarten

Legieren – Abziehen

Ei trennen.

Eigelb mit etwas heißer Flüssigkeit verrühren.

Eigelb unter Rühren in die heiße Speise geben.

Panieren

Gewürzte Lebensmittel (z. B. Fleisch) in Mehl, verschlagenem Ei und in Semmelmehl (Paniermehl) wenden.

Abschrecken

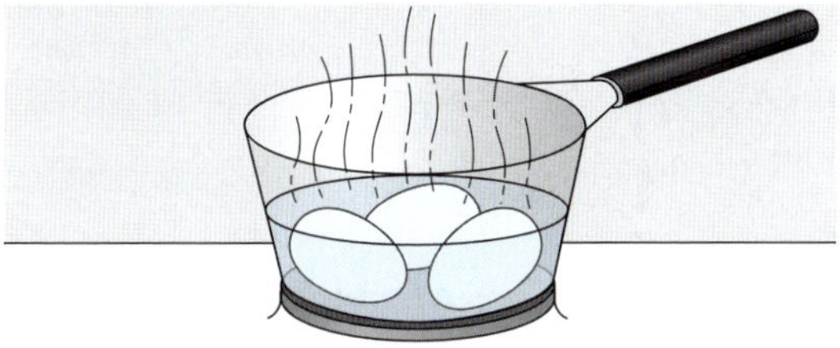

Fertig gegarte Lebensmittel – z. B. Eier –

mit kaltem Wasser übergießen.

Erwärmen im Wasserbad

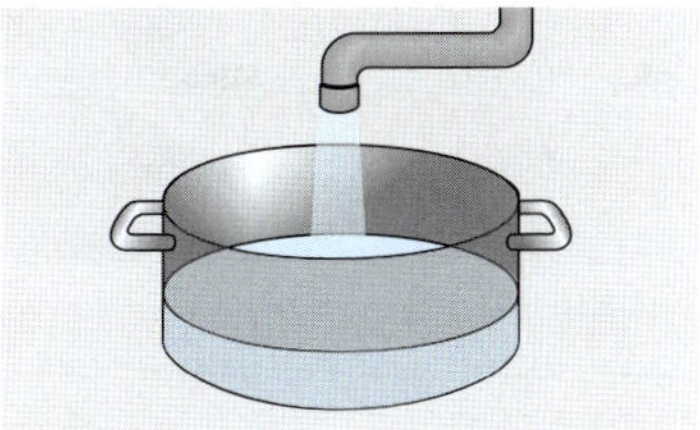

Topf mit etwas Wasser füllen.

Metallschüssel mit den Zutaten, z. B. Schokolade, in den Topf stellen. Die Schüssel darf den Topfboden nicht berühren.

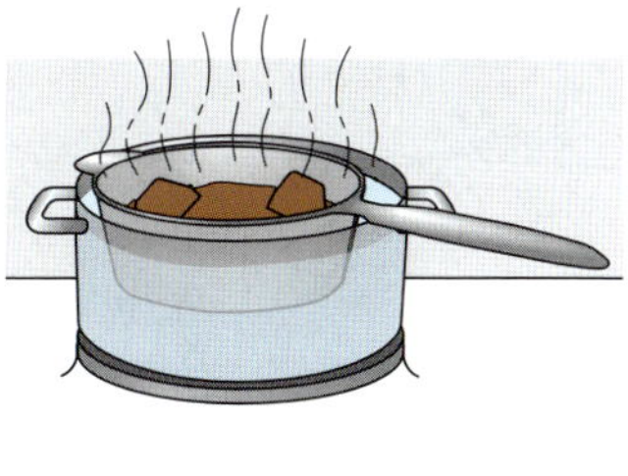

Wasser im Topf zum Sieden bringen.

5.3 Gartechniken

Kochen

Kochen ist ein Garen in siedender Flüssigkeit. Gekocht wird z. B. Gemüsesuppe, vgl. S. 212.

1 l Wasser zum Kochen bringen.

Gemüse hineingeben.

15 Minuten kochen lassen.

- Gut schließende Töpfe verwenden, damit kein Wasserdampf entweicht.
- Rechtzeitig zurückschalten bzw. bei Automatikkochstellen gleich die richtige Einstellung wählen. Bei höherer Einstellung garen die Speisen nicht schneller, Wasser wird nur auf 100 °C erhitzt.
- Lebensmittel in möglichst wenig Flüssigkeit garen, Energieverbrauch und Nährstoffverlust werden sonst erhöht.
- **Geeignet für**: bindegewebsreiches Fleisch, wasserarmes Gemüse/Obst, Kartoffeln, Hülsenfrüchte.

Garziehen

Garziehen ist ein Garen in viel Flüssigkeit bei etwa 80 °C.

Teigwaren werden, z. B. durch Garziehen gegart, vgl. S. 186.

In 2 l Wasser 2 EL Öl, 1 TL Salz geben. Wasser zum Kochen bringen.

Spaghetti in das kochende Wasser geben, umrühren.

Spaghetti ohne Deckel gar ziehen lassen, abgießen, anrichten.

- Lebensmittel in die siedende Flüssigkeit geben. Danach herunterschalten, nicht mehr kochen, so bleibt die Form der Lebensmittel erhalten.
- Schonende Gartechnik, aber Nährstoffe werden beim Garziehen herausgelöst.
- **Geeignet für**: Fisch, Obst, Klöße, Reis, Teigwaren.

Dämpfen

Dämpfen ist ein Garen im Wasserdampf.

Blumenkohl kann z. B. durch Dämpfen gegart werden.

Wenig Wasser in den Topf geben.

Blumenkohl in einem Siebeinsatz über das Wasser stellen.

Topf schließen, Blumenkohl im Wasserdampf garen.

Auch im Dampfdrucktopf kann in einem Siebeinsatz gedämpft werden.

- Wenig Wasser in einen Topf geben.
- Lebensmittel in einen Siebeinsatz legen. Sie sollen nicht mit Wasser in Berührung kommen, so sind die Nährstoffverluste gering.
- Wasser zum Kochen bringen, rechtzeitig zurückschalten.
- Im gut schließenden Topf dämpfen, sonst verlängert sich die Garzeit.
- Beim Dämpfen im „normalen" Topf die verlängerte Garzeit gegenüber dem Kochen beachten.
- Dämpfen ist eine schonende Gartechnik, durch den Wasserdampf werden kaum Nährstoffe aus den Lebensmitteln herausgelöst.
- **Geeignet für:** empfindliche Gemüsesorten, Kartoffeln, Obst, Fisch.

Aufgaben

1. Beschreibe das Garen von Fleischklößchen durch Garziehen.
2. Erläutere den Unterschied zwischen Kochen und Garziehen.
3. Begründe, warum Fischfilet nicht durch Kochen, sondern nur durch Garziehen gegart werden darf.
4. Erstellt ein **Dominospiel** zu den Gartechniken. Auf die eine Hälfte der Dominokarten schreibt ihr ein Lebensmittel, auf die andere Hälfte eine Gartechnik.
   An die Lebensmittel können jeweils Karten mit geeigneten Gartechniken und an die Gartechniken Karten mit geeigneten Lebensmitteln angelegt werden.

Dünsten

Dünsten ist ein Garen im eigenen Saft, evtl. unter Zugabe von wenig Fett und/oder Wasser.

Wasserreiches Gemüse, z. B. Möhren, kann durch Dünsten gegart werden, vgl. S. 213.

Fett im Topf erhitzen. Möhren dazugeben, andünsten.

1/8 l heißes Wasser, Salz und Zucker dazugeben, aufkochen, herunterschalten.

Im geschlossen Topf weiterdünsten.

Wasserreiches Obst, z. B. Pflaumen, kann durch Dünsten gegart werden, vgl. S. 219.

Pflaumen mit Zucker bestreuen, mischen, stehen lassen.

Pflaumen dünsten.

Abschmecken und umfüllen.

Aufgaben

1. Nenne wasserreiche Obstsorten und Gemüsesorten, die gedünstet werden.
2. Nenne wasserarme Obstsorten und Gemüsesorten, die gekocht werden.
3. Paprika-Zwiebel-Gemüse soll gedünstet werden.
   Beschreibe den Arbeitsablauf.
4. Erstellt **Steckbriefe** zu den einzelnen Gartechniken, z. B.:
   „Im Topf herrscht dichter Nebel, obwohl nur wenig Wasser darin ist."
   „Die Nährstoffverluste sind gering und der Geschmack ist super."
   Die restlichen Mitschüler sollen die von euch beschriebenen Gartechniken erraten.

- Lebensmittel im offenen Topf unter Rühren andünsten.
- Bei Gemüse und Fisch evtl. Fett zur Aromabildung hinzufügen.
- Obst zur Saftbildung mit Zucker mischen. Hierbei spricht man von Dünsten im eigenen Saft.
- Rechtzeitig zurückschalten, auf Flüssigkeitsverluste achten, Flüssigkeit ergänzen.
- Zu wenig Flüssigkeit: Das Gargut kann anbrennen. Zu viel Flüssigkeit: Das Dünsten geht in Kochen über.
- Im geschlossenen Topf dünsten. Deckel nicht so oft anheben.
- **Geeignet für**: wasserreiches Obst und Gemüse, Pilze, Fisch.

Schmoren

Schmoren ist ein Garen durch Anbraten in heißem, reinem Fett und ein Weitergaren nach Zugabe von wenig kochender Flüssigkeit.

Gulasch wird z. B. durch Schmoren gegart, vgl. auch S. 221.

Speiseöl in einem Topf erhitzen, Gulasch hineingeben, anbraten.

¼ l Wasser dazugeben, würzen, aufkochen.

Im geschlossenen Topf weitergaren.

- Wasserfreies Fett, z. B. Kokosfett bzw. Speiseöl, verwenden.
- Im offenen Topf Lebensmittel von allen Seiten kräftig anbraten.
- Erst nach dem Anbraten würzen, Zwiebeln usw. dazugeben.
- Wenig kochende Flüssigkeit hinzufügen.
- Rechtzeitig zurückschalten, im geschlossenen Topf weitergaren.
- Auf Flüssigkeitsverluste achten, durch heiße Flüssigkeit ergänzen.
- **Geeignet für:** Fleisch, gefülltes Gemüse.

Braten in der Pfanne – Kurzbraten

Braten in der Pfanne ist ein Garen und Braten in heißem Fett.

Frikadellen werden z. B. in der Pfanne gebraten, vgl. S. 220.

Fett erhitzen.

Frikadellen anbraten.

Frikadellen wenden und weiterbraten.

- Vorzugsweise wasserfreie und eiweißfreie Fette bzw. Öle verwenden.
- Nur trockene Bratenstücke in das Fett geben! Spritzgefahr! Unfallgefahr!
- Fett erhitzen, Lebensmittel von allen Seiten anbraten.
- Fett bzw. Speiseöl nicht zu stark erhitzen, das Fett darf nicht qualmen! **Gesundheitsschädlich!**
- Durch Fett wird der Energiegehalt erhöht.
- **Geeignet für:** kleinere Fleischstücke, kleinere Fischstücke, Kartoffeln.

Braten im Backofen – Langzeitbraten

Braten im Backofen ist ein Garen und Bräunen in trockener Hitze, evtl. unter Flüssigkeits- und Fettzugabe.

Hackbraten wird z. B. durch Braten im Backofen gegart.

Eier in die Vertiefung legen, einhüllen.

Hackbraten in eine Kastenform geben.

Hackbraten im Backofen bei 200 °C braten.

- Fleischstücke mit einem Gewicht > 1 kg in der Fettpfanne oder auf dem Rost braten.
- Fleisch mit Gewürzen einreiben oder das Fleisch in eine Marinade einlegen.
- Fleisch mit der Fettseite nach oben einlegen, sonst trocknet das Fleisch stark aus.
- Durch Fettzusatz bleibt mageres Fleisch oder magerer Fisch saftig.
- Braten im Backofen – zwei Garstufen:
  - Anbraten bei hoher Temperatur – 220 bis 250 °C,
  - Weiterbraten bei etwa 140 °C, bis die gewünschte Garstufe erreicht ist.
- Fleisch zwischendurch mit Flüssigkeit begießen, damit es nicht austrocknet, evtl. wenden.
- Die Garzeit beträgt bei Fleisch etwa 10 Minuten pro cm Höhe.
- Bratensatz durch Aufkochen mit Flüssigkeit lösen, hieraus kann eine Soße zubereitet werden.
- Nach dem Braten das Fleisch 5 bis 10 Minuten ruhen lassen. Dann quer zur Faser aufschneiden.
- **Geeignet für:** größere Fleischstücke, Geflügel, Hackbraten.

Überbacken – Gratinieren

Überbacken ist ein Bräunen der Oberfläche unter evtl. gleichzeitiger Verkrustung durch Wärmeeinwirkung.

Überbacken im Strahlungsgrill

- Überbacken ist ein Fertigstellungsverfahren für bereits gegarte Speisen. Dabei entsteht durch Oberhitze eine goldgelbe bis braune Kruste mit zusätzlichen Geschmacksstoffen.
- Die gegarten Lebensmittel mit Käse oder Béchamelsoße mit Eigelb-Sahne-Legierung und Reibkäse bedecken.
- Überbacken wird im vorgeheizten Grill oder im Backofen bei 175 bis 200 °C.
- Nur feuerfestes Geschirr für das Überbacken verwenden.
- Speisen ohne Deckel überbacken.

Frittieren

Frittieren ist ein Garen in heißem, reinem Fettbad.

Pommes frites und Spritzgebäck werden z. B. frittiert.

Fett erhitzen.

Pommes frites 3 Minuten frittieren. Herausnehmen, abtropfen lassen.

Unmittelbar vor dem Essen noch einmal 4 bis 6 Minuten frittieren, umfüllen.

- Kokosfett bzw. Speiseöl verwenden.
- Richtige Temperatur beachten, es müssen sich Luftbläschen bilden, evtl. Spezialthermometer benutzen. Ist das Fett zu kalt, saugen die Lebensmittel zu viel Fett auf.
- Fett nicht überhitzen. **Gesundheitsschädlich!**
- Feuchte Lebensmittel, wie Fleisch, abtupfen. Tiefkühlkost vorher auftauen lassen. **Spritzgefahr! Unfallgefahr!**
- Nicht zu viel Gargut auf einmal einfüllen, das Fett kühlt sonst zu stark ab.
- Lebensmittel nach dem Frittieren im Frittierkorb oder auf einem Rost oder auf Küchenpapier abtropfen lassen.
- Fett nach drei- bis viermaligem Gebrauch erneuern! Sonst **gesundheitsschädlich!**
- **Geeignet für:** Kartoffeln, Gebäck, Fisch und Gemüse.

Grillen

Grillen ist ein Garen durch Strahlungshitze oder Wärmeleitung mit oder ohne Fettzugabe.

Gegrillt werden z. B. Fleischspieße, vgl. S. 226.

- Grill etwa 3 bis 5 Minuten vorheizen, bis die Grillstäbe glühen.
- Pfanne oder Grillrost vorheizen, dann ölen.
- Grillgut auf den geölten Grillrost geben.
- Grillgut vorher würzen, aber Salz und Paprika erst nach dem Grillen dazugeben. Salz entzieht Wasser, Paprika verbrennt. Fleisch evtl. vorher in eine Marinade einlegen, damit es mürbe wird.
- Grillgut direkt in den Strahlungsbereich des Grills legen.
- Je höher das Grillgut, desto tiefer in den Grill einschieben und umgekehrt.
- Toast und kalte Zutaten unten in den Grill einschieben.
- Zum Wenden eine Grillzange benutzen, damit der Fleischsaft nicht ausläuft.
- Garzeit: wie Braten im Backofen, vgl. S. 198.

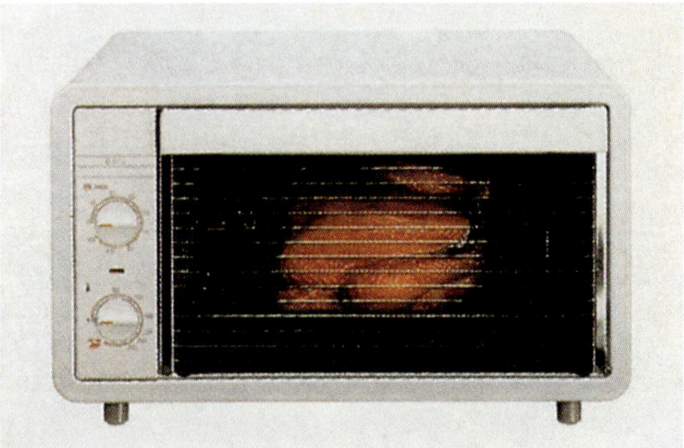

Grillgerät

Backen

Backen ist ein Garen und Bräunen in heißer Luft.

Backen mit Ober- und Unterhitze:

- Durch Ober- und Unterhitze wird gegart.
- Es kann jeweils nur ein Blech eingeschoben werden.
- **Einschubhöhe beachten!**
  Hohe Kuchen – untere Schiene.
  Flache Kuchen – mittlere Schiene.
- Am Rand ist die Hitze stärker als in der Mitte. Speisen bzw. Gebäck in die Mitte stellen.

Heißluftbackofen

- Vorheizen ist nicht nötig.
- Da Heißluft durch den Backofen strömt, können bis zu vier Bleche gleichzeitig eingeschoben werden.
- Jede Einschubhöhe ist möglich.
- Niedrigere Einstellungen beachten, etwa 20 °C weniger!
- Möglichst ein kleines Gefäß mit Wasser in den Herd stellen. Das Austrocknen wird vermieden.

In jedem Fall:

- Je nach Gebäckart die Bleche entsprechend vorbereiten.
- Gebäck noch heiß aus der Form lösen. Gebäck nach dem Backen 10 Minuten auskühlen lassen, bevor es geschnitten wird.
- Es gibt kombinierte Backöfen, die auf Ober- und Unterhitze bzw. Heißluft eingestellt werden können.
- Die Temperaturangaben in diesem Buch beziehen sich auf Backöfen mit Ober- und Unterhitze, sonst Anweisungen des Herstellers beachten.

Garprobe:

- Mit einem Spieß vorsichtig in die Kuchenmitte stechen. Haftet Teig am Spieß, Garzeit verlängern.

Aufgaben

1. Erstellt ein **Memospiel**:
   Auf eine Karte schreibt ihr jeweils einen Teig oder eine Masse.
   Auf die zweite Karte schreibt ihr bzw. zeichnet ihr ein entsprechendes Gebäck.
   z. B. Hefeteig – Pizza
   Mürbeteig – Kekse
   Rührteig – Blitzkuchen
   Quarkölteig – ?
2. Der Backofen soll gereinigt werden.
   a) Welche Reinigungsmittel werden benötigt?
   b) In welcher Reihenfolge werden die Reinigungsarbeiten durchgeführt?

Garen in der Mikrowelle

Mikrowellengaren ist ein Garen durch elektromagnetische Wellen, die in den Lebensmitteln Wärme erzeugen.

Lebensmittel können in der Mikrowelle im Allgemeinen nur gegart, aber nicht gebräunt werden. Die Mikrowelle hat mindestens zwei Schaltstufen: geringe und höhere Leistung.

- **Der Einsatz der Mikrowelle ist sinnvoll:**
  - zum Auftauen von Lebensmitteln,
  - zum Erwärmen und Erhitzen von Speisen und Getränken,
  - zum Garen von kleinen Portionen, Tellergerichten.
- **Geschirr für die Mikrowelle**

  Geeignet sind: feuerfestes (spülmaschinenfestes) Porzellan, Glas, Keramik, Kunststoff (hitzebeständig bei 180 °C). Die Mikrowellen durchdringen diese Materialien.

  Ungeeignet sind: Metall, Geschirr mit Metalldekor (Gold- oder Silberrand), Alufolie. Die Mikrowellen durchdringen diese Materialien nicht, sie werden reflektiert.

  Ungeeignet sind außerdem: unglasiertes Tongeschirr, z.B. Römertopf, fest verschraubte Gläser, Geschirr mit Sprung, Flaschen mit engem Hals. Diese Gefäße können überhitzen und platzen.
- Lebensmittel abgedeckt in die Mikrowelle stellen, ein Austrocknen wird verhindert.
- Lebensmittel mit fester Schale oder Haut, z.B. Würstchen, vor dem Garen einstechen, ein Platzen wird vermieden. Eier nicht in der Mikrowelle garen, sie platzen.
- Die Mikrowelle eignet sich nur zum Garen von kleinen Portionen, z.B. Tellergerichten. Wenn die Personen zu unterschiedlichen Zeiten essen, kann das Essen jeweils schnell frisch zubereitet werden. Nährstoffe bleiben dabei weitgehend erhalten.
- Lebensmittel flach auf dem Teller ausbreiten, sie garen schneller. Unterschiedliche Lebensmittel nicht übereinanderschichten.
- Lebensmittel in die Mitte des Gerätes stellen, sie garen so gleichmäßiger.

Mikrowelle

Mikrowelle mit abgedeckten Speisen

Geeignetes Geschirr für die Mikrowelle

Ungeeignetes Geschirr für die Mikrowelle

Druckgaren

Druckgaren ist ein Kochen oder Dämpfen bei etwa 120 °C.

Flüssigkeitszugabe – Dampfentwicklung

Schließen des Dampfdrucktopfes

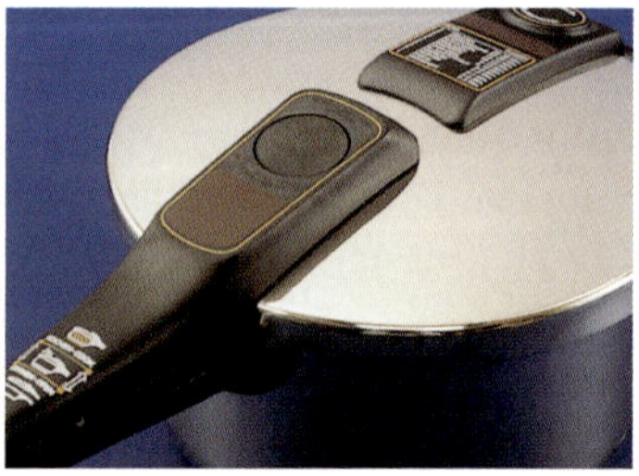

Druckanzeiger nicht sichtbar: 100 °C – 1 bar

Garstufe I: 111 °C – 1,5 bar

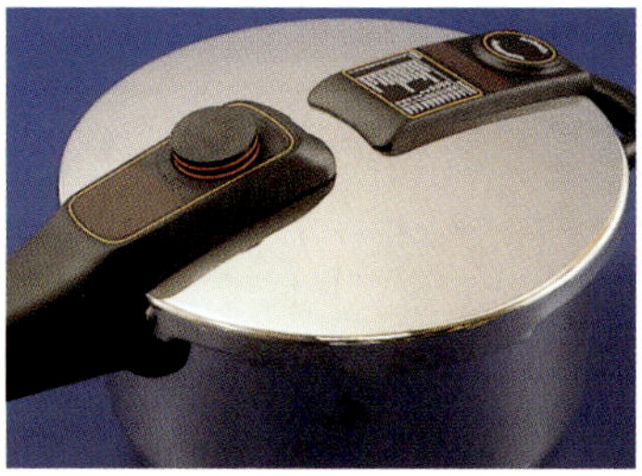

Garstufe II: 119 °C – 1,8 bar

Öffnen des Dampfdrucktopfes

- **Vorbereiten**

  Flüssigkeitszugabe – mindestens eine Tasse – ist zur Dampfentwicklung notwendig. Den Topf zum Garen höchstens zu zwei Dritteln füllen. Keine stark schäumenden Speisen im Dampfdrucktopf garen, das Ventil kann sonst verstopfen.

  Zum Dämpfen den gelochten Einsatz auf den Dreifuß in den Topf stellen.

  Vor dem Schließen überprüfen, ob der Gummiring richtig im Deckel liegt und ob der Topfrand sauber ist. Es kommt sonst nicht zur Drucksteigerung.

  Beim Schließen den Deckel nach links drehen, bis die Verriegelung hörbar einrastet.

- **Ankochen – Fortkochen**

  Topf auf die Kochstelle stellen. Gewünschte Garstufe einstellen.

  Durch Garen bei Überdruck entsteht eine höhere Gartemperatur, die Flüssigkeit siedet erst oberhalb von 100 °C. Die Garzeit wird hierdurch um circa ein Drittel verkürzt.

  Während der Ankochzeit ist der Druckanzeiger nicht sichtbar, die Ankochzeit ist nicht verkürzt.

  Garstufe I

  Ein Ring ist sichtbar. **Geeignet für:** Fisch, zartes Fleisch, z. B. Kalbfleisch, empfindliches Gemüse, Obst.

  Garstufe II

  Zwei Ringe sind sichtbar. **Geeignet für:** Fleisch, Eintöpfe, Gemüse mit fester Struktur, Kartoffeln usw.

- **Öffnen**

  Topf von der Kochstelle nehmen. Der Dampf muss dann durch das Öffnen des Kochreglers/Abdampfreglers entweichen.

  Oder in der Spüle kaltes Wasser über den Deckel laufen lassen, vgl. Foto.

- Bevor der Dampfdrucktopf geöffnet werden darf, muss auf jeden Fall der Druckanzeiger ganz verschwunden sein.

  Beim Öffnen Kochregler zurückziehen und Topfdeckel nach rechts drehen.

Allgemeine Regeln für das Garen

• Nährstoffschonend garen!

Dämpfen / Dünsten

Grillen / Mikrowelle

• Nicht zu oft umrühren!

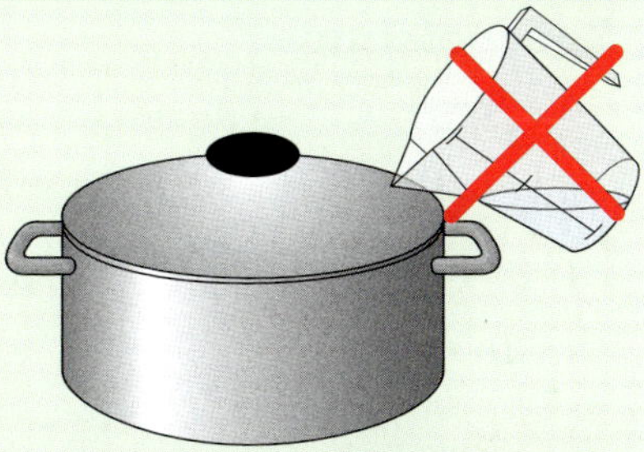

keine oder wenig Flüssigkeitszugabe

• Richtige Gartemperatur wählen!

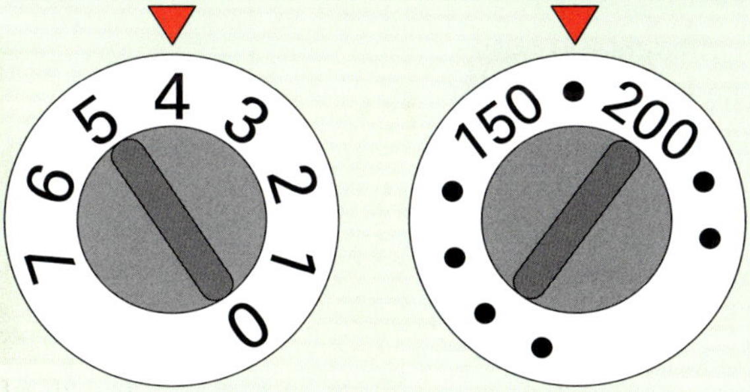

• Nicht zu große Töpfe verwenden!

• Kurze Garzeit wählen!

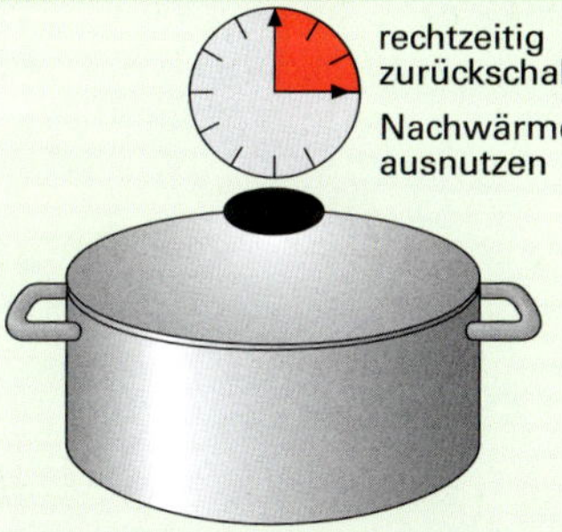

rechtzeitig zurückschalten

Nachwärme ausnutzen

in geschlossenem Topf garen

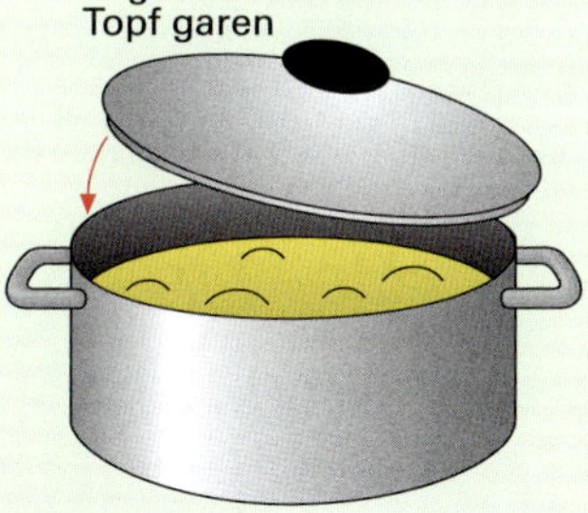

• Warmhalten vermeiden!

Merke

- **Bei Beachtung der Regeln bleiben die Nährstoffe besser erhalten, Energie wird gespart.**
- **Automatikkochstellen sparen Energie. Normalkochstellen rechtzeitig zurückschalten.**
- **Gerichte mit längerer Garzeit im Dampfdrucktopf garen.**

Suppen

Spargelsuppe

375 g Spargel	waschen, schälen, in 2 bis 3 cm lange Stücke schneiden.
¾ l Wasser, 1 Pr. Salz ¼ TL Zucker	und in einen Topf geben. Spargel 20 Minuten darin garen. Spargelbrühe durch ein Sieb abgießen, ¾ l Brühe abmessen, evtl. ergänzen.
30 g Margarine 30 g Mehl	in einen Topf geben, erhitzen. auf einmal dazugeben, anschwitzen. ¾ l Spargelbrühe langsam unter Rühren dazugeben, aufkochen lassen. Spargelstücke hineingeben. Mit
Zitronensaft, Zucker und Salz	abschmecken.

Zwiebelsuppe

375 g Zwiebeln	schälen, halbieren, in Scheiben schneiden.
20 g Margarine ¾ l Wasser, 1 Brühwürfel	erhitzen, Zwiebelscheiben darin glasig dünsten. hinzufügen. 10 Minuten gar ziehen lassen. Suppe mit
Salz, Pfeffer, Basilikum	würzen. Suppe in feuerfeste Tassen füllen.
Toastbrotwürfel aus 3 Scheiben 40 g geriebenen Gouda	und auf die Suppe geben. Im Grill 3 Minuten überbacken.

Kartoffelcremesuppe

400 g Kartoffeln 1 Bd. Suppengrün 1 Zwiebel	waschen, schälen, würfeln. waschen, putzen, zerkleinern. schälen, halbieren, würfeln.
20 g Margarine Salz, Pfeffer 800 ml Fleischbrühe	erhitzen, Kartoffeln, Suppengrün und Zwiebeln darin andünsten, mit würzen und mit auffüllen, 10 Minuten gar ziehen lassen.
1 Beet Kresse	Drei Viertel der Kresse dazugeben. Alle Zutaten fein pürieren.
100 ml geschlagene Sahne	unterheben, abschmecken. Mit der restlichen Kresse anrichten.

Apfelsuppe

500 g Äpfel
2 EL Zitronensaft
1/2 l Wasser
3 Nelken
1 Zimtstange
50 g Zucker

1 EL Stärke
6 EL kaltes Wasser
2 EL Zitronensaft (etwa 1/2 Zitrone)

Die Hälfte der Äpfel schälen, vierteln, entkernen, in Stücke schneiden. Mit Zitronensaft beträufeln.

Wasser mit Nelken, Zimtstange und Zucker 5 Minuten kochen.

Gewürze aus der Flüssigkeit nehmen. Äpfel 5 Minuten kochen.

1 EL Stärke mit 6 EL kaltem Wasser anrühren. Angerührte Stärke unter Rühren zur Apfelsuppe geben, kurz aufkochen.

Die restlichen Äpfel schälen, reiben und zur kalten Apfelsuppe geben.

Apfelsuppe mit Zitronensaft und Zucker abschmecken. Nicht mehr kochen.

Erdbeerkaltschale

400 g Erdbeeren	waschen, putzen, in kleine Stücke schneiden.
1/2 l Buttermilch 2 EL Honig Zitronensaft	Erdbeerstücke mit mischen. Mit und abschmecken.

Helle Soße

1/4 l Milch	und
1/4 l Wasser	mischen.
40 g Margarine	in einen Topf geben, erhitzen.
40 g Mehl	auf einmal dazugeben, anschwitzen. Flüssigkeit (Milch und Wasser) langsam unter Rühren dazugeben, aufkochen lassen.
	Soße mit
gekörnter Brühe	und
Pfeffer	abschmecken. **Tipp:** Durch Zugabe von 100 g geriebenem Käse entsteht aus der hellen Soße eine Käsesoße; oder 2 EL mittelscharfen Senf zugeben, so entsteht aus der hellen Soße eine Senfsoße.

- **Béchamelsoße:** Zunächst Zwiebelwürfel in Margarine andünsten. Das Mehl dazugeben usw. vgl. S. 208.

Tomatensoße

1 große Dose gehackte, geschälte Tomaten	öffnen. Tomaten mit
1 Gemüsebrühwürfel	in einem Topf erhitzen, nicht kochen.
1 Becher Crème fraîche	und
Kräuter: 1 TL Majoran, 1/2 TL Thymian, 1/2 TL Basilikum, 1 Pr. Rosmarin, 1 Pr. Salbei	unterrühren, abschmecken.

- Es können auch frische Tomaten verwendet werden.

Champignonsoße

1 kleine Zwiebel	schälen, fein würfeln.
200 g Champignons	waschen, putzen, in Scheiben schneiden.
1 EL Butter	zerlassen, Zwiebelwürfel und Champignonscheiben dazugeben. 5 Minuten dünsten.
	Mit
1 EL Mehl	überstäuben, mitdünsten.
200 ml Milch, 100 ml Sahne	und in Streifen geschnittene
Salbeiblätter	hinzufügen, 5 Minuten gar ziehen lassen. Mit
Salz und Pfeffer	abschmecken.

Vanillesoße

1 EL Stärke ¼ l Milch	in einen Schüttelbecher geben. Von 6 EL abnehmen. Die Stärke in dem Schüttelbecher damit mischen.
2 Vanillinzucker 1 EL Zucker	Die restliche Milch mit und zum Kochen bringen. Die angerührte Stärke einrühren, aufkochen lassen.
1 Eigelb	zum Legieren verwenden, vgl. S. 193.

Schokoladensoße

1 EL Stärke 1 EL Kakao ¼ l Milch	und in einen Schüttelbecher geben. Von 8 EL abnehmen. Die Stärke und den Kakao in dem Schüttelbecher damit mischen.
2 EL Zucker	Die restliche Milch mit zum Kochen bringen. Die angerührte Stärke/Kakaomischung einrühren, aufkochen lassen.

Obstsoße – Obstpüree

500 g Obst, z. B. Pfirsich
Wasser
Honig

Pfirsichschale abziehen, halbieren, Kern herausnehmen.

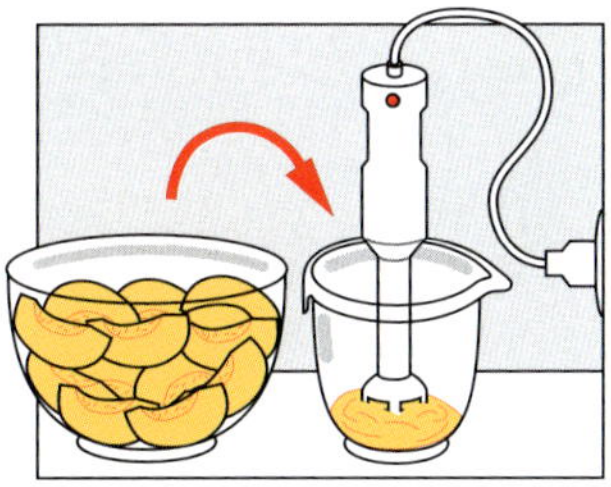

Mit dem Pürierstab portionsweise zerkleinern.

Mit Wasser etwas verdünnen und mit Honig abschmecken.

- **Vanillesoße eignet sich für**: Schokoladencreme, rote Grütze.
- **Schokoladensoße eignet sich für**: Vanillecreme.
- **Obstsoße – Obstpüree – eignet sich für**: Vanillecreme.
- Folgende **Obstsorten** eignen sich für die **Obstsoße**: Beerenobst, Mango, Birne.

  Aus Obstpüree kann auch **Fruchteis** hergestellt werden, vgl. S. 229.

Pellkartoffeln

800 g Kartoffeln	gründlich waschen.
1/4 l Wasser	in einen Topf füllen (Topfboden ist ca. 2 Finger hoch mit Wasser bedeckt), die größeren Kartoffeln unten in den Topf legen, die kleineren obenauf. **Garzeit:** etwa 20 bis 25 Minuten, im Dampfdrucktopf 10 Minuten.
	Kartoffeln abgießen und pellen.

Salzkartoffeln

800 g Kartoffeln	waschen, schälen, waschen.
1/4 l Wasser 1/2 TL Salz	in einen Topf füllen (2 Finger hoch), hinzugeben, Kartoffeln längs halbieren, evtl. vierteln, in den Topf geben, Kartoffeln zum Kochen bringen, herunterschalten, gar kochen. **Garzeit:** etwa 20 Minuten, im Dampfdrucktopf 8 Minuten.
	Salzkartoffeln abgießen, einmal schwenken und abdampfen lassen.

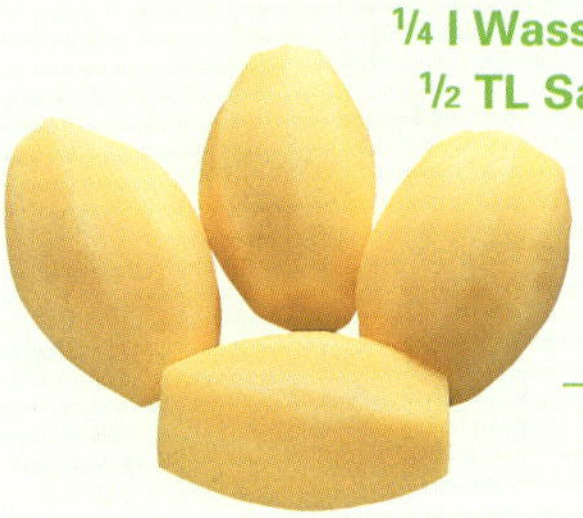

Kartoffelbrei

800 g Kartoffeln	Pellkartoffeln herstellen, s. o.
	Pellkartoffeln pürieren, vgl. S. 191.
1/4 l Milch 20 g Butter	und erhitzen und zu den pürierten Pellkartoffeln geben, diese schaumig rühren.
1/4 TL Salz geriebene Muskatnuss	und zum Abschmecken verwenden.

Béchamelkartoffeln

800 g Kartoffeln	Pellkartoffeln herstellen, s. o.
1 Zwiebel 30 g Butter oder Margarine 30 g Mehl 1/8 l Brühe (Brühwürfel) 1/4 l Milch Salz, Pfeffer, Muskat	Eine Béchamelsoße herstellen, vgl. S. 206.
2 EL Petersilie	Pellkartoffeln in Scheiben schneiden. In die Béchamelsoße geben. Mit anrichten.

Kartoffelpuffer

800 g große Kartoffeln	schälen, waschen, in eine Schüssel reiben.
1 Zwiebel	schälen, zu den Kartoffeln reiben.
1 TL Salz, 2 Eier	und
25 g Mehl	zu den geriebenen Kartoffeln geben, gut verrühren.
80 g Öl (portionsweise)	Zunächst 1 EL ÖL in der Pfanne erhitzen, Für jeden Puffer 2 EL Kartoffelteig in die Pfanne geben, flach drücken und von beiden Seiten goldbraun braten.

Kartoffelsalat

800 g Kartoffeln	in
1/4 l Wasser	garen, pellen, in Scheiben schneiden.
1/8 l Brühe	über die Kartoffeln gießen, ziehen lassen.
3 EL Essig	mit
2 EL Öl, 1 TL Senf	und
2 Pr. Salz, 1 Pr. Pfeffer	verschlagen.
1 Zwiebel	schälen, fein würfeln und zu der Essig-Öl-Marinade geben.
1 EL gehackte Kräuter: Schnittlauch und Petersilie	ebenfalls unterrühren. Die Essig-Öl-Marinade über die Kartoffeln geben, vermengen, ziehen lassen.
Salz und Pfeffer	zum Abschmecken verwenden.

Kartoffelgratin

Margarine	Auflaufform oder Gratinform mit ausfetten.
800 g Kartoffeln	waschen, schälen, in feine Scheiben hobeln.
100 g Gouda	reiben und mit
200 ml Schlagsahne	mischen.
	Die Kartoffelscheiben fächerartig in Schichten in die Auflaufform geben. Die Käse-Sahne-Mischung darübergeben.
	Überbacken: untere Schiene – 45 Minuten. **E-Herd:** 200 °C, **Gasherd:** Regler 3.

Brühreis

1/2 l Wasser	mit
1 TL gekörnter Brühe	in einem Topf aufkochen.
250 g Langkornreis	waschen, in die kochende Brühe geben. Herunterschalten. Reis im geschlossenen Topf gar ziehen lassen. Möglichst wenig umrühren, der Reis brennt sonst leichter an. **Garzeit**: 20 Minuten.

Reisrand

1 Rezept Brühreis	herstellen.
	Eine Reisrandform mit
Öl	auspinseln. Reis einfüllen, fest andrücken.
	Backofen – mittlere Schiene – 5 Minuten. **E-Herd**: 125 °C, **Gasherd**: Regler 1. Reisrand auf eine runde Platte stürzen.

Risotto

1 Zwiebel	schälen, würfeln.
250 g Langkornreis	waschen, abtropfen lassen.
20 g Margarine	in einem Topf erhitzen. Die Zwiebelwürfel und den Reis hinzugeben, alles hellgelb rösten.
1/2 l Wasser	und
1 TL gekörnte Brühe	hinzufügen, aufkochen. Herunterschalten. Reis im geschlossenen Topf gar ziehen lassen. Möglichst wenig umrühren. **Garzeit**: 20 Minuten.

Milchreis – Reisbrei

1 l Milch	mit
1 Pr. Salz, 1 EL Zucker	zum Kochen bringen.
250 g Rundkornreis	waschen, in die kochende Milch geben, aufkochen. Herunterschalten. Reis gar ziehen lassen. **Garzeit**: 30 Minuten.
4 EL Zucker	mit
1 TL Zimt	mischen. Reisbrei auf vier Teller füllen. Reisbrei mit dem Zucker-Zimt-Gemisch bestreuen. **Tipp**: Zum Milchreis Kompott servieren, vgl. S. 219.

Lasagne

40 g Butter, 40 g Mehl, ½ l Milch, 1 TL gekörnte Brühe	Helle Soße herstellen, vgl. S. 206.
2 Zwiebeln 250 g Rinderhack 1 EL Mehl 200 g Schältomaten Salz, Pfeffer, Oregano	Hackfleischsoße herstellen, vgl. S. 186.
Margarine	Eine Kasserolle, 30 × 20 cm, oder 2 Auflaufformen mit ausfetten.
200 g Lasagneblätter, roh 100 g geriebenen Gouda	1 Schicht Lasagneblätter in die Form legen, mit je einer Schicht heißer Hackfleischsoße und heller Soße bedecken und mit Käse bestreuen. Dies insgesamt viermal wiederholen: Lasagneblätter, Hackfleischsoße, helle Soße, Käse.
	Überbacken: untere Schiene – 30 Minuten. **E-Herd:** 180 °C, **Gasherd:** Regler 2 bis 3.

Nudelmuffins

250 g Hörnchennudeln 2 l Wasser, ½ TL Salz 150 g Tiefkühlerbsen	in bissfest gar ziehen lassen, vgl. S. 186. die letzten 5 Minuten mitgaren. Nudeln-Erbsen-Mischung abgießen, abtropfen lassen.
2 Frühlingszwiebeln 150 g Champignons	waschen, putzen, in Ringe schneiden. waschen, putzen, in feine Scheiben schneiden.
1 EL Öl	in einer Pfanne erhitzen, Frühlingszwiebeln und Champignonscheiben kurz andünsten.
	Zwiebel-Pilz-Mischung mit der Nudeln-Erbsen-Mischung vermengen.
100 g Gouda 2 Eier 1 Becher Schlagsahne	reiben. mit verquirlen.
Margarine Semmelmehl	Muffinformen mit ausfetten und mit ausstreuen. Nudelmischung in die Muffinformen geben. Mit der Eier-Sahne-Mischung begießen und mit Käse bestreuen.
	Überbacken: mittlere Schiene – 30 Minuten. **E-Herd:** 180 °C, **Gasherd:** Regler 2 bis 3.

Grundrezept: Gemüse, gekocht

750 g wasserarmes Gemüse, z. B. Brokkoli	waschen, Blätter entfernen, Stängel schälen, am unteren Ende kreuzförmig einschneiden.
½ l Wasser	mit
¼ TL Salz	zum Kochen bringen. Brokkoli hineingeben. 15 Minuten kochen.

Blumenkohl

1 mittelgroßen Blumenkohl	putzen, Blumenkohl umgekehrt 10 Minuten in Salzwasser legen, so lässt sich Ungeziefer, z. B. Raupen, entfernen.
½ l Wasser	mit
¼ TL Salz	zum Kochen bringen. Blumenkohlstrunk kreuzförmig einschneiden. Blumenkohl mit dem Strunk nach unten in den Topf geben. Aufkochen lassen, herunterschalten. **Garzeit**: 15 Minuten.

- **Gekocht werden folgende Sorten**: Blumenkohl, Brokkoli, Fenchel, Schwarzwurzeln, Spargel.
- Blumenkohl und Brokkoli können auch gedämpft werden.
- Gemüsewasser nicht weggießen, es enthält wertvolle Nährstoffe.
- Mit dem Gemüsewasser eine helle Soße oder Käsesoße, vgl. S. 206, herstellen.
- Blumenkohl und Brokkoli können mit der Käsesoße überbacken werden.
- **Abwandlung**: **2 EL Semmelmehl oder 2 EL Mandelblättchen in 20 g Butter** anrösten, über das Gemüse geben.

Gemüsesuppe

1 Bund Suppengrün (500 g):	
2 Möhren	und
1 Petersilienwurzel	putzen, waschen, schälen, waschen, längs halbieren, in Würfel schneiden.
1 Stück Sellerie	schälen, waschen, in Würfel schneiden.
1 Porreestange	längs einschneiden, waschen, in Streifen schneiden.
¾ l Brühe	zum Kochen bringen. Suppengrün in die kochende Brühe geben, 15 Minuten garen.
1 Bund Petersilie	waschen, hacken. Gemüsesuppe mit gehackter Petersilie anrichten.

- Auch **andere Gemüsesorten** der Jahreszeit entsprechend können verwendet werden: z. B. Kohlrabi, Erbsen, Bohnen, Kartoffeln.
- Gemüse für die Gemüsesuppe kann zunächst in 30 g Margarine angedünstet und danach in der Brühe gegart werden

Grundrezept: Gemüse, gedünstet

750 g wasserreiches Gemüse, z. B. Möhren	waschen, schälen, waschen. Möhren halbieren, auf die Schnittfläche legen, würfeln.
20 g Butter oder Margarine	in einem Topf erhitzen. Möhren dazugeben, andünsten.
1/8 l Wasser	und
1 Pr. Salz, 1 Pr. Zucker	hinzufügen, 20 Minuten garen.

Ratatouille

2 Zwiebeln	schälen, in Würfel schneiden.
2 Paprikaschoten	waschen, putzen, in Streifen schneiden.
250 g Auberginen	und
250 g Zucchini	und
250 g Tomaten	waschen, putzen, in Scheiben schneiden.
3 EL Öl	erhitzen, Gemüse darin andünsten.
1/8 l Wasser	hinzufügen.
Oregano, Thymian, Basilikum	nach Geschmack hinzugeben, etwa 15 Minuten garen.
Salz und Pfeffer	zum Abschmecken und
Petersilie	zum Anrichten verwenden.

Rotkohl (Blaukraut)

1 kg Rotkohl	Die äußeren Blätter entfernen, Rotkohl vierteln, den Strunk herausschneiden, danach in feine Streifen schneiden oder hobeln.
2 kleine Zwiebeln	schälen, würfeln.
2 kleine säuerliche Äpfel	waschen, schälen, entkernen, würfeln.
30 g Schmalz	erhitzen, Zwiebelwürfel kurz andünsten, Rotkohl und Äpfel mitdünsten.
1/8 l Wasser, Salz, 2 TL Zucker, 2 EL Essig, 2 Nelken, 1 Lorbeerblatt	hinzufügen. **Garzeit:** etwa 45 Minuten, im Dampfdrucktopf: 15 Minuten. Mit
Salz, Zucker, Essig	abschmecken.

- **Folgende Gemüsesorten werden gedünstet:** Auberginen, grüne Bohnen, Kohlrabi, junge Erbsen, Spinat, Mangold, Rosenkohl, Wirsing, Zucchini, Weißkohl, Porree (Lauch), Möhren, Steckrüben, frische Pilze, Paprikaschoten, Gurken, Tomaten, Sauerkraut.
- Durch Fettzugabe kommt es zur Aromabildung, der Energiegehalt wird dadurch jedoch erhöht.

Sauerkraut

2 Zwiebeln	schälen und würfeln.
3 Äpfel	waschen, schälen, entkernen, würfeln.
750 g Sauerkraut	zerpflücken.
30 g Schmalz	erhitzen, die Zwiebelwürfel darin andünsten, Sauerkraut und Apfelwürfel dazugeben.
2 Lorbeerblätter	und
2 Wacholderbeeren	hinzufügen.
1/8 l Wasser	darübergießen. 30 Minuten garen. Evtl.
Zucker	zum Abschmecken verwenden.

Gemüsepuffer

500 g Kartoffeln	waschen, schälen, reiben, gut ausdrücken, abdecken!
500 g Gemüse der Saison, z. B. Kohlrabi, Möhren	waschen, schälen, raspeln, abdecken!
2 Eier, 4 EL Mehl, 4 TL Kräuter: z. B. Majoran, Oregano	und
Salz, Pfeffer	zum Gemüse geben. Alles zu einem Teig verrühren.
2 EL Öl	in einer Pfanne erhitzen. Teig portionsweise hineingeben, flach drücken. Puffer von jeder Seite 3 Minuten braten.

Kartoffel-Möhren-Gratin

	Zwei Gratin- oder Auflaufformen mit
Margarine	ausfetten.
800 g Kartoffeln	und
800 g Möhren	waschen, schälen, in dünne Scheiben schneiden, abdecken!
100 g Gouda	reiben und mit
200 ml Schlagsahne	mischen. Mit
Salz, Pfeffer, Muskat	abschmecken.

Kartoffel-, Möhrenscheiben fächerartig in die Formen geben. Käse-Sahne-Mischung darübergeben.
Überbacken: untere Schiene – 45 Minuten.
E-Herd: 220 °C, **Gasherd:** Regler 3.

Rohkostsalate und Marinaden

Ölmarinade

2 EL Essig oder Zitronensaft	mit
2 EL Öl und 2 EL Wasser	verschlagen.
Salz, Pfeffer und Zucker	zum Abschmecken verwenden.

Sahnemarinade

1/8 l Schlagsahne oder saure Sahne oder Joghurt	mit
2 EL Zitronensaft	verschlagen.
Salz und Zucker	zum Abschmecken verwenden.

Tomaten-Paprika-Salat

1 Rezept Ölmarinade, Zitronensaft	vgl. oben, mit herstellen.
250 g grüne Paprikaschoten	waschen, halbieren, entkernen, in Streifen schneiden.
250 g Tomaten	waschen, die Stängelansätze herausschneiden, Tomaten halbieren, in Scheiben schneiden.
1 Zwiebel	schälen, in feine Würfel schneiden.
	Tomaten, Paprika und Zwiebelwürfel mit der Marinade vermengen.

Rohkostsalate, die wie Tomaten-Paprika-Salat hergestellt werden:

- **Tomatensalat:** 500 g Tomaten und Basilikum.
- **Bohnensalat:** 500 g gedünstete Schnittbohnen und Bohnenkraut.
- **Weißkrautsalat:** 500 g Weißkraut, fein geschnitten, mit etwas Salz und Zucker bestreuen; stampfen, bis sich Flüssigkeit bildet.

Rohkostsalate, die wie Kopfsalat, vgl. S. 186, hergestellt werden:

- **Eisbergsalat:** 300 g Eisbergsalat waschen, vierteln, zerpflücken.
- **Chinakohlsalat:** 400 g Chinakohl waschen, halbieren, Strunk herausschneiden, in Streifen schneiden.
- Verschiedene Blattsalate lassen sich gut mischen.

Gurkensalat

1 Salatgurke	waschen, schälen, in Scheiben schneiden.
1 Rezept Ölmarinade, Essig	vgl. S. 215, mit herstellen.
2 EL Kräuter: Dill, Schnittlauch, Petersilie oder Borretsch	waschen, hacken und unter die Marinade geben. Erst kurz vor dem Anrichten die Marinade über die Gurkenscheiben geben und vermischen.

Möhren-Apfel-Rohkost

1 Rezept Ölmarinade, Zitronensaft	vgl. S. 215, mit herstellen.
300 g Möhren	waschen, schälen, waschen, reiben.
200 g Äpfel	waschen, schälen, raspeln. Zerkleinerte Möhren und Äpfel sofort mit der Marinade vermengen. Mit
Salz und Honig	abschmecken.

Chicoréesalat

1 Rezept Sahnemarinade, Schlagsahne	vgl. S. 215, mit herstellen.
2 bis 3 Chicoréestauden	waschen, putzen, halbieren, den Kern spitz herausschneiden, in 2 cm breite Streifen schneiden.
1 Apfelsine	schälen, teilen, in Stücke schneiden.
1 Apfel	schälen, entkernen, achteln, in Stücke schneiden.
	Chicorée, Apfelsine und Apfel mit der Marinade vermengen. Abschmecken.

Endivien-Nuss-Salat

1 Kopf Endiviensalat	putzen, welke Blätter entfernen, Blätter vom Strunk lösen, waschen, in feine Streifen schneiden.
1 Zwiebel	schälen, fein würfeln, abdecken.
Marinade: 2 EL Öl, 3 EL Himbeeressig, 2 EL Wasser, 1 TL Senf, 1 TL Honig, Salz, Pfeffer	in eine Schüssel geben, glatt rühren.
	Salat und Marinade mischen.
½ Bund Petersilie	waschen, hacken und
5 Walnusskerne	hacken, beides über den Salat streuen.

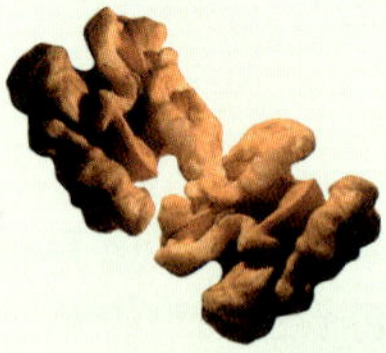

Salate aus gegarten Zutaten

Reissalat

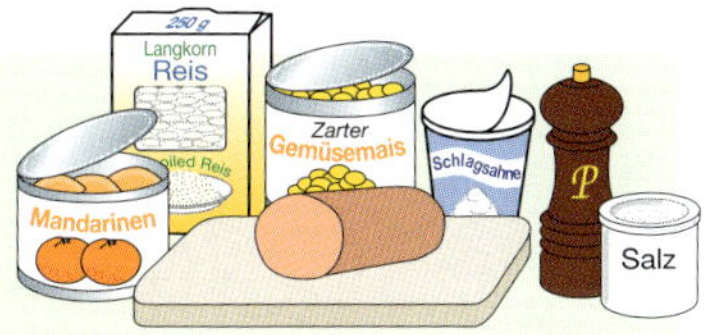

1/4 l Wasser, 1 TL gekörnte Brühe, 125 g Langkornreis	Brühreis herstellen, vgl. S. 210.
1 kl. Dose Mandarinen	in ein Sieb geben, in ein Gefäß abtropfen lassen.
1 kl. Dose Gemüsemais	in ein Sieb geben, abtropfen lassen.
125 g Fleischwurst	in feine Würfel schneiden.
	Mandarinen, Gemüsemais, Fleischwurst und Reis mischen.
200 g Schlagsahne	dazugeben, vermischen. Falls der Salat zu fest ist, etwas Mandarinensaft hinzufügen. Reissalat ziehen lassen.
Salz und Pfeffer	zum Abschmecken verwenden.

Nudelsalat

125 g Nudeln, z. B. Zöpfli,	in
1 l Wasser, 1/2 TL Salz	garen, vgl. S. 186.
200 g TK-Erbsen	garen, in ein Sieb geben, in ein Gefäß abtropfen lassen.
1 Gewürzgurke	in feine Würfel schneiden.
3 Äpfel	waschen, schälen, würfeln.
250 g gekochten Schinken	würfeln.
	Erbsen, Gewürzgurke, Äpfel, gekochten Schinken und Nudeln mischen.
200 g Schlagsahne	dazugeben, vermischen. Nudelsalat ziehen lassen. Falls der Salat zu fest ist, Flüssigkeit von den Erbsen dazugeben.
Salz und Pfeffer	zum Abschmecken und
Kräuter	zum Anrichten verwenden.

Heringssalat

4 Bismarckheringe	in Streifen schneiden.
1 Gewürzgurke	in dünne Scheiben schneiden.
2 Äpfel	waschen, schälen, in Scheiben schneiden.
2 Zwiebeln	schälen, halbieren, in Scheiben schneiden.
1 Becher Crème fraîche	mit
1 TL Meerrettich	mischen. Zu den Zutaten geben, unterheben.
1 Bund Schnittlauch	waschen, zerkleinern, unterheben.

Eierspeisen

Rührei

4 Eier	aufschlagen und mit
4 EL Milch	verschlagen.
2 Pr. Salz, 1 Pr. Pfeffer	dazugeben.
10 g Margarine oder Butter	in einer Pfanne erhitzen. Eiermilch in die Pfanne gießen. Das gestockte Rührei in der Pfanne mit dem Bratenwender von außen nach innen schieben.

Tipp: Rührei kann z. B. auch mit **frischen Kräutern** oder **Schinkenwürfeln** oder **Krabben** zubereitet werden.

Eier in Soße

4 Eier	10 Minuten kochen, abschrecken und pellen.
	Halbierte oder geviertelte Eier in eine Schüssel geben. Die warme Soße darübergießen.

Tipp: Es eignet sich z. B. Senfsoße, vgl. S. 206, oder Currysoße.

Eierfrikassee

4 Eier	10 Minuten kochen, abschrecken und pellen.
1 kl. Dose Champignons	und
1 kl. Dose Spargelstücke	abgießen, die Flüssigkeit auffangen und mit
Wasser	auf ½ l auffüllen.
40 g Butter oder Margarine	im Topf erhitzen.
40 g Mehl	dazugeben, unter Rühren anschwitzen. Die Gemüsebrühe unter Rühren dazugeben, aufkochen. Champignons und Spargel in die Soße geben, darin erhitzen.
Curry, 1 EL Zitronensaft, Salz und Pfeffer	zum Abschmecken verwenden.
1 EL Crème fraîche	unterrühren. Zum Schluss die Eier vierteln und ebenfalls in das Frikassee geben.

Tipp: Eierfrikassee kann im Reisrand serviert werden, vgl. S. 210.

Eierpfannkuchen

250 g Mehl	und
1 Pr. Salz	in eine Schüssel geben.
	Mehl mit
½ l Milch	und
4 Eiern	nach und nach verquirlen.
1 TL Margarine oder Öl	in eine Pfanne geben, erhitzen. So viel Eierkuchenteig in die Pfanne geben, dass der Boden gerade bedeckt ist, backen. Pfannkuchen mit zwei Bratenwendern wenden, zweite Seite backen. Fertige Pfannkuchen warm stellen.

Eierpfannkuchen mit Äpfeln

1 Rezept Eierpfannkuchenteig	herstellen.
500 g Äpfel	waschen, schälen, entkernen, in Scheiben schneiden, abdecken. Je
1 TL Öl	in einer Pfanne erhitzen, so viel Eierkuchenteig in die Pfanne geben, dass der Pfannenboden gerade bedeckt ist. Apfelstücke darauflegen, Eierpfannkuchen von beiden Seiten goldbraun backen.
Zucker und Zimt	zum Bestreuen des fertigen Eierpfannkuchens verwenden.

Tipp: Anstelle von Apfelscheiben können auch **Schinken-** oder **Fleischwurstwürfel** in der Pfanne angebraten und dann mit Eierpfannkuchenteig bedeckt werden.

Pflaumenkompott

500 g Pflaumen	waschen, halbieren, entsteinen, mit
40 g Zucker	gar dünsten.
Zucker	evtl. zum Abschmecken verwenden.

Auf die eine Hälfte des Eierpfannkuchens Pflaumenkompott geben, Eierpfannkuchen zusammenklappen.

Tipp: Eierpfannkuchen können auch mit Apfelmus, vgl. S. 229, oder Hackfleischsoße, vgl. S. 186, gefüllt werden.

Grundrezept: Hackfleischteig

1 Brötchen	in Wasser einweichen.
1 Zwiebel	schälen, fein würfeln.
1 Ei	aufschlagen.
250 g Rinderhack	in eine Schüssel geben. Zwiebelwürfel und Ei dazugeben. Brötchen ausdrücken, ebenfalls hinzufügen. Zutaten mit dem Knethaken oder mit der Gabel gut vermischen. Bei Bedarf Semmelmehl zugeben. Mit
Salz und Pfeffer	abschmecken.

Frikadellen

1 Rezept Hackfleischteig	herstellen.
	4 Frikadellen formen, flach drücken.
1 EL Öl	in der Pfanne erhitzen. Frikadellen von jeder Seite 3 bis 4 Minuten goldbraun braten.

Gefüllte Paprikaschoten

1 Rezept Hackfleischteig	herstellen.
4 grüne Paprikaschoten	waschen, entstielen, einen Deckel abschneiden, Kerne und weiße Scheidewände entfernen. Hackfleischteig in die Paprikaschoten füllen.
1 Zwiebel	schälen und fein würfeln.
3 EL Tomatenmark	mit den Zwiebelwürfeln,
20 g Mehl, 20 g Margarine	und
Salz und Pfeffer	vermengen, einen Kloß formen.
	Paprikaschoten in eine Auflaufform stellen.
½ l Wasser	dazugeben. Den Mehl-Fett-Kloß ebenfalls dazugeben. Auflaufform abgedeckt in den Backofen stellen. Untere Schiene – 50 Minuten. **E-Herd:** 200 °C, **Gasherd:** Regler 3.
	Paprikaschoten herausnehmen, warm stellen. Soße mit dem Schneebesen verrühren.
Salz, Pfeffer und Paprika	zum Abschmecken verwenden.

Schnitzel, paniert

4 Schnitzel (Schwein oder Kalb)
Salz, Pfeffer

---

4 EL Mehl
1 Ei
80 g Semmelmehl

---

20 g Öl
4 Zitronenscheiben

Je einen tiefen Teller mit Mehl, verschlagenem Ei und Semmelmehl für das Panieren bereitstellen.

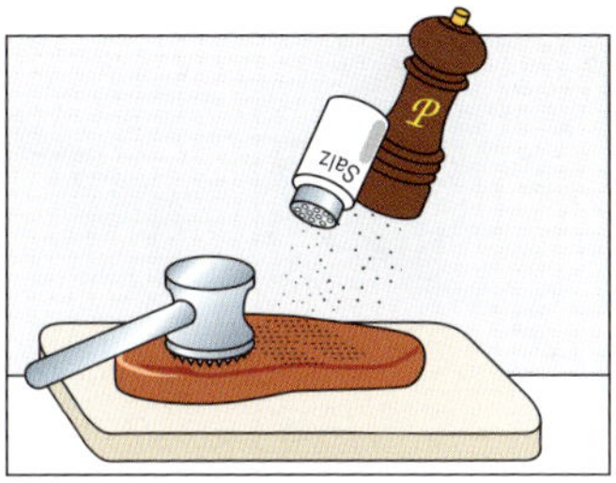

Schnitzel klopfen und mit Salz und Pfeffer würzen.

Schnitzel zunächst in Mehl wenden, abschütteln.

Dann in verschlagenem Ei wenden.

In Semmelmehl wenden. Semmelmehl festklopfen.

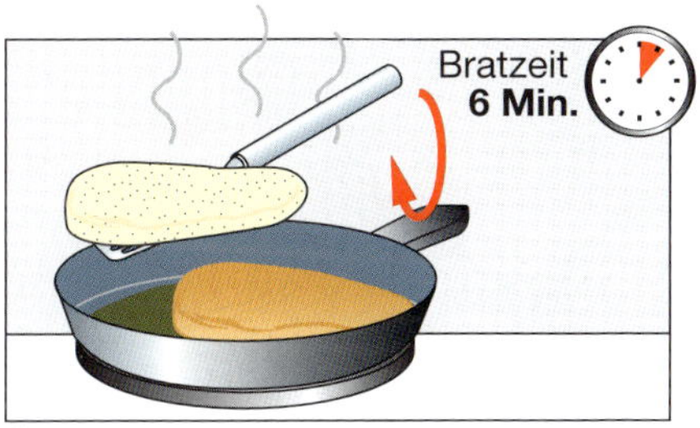

Öl erhitzen. Schnitzel 3 Minuten braten. Schnitzel wenden, nochmals 3 Minuten braten. Mit Zitronenscheiben servieren.

Schweinefilet mit Kräutersahne

½ Bund Frühlingszwiebeln ½ Bund Majoran, Thymian	waschen, putzen, in Röllchen schneiden. Je waschen, klein schneiden.
400 g Schweinefilet Salz, Pfeffer, Senf 2 EL Öl 100 ml Brühe	waschen, trocken tupfen. Fleisch mit einreiben. erhitzen, Fleisch von allen Seiten anbraten. Mit ablöschen, 10 Minuten schmoren lassen. Fleisch herausnehmen, warm stellen.
100 g Crème fraîche mit Kräutern Salz, Pfeffer, Senf	 in die Garflüssigkeit einrühren. Soße mit abschmecken. Zwiebeln und Kräuter hinzufügen, 2 Minuten garen. Fleisch aufschneiden, in der Soße anrichten.

Gebratenes Fischfilet

750 g Fischfilet, z. B. Rotbarsch
1 Zitrone
Salz
3 EL Mehl
50 g Öl zum Braten

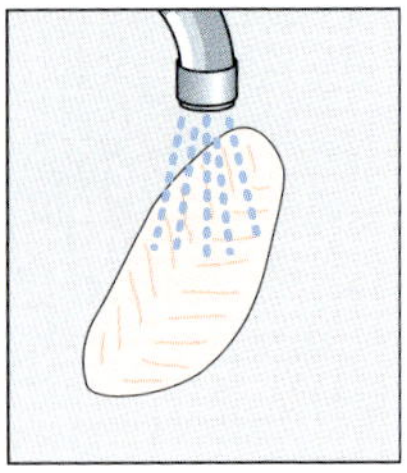

Fischfilet säubern.

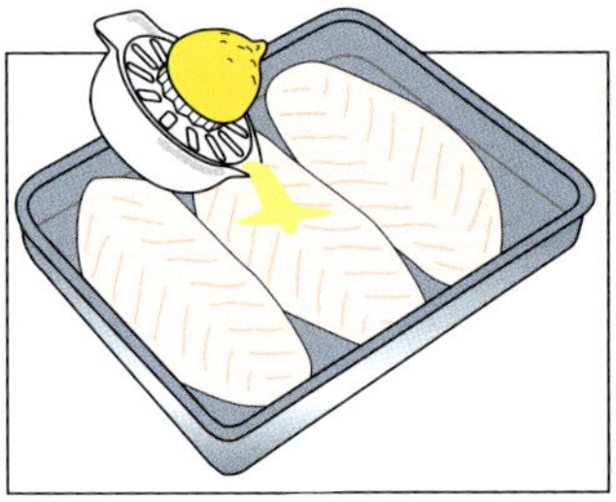

Fischfilet säuern.

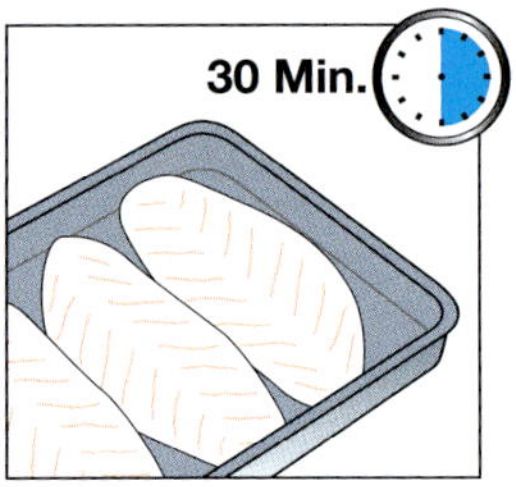

30 Minuten stehen lassen.

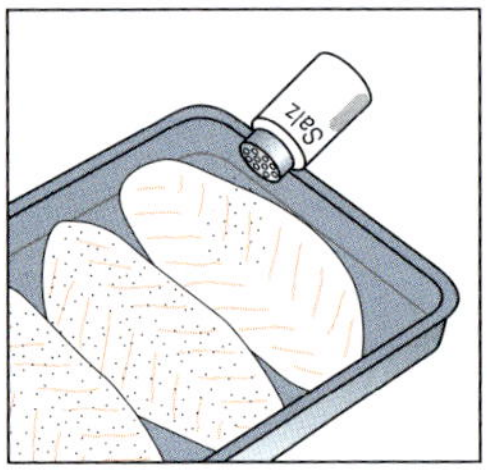

Fischfilet salzen.

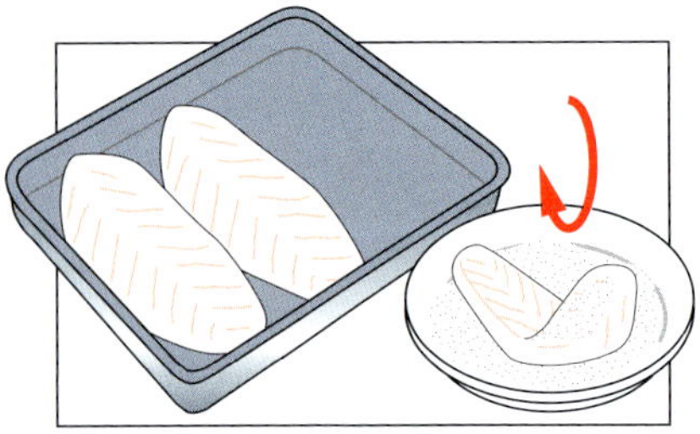

Fischfilet in Mehl wenden.

Öl in der Pfanne erhitzen.

Fischfilet von beiden Seiten je 5 Minuten goldbraun braten.

Fischstäbchen, selbst hergestellt

400 g Seelachsfilet	säubern. Fischfilet in 5 cm lange und 2 cm breite Stäbchen zerschneiden. Fischstäbchen säuern und salzen.
Mehl, **verschlagenem Ei,** **Semmelmehl**	Je einen Teller mit bereitstellen. Fischstäbchen in Mehl, Ei und Semmelmehl panieren, vgl. S. 221.
4 EL Öl	in einer Pfanne erhitzen, Fischstäbchen von beiden Seiten goldbraun und knusprig braten.
	Tipp: Fischstäbchen mit Kartoffelsalat, vgl. S. 209, und grünem Salat, vgl. S. 186, servieren.

Chopsuey

400 g Hähnchenbrustfilet	in Streifen schneiden.
3 EL süße Sojasoße, 1 Pr. Salz, 2 EL Wasser 2 TL Stärke	und verrühren. Fleisch darin 10 Minuten marinieren.
250 g Staudensellerie, 250 g Möhren	waschen, putzen, in Scheiben schneiden.
1 EL Öl	erhitzen, das abgetropfte Fleisch darin anbraten. Gemüse dazugeben, mitdünsten. Marinade und
1/8 l Wasser	dazugeben. 15 Minuten garen. Mit
Sojasoße	abschmecken.
200 g Brühreis	getrennt zubereiten, vgl. S. 210. Fleisch-Gemüse-Mischung mit Reis servieren.

Bamigoreng

400 g Schweinefleisch	in feine Streifen schneiden.
4 kleine Zwiebeln	schälen, würfeln.
400 g Möhren, 1 Stange Porree, 250 g Chinakohl	waschen, putzen, fein zerkleinern.
1 EL Öl	erhitzen, Fleisch anbraten. Gemüse und
1/4 l Wasser	dazugeben. 15 Minuten dünsten.
2 l Wasser, 1/2 TL Salz	zum Kochen bringen.
200 g Fadennudeln	darin 10 Minuten gar ziehen lassen. Fadennudeln abgießen, unter das Fleisch und Gemüse heben. Mit
Sojasoße, Salz, Pfeffer	abschmecken.

Chili con Carne

1 Gemüsezwiebel	schälen, halbieren, würfeln.
50 g durchw. Speck	würfeln,
2 rote Paprikaschoten	waschen, putzen, würfeln.
	Speck anbraten, Zwiebeln glasig dünsten.
350 g Rinderhack	und
70 g Tomatenmark	dazugeben, mitbraten. Paprikawürfel,
1 gr. Dose rote Bohnen	und
1 gr. Dose Schältomaten	hinzufügen, alles 5 Minuten garen. Mit
Salz, Pfeffer, Paprika, Chilipulver	abschmecken und mit
gehackter Petersilie	servieren.

Brokkolihähnchen – Wok

400 g Hähnchenbrustfilet	waschen, trocken tupfen, in feine Scheiben schneiden.
Würzsoße: 1 EL Sojasoße	mit
1 TL Stärke	mischen und
1 EL Rapsöl	unterrühren.
500 g Brokkoli	waschen, putzen, in Röschen zerteilen.
1 Zwiebel	schälen, fein würfeln. Gemüse abdecken.
1 EL Rapsöl	im heißen Wok erhitzen.
100 g Mandelblätter	goldbraun rösten, herausnehmen.
	Fleisch portionsweise 2 bis 3 Minuten unter Rühren braun anbraten. Herausnehmen, warm stellen.
Brokkoli und Zwiebelwürfel	4 Minuten unter Rühren anbraten. Würzsoße und
½ l Hühnerbrühe	dazugeben. Aufkochen lassen. Fleischstreifen dazugeben. 1 Minute rühren. Mit
Salz und Pfeffer	abschmecken, mit den Mandelblättchen bestreuen.

Hähnchenbrustcurry mit Mango – Wok

400 g Hähnchenbrustfilet	waschen, trocken tupfen, in feine Scheiben schneiden.
Würzsoße: 1 Zitrone	auspressen. Zitronensaft mit
3 EL Sojasoße	mischen und die Fleischscheiben 1 Stunde darin einlegen.
2 Stangen Lauch	waschen, putzen, waschen, in Ringe schneiden.
1 Mango	waschen, schälen. Das Fruchtfleisch in feine Scheiben schneiden.
1 EL Rapsöl	im Wok erhitzen. Die Fleischscheiben darin nach und nach unter Rühren 2 Minuten braten. Warm stellen.
2 EL Rapsöl	im Wok erhitzen. Die Lauchringe 3 Minuten im Wok rühren. Mit
1 EL Curry	bestäuben und kurz anbraten. Würzsoße und
⅛ l Fleischbrühe	angießen. Aufkochen lassen.
	Fleischstreifen und Mangoscheiben dazugeben. 2 Minuten rühren. Mit
Salz und Pfeffer	abschmecken.

Indische Currysuppe – Mikrowelle

40 g Butter oder Margarine	und
40 g Mehl	zu einem Kloß vermengen.
4 Bananen	pürieren.
	Bananenmus mit
1 TL Curry,	dem Fett-Mehl-Kloß,
$^1/_4$ l Brühe, $^1/_2$ l Milch	in eine Schüssel geben, zugedeckt mit 780/600/500 Watt ca. 10/13/15 Minuten garen. Zwischendurch mehrmals umrühren. Mit
Salz, Zucker, Curry	und
4 EL geschlagener Sahne	abschmecken. Mit
gerösteten Mandelblättchen	in Suppentassen anrichten.

Herzhafte Fischschnitte – Mikrowelle

750 g Seelachsfilet	säubern, säuern, salzen.
1 Zwiebel	schälen, in Scheiben schneiden.
4 Tomaten	waschen, putzen, in Scheiben schneiden. Die Hälfte des Fischfilets in eine Schüssel legen. Zwiebel- und Tomatenscheiben darauf verteilen.
4 dünne Scheiben Gouda	und
1 EL Rosmarin	ebenfalls auf dem Fischfilet verteilen. Restliches Fischfilet darauflegen. Zugedeckt zunächst mit 780/600/500 Watt 4/6/7 Minuten und dann mit 450 Watt ca. 10 Minuten garen.

Dampfnudeln – Mikrowelle

375 g Mehl	in eine Rührschüssel geben und mit
1 Päckchen Trockenbackhefe	sorgfältig mischen.
60 g Zucker, 1 Ei, 75 g zerlassene Butter, ca. $^1/_8$ l lauwarme Milch	hinzufügen. Zu einem glatten Teig verarbeiten. Teig mit 80 Watt ca. 15 Minuten aufgehen lassen. Teig nochmals durchkneten. Eine Rolle formen. In gleich große Stücke schneiden und diese zu Kugeln formen. Teigkugeln nebeneinander in eine Auflaufform setzen, ca. 10 Minuten bei 80 Watt gehen lassen.
$^1/_8$ l lauwarme Milch,	
20 g zerlassene Butter	und
20 g Zucker	mischen, über die Dampfnudeln geben. Zugedeckt mit 780/600/500 Watt ca. 5/7/8 Minuten garen.

Fleischspieße – Grill

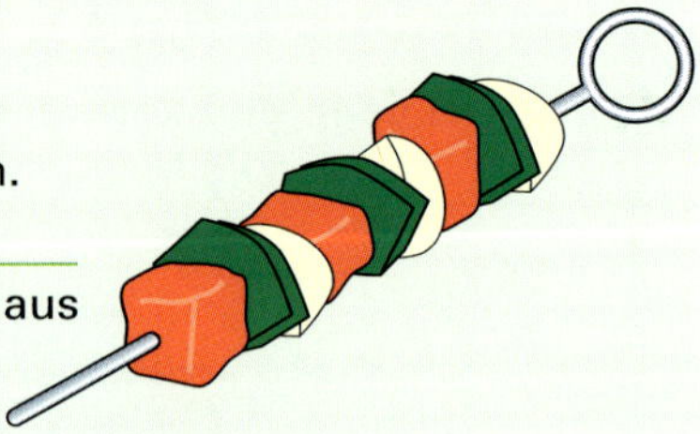

500 g Rindfleisch 2 Zwiebeln	waschen, trocken tupfen, in 2 cm große Würfel schneiden. schälen, darüberreiben.
4 EL Zitronensaft, 3 EL Öl, Salz, Pfeffer, Paprika Thymian	Eine Marinade – vgl. S. 215 – aus und herstellen und über das Fleisch geben. Fleisch mindestens 2 Stunden abgedeckt durchziehen lassen.
2 große Zwiebeln 2 Paprikaschoten	schälen und vierteln. waschen, halbieren, putzen und in 2 cm große Quadrate schneiden.
	Auf Spieße abwechselnd Fleisch, Paprika, Zwiebel, Fleisch, Paprika usw. stecken.
	Grill vorheizen. Spieße 6 bis 8 Minuten unter Wenden grillen.

Kartoffeln mit Käse – Raclette

800 g Kartoffeln	waschen, Pellkartoffeln kochen. Pellen, in Scheiben schneiden.
500 g Raclettekäse	Rinde entfernen, in ½ cm dicke Scheiben schneiden, auf einer Platte anrichten.
	Jeweils Kartoffelscheiben und eine Scheibe Raclettekäse in die Raclettepfännchen legen und im Raclettegerät schmelzen lassen. Dazu kann Gurken- oder Tomatensalat gereicht werden.

Rösti mit Käse – Raclette

500 g Kartoffeln 2 Eiern und 1 EL Schlagsahne Salz, Pfeffer, Muskat	waschen, schälen und raspeln. Kartoffelraspel in eine Schüssel geben. Mit vermengen. Mit würzen.
Etwas Öl	in eine Pfanne geben. Je 1 EL Kartoffelmasse in ein Pfännchen geben. Flach drücken, unter Wenden goldgelb backen.
200 g Gouda	in Scheiben schneiden.
	Je ein Rösti in ein Raclettepfännchen geben. Mit einer Käsescheibe bedecken. Im Raclettegerät überbacken, bis der Käse schmilzt und zu bräunen beginnt.

Dips auch für Gemüsesticks

Gemüsesticks

700 g Gemüse, z. B. Möhren, Kohlrabi	und
Paprikaschoten	waschen, putzen und in Sticks schneiden.

Quarkdip

200 g Magerquark, 1 Becher Crème fraîche	und
3 EL Buttermilch	in eine Schüssel geben und glatt verrühren.
1 Bund gemischte Kräuter	waschen, trocken tupfen, putzen und fein hacken. Kräuter unter den Dip rühren.
	Dip mit
Salz und Pfeffer	abschmecken.

Thunfischdip

1 Tomate	mit kochendem Wasser kurz überbrühen. Die Haut von der Tomate abziehen, die Tomate halbieren, entkernen und fein würfeln.
1 kleine Zwiebel	schälen und fein würfeln.
10 Basilikumblätter	waschen, trocken tupfen und in Streifen schneiden.
1 Dose Thunfisch (185 g)	öffnen, Thunfisch abtropfen lassen und mit der Gabel zerdrücken. Thunfisch mit
150 g Frischkäse	verrühren. Tomate, Zwiebeln und Basilikumblätter unterrühren.
	Dip mit
Salz und Pfeffer	abschmecken.

Schafskäsedip

1 Ei	hart kochen, abschrecken und pellen.
200 g Feta	mit der Gabel zerdrücken und mit
100 g saurer Sahne	verrühren. Das Ei hacken und unterrühren.
1 Bund Schnittlauch	waschen, trocken tupfen, zerschneiden und unterrühren.
	Dip mit
Zitronensaft, Salz und Pfeffer	abschmecken.

Brotaufstriche

Avocadocreme

1 reife Avocado	halbieren, den Kern entfernen. Fruchtfleisch mit einem Löffel herauslösen und mit
Zitronensaft	beträufeln.
5 EL saure Sahne	und
2 TL Senf	zum Fruchtfleisch geben, dies mit dem Pürierstab zerkleinern.
2 EL Kresse	und
1 Bund Schnittlauch	waschen, klein schneiden und zur Avocadocreme geben und diese mit
Salz und Pfeffer	abschmecken.

Liptauer Käse

50 g Butter,	
250 g Magerquark,	
1 TL Senf	und
1 EL Ketchup	glatt rühren.
1 Zwiebel,	
½ rote Paprika	und
1 Gewürzgurke	fein gewürfelt dazugeben. Mit
Salz und Paprika	abschmecken.

Schmelzkäseaufstrich

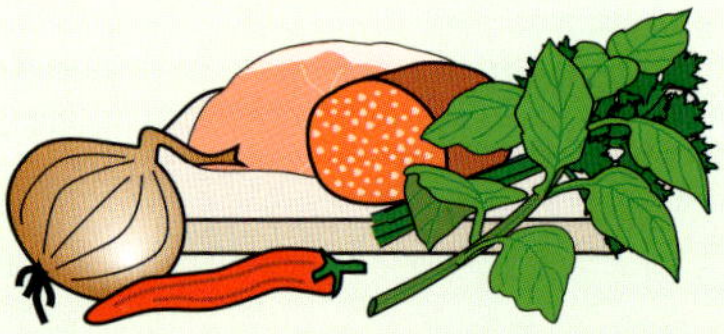

250 g Schmelzkäse (45 % Fett i. Tr.)	mit
1 EL Schlagsahne,	
1 EL Tomatenmark	und
1 EL Chilisoße	glatt rühren.
1 Zwiebel,	
1 Peperoni,	
50 g Salami	und
50 g gekochten Schinken	fein würfeln, unterrühren.
Petersilie, Basilikum	hacken, untermischen. Creme abschmecken.

Rosinella

350 g Sahnequark	mit
1 EL Honig	glatt rühren.
100 g Sultaninen	waschen, abtupfen, hacken.
50 g Haselnüsse	fein hacken. Alle Zutaten vermischen.

Süßspeisen

Obstsalat, Winter

2 EL Zitronensaft	mit
1 EL Honig	mischen.
2 Apfelsinen	schälen, teilen, in Stücke schneiden.
2 Äpfel	waschen, schälen, entkernen, in dünne Scheiben schneiden.
2 Bananen	schälen, in dünne Scheiben schneiden.
40 g gehackte Haselnüsse	über das Obst geben. Gesüßten Zitronensaft über das Obst geben, mischen.

Obstsalat, Sommer

2 EL Zitronensaft	mit
1 EL Honig	mischen.
1 Pfirsich	waschen, schälen, entsteinen, würfeln.
2 Birnen	waschen, schälen, entkernen, würfeln.
250 g Weintrauben	waschen, halbieren, entkernen.
125 g Rote Johannisbeeren	waschen, entstielen.
	Obst vorsichtig mit dem gesüßten Zitronensaft mischen.

Apfelmus

750 g Äpfel	waschen, vierteln, in dünne Scheiben schneiden, mit
8 EL Wasser	gar dünsten. Durch ein Sieb passieren. Mit
Zimt, Zitronensaft, Zucker	abschmecken.

Erdbeereis

250 g Erdbeeren	waschen, putzen, halbieren, mit einer Gabel zerdrücken.
100 ml Wasser	daruntermischen.
300 g Schmand	mit
1 Vanillezucker	steif schlagen.
	Den Schmand vorsichtig unter die Erdbeermasse heben. Fruchtmasse in zwei Eisschalen füllen, gefrieren lassen.

Tipp: Anstelle von Erdbeeren kann man auch andere Obstsorten, z. B. **Himbeeren** oder **Brombeeren** oder **Bananen**, nehmen.

Mandarinenquark

250 g Mandarinen	schälen, in Stücke schneiden.
250 g Magerquark	mit
1/8 l Milch oder Schlagsahne	und
2 EL Zucker	und
1 Vanillinzucker	mischen. Mandarinenstücke vorsichtig unter den Speisequark heben.

- Anstelle von Mandarinen können auch andere Obstsorten, z. B. **Himbeeren, Pfirsiche, Apfelsinen** oder **Weintrauben**, verwendet werden.
- **Kräuterquark:** 2 EL gehackte Kräuter, eine fein gewürfelte Zwiebel, Salz und Pfeffer anstelle von Erdbeeren und Zucker verwenden.

Schwarzwaldbecher

250 g Quark	mit
4 EL Milch,	
2 EL Zucker	glatt rühren.
250 g entsteinte Sauerkirschen	abtropfen lassen.
50 g Schokolade	reiben.
	In Glasschälchen abwechselnd Quark, Kirschen, geriebene Schokolade und als Letztes eine Schicht Quark geben.
4 Kirschen	zum Garnieren des Quarks verwenden.

Quarkauflauf mit Äpfeln

3 Eier	mit
125 g Zucker	schaumig rühren.
500 g Magerquark	und
1 Pr. Salz	ebenfalls unterrühren.
1/2 Backpulver	mit
75 g Grieß	vermischen. Grieß und Backpulver unter die Eier-Quark-Masse rühren.
500 g Äpfel	waschen, schälen, vierteln, entkernen, in feine Scheiben schneiden und zu der Quarkmasse geben.
Margarine	zum Ausfetten einer Auflaufform verwenden. Quarkmasse in die Auflaufform geben. Auf einem Rost – untere Schiene – 40 Minuten garen.
	E-Herd: 200 °C, **Gasherd:** Regler 3.

Vanillecreme, einfach

½ l Milch
½ Vanilleschote
40 g Stärke
30 g Zucker
1 Pr. Salz

Verfeinerung
1 Eigelb
1 Eischnee

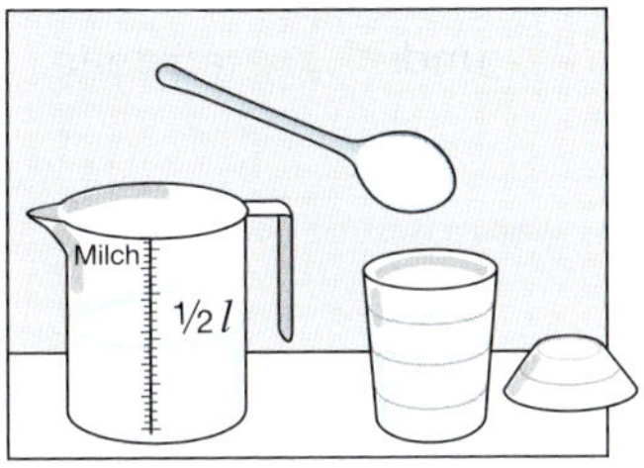

8 EL Milch in einem Schüttelbecher abmessen.

Restliche Milch in einen Topf geben. Vanilleschote aufschneiden, auskratzen. Mark und Schote in die Milch geben.

Stärke zu der kalten Milch im Schüttelbecher geben, verrühren oder durchschütteln.

Ein Ei trennen, Eigelb zu der angerührten Stärke geben, verrühren, Eiklar in eine Rührschüssel geben.

Milch mit dem Zucker und 1 Pr. Salz zum Kochen bringen.

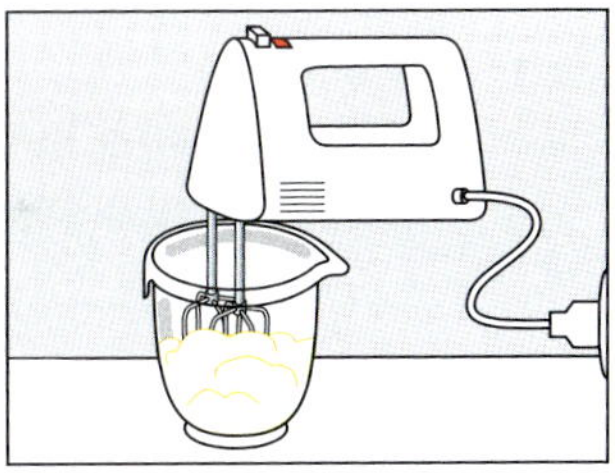

In der Zwischenzeit Eiklar zu Eischnee schlagen.

Kocht die Milch, Vanilleschote herausnehmen. Die angerührte Stärke in die Milch einrühren, aufkochen lassen.

Topf von der Platte nehmen, den Eischnee vorsichtig unterheben.

Creme in mit kaltem Wasser ausgespülte Formen geben. Kalt stellen.

Creme stürzen. Evtl. mit Schokoladensoße servieren.

Schokoladencreme, einfach

1/2 l Milch	abmessen, 8 EL Milch abnehmen. Die restliche Milch in einen Topf geben, mit
20 g Zucker, 1. Pr. Salz	zum Kochen bringen.
40 g Stärke, 20 g Zucker	und
2 EL Kakao	mit der abgenommenen Milch verrühren. In die kochende Milch einrühren. Schokoladencreme aufkochen lassen, in ausgespülte Formen geben, kalt stellen. Stürzen.

Karamellcreme, einfach

1/2 l Milch	abmessen, 8 EL Milch abnehmen.
100 g Zucker	in einem Edelstahltopf unter Rühren erhitzen, bräunen lassen. Topf von der Platte nehmen.
	Vorsichtig – sehr heiß!
	Karamellmasse vorsichtig mit
4 EL heißem Wasser	und der Milch ablöschen. Karamellmasse aufkochen lassen.
	In der Zwischenzeit:
40 g Stärke	und
10 g Zucker	in der abgenommenen Milch anrühren, in die kochende Karamellmilch einrühren, aufkochen lassen. Creme in ausgespülte Formen füllen, kalt stellen. Stürzen.
	Tipp zur Verfeinerung: **20 g gehackte Mandeln** und **1 Eischnee** unterheben.

Rote Grütze

250 ml Wasser oder Obstsaft, z. B. Brombeersaft,	abmessen, davon 8 EL abnehmen.
200 g Früchte, z. B. Brombeeren,	waschen, putzen, in die Flüssigkeit geben.
Evtl. Zucker	zum Süßen verwenden. Flüssigkeit zum Kochen bringen. In der Zwischenzeit:
40 g Stärke	mit der abgenommenen Flüssigkeit verrühren und in den kochenden Saft einrühren. Rote Grütze aufkochen lassen. In Formen geben, kalt stellen, stürzen.

Milchmixgetränke

Projekt

1. Berechnet die Preise für die Milchmixgetränke.
2. Informiert euch über die Herstellung der Getränke.
3. Organisiert die Arbeitsverteilung.
4. Erstellt Getränkekarten für die Milchmixgetränke.
5. Nehmt Bestellungen für die Getränke entgegen.
6. Bereitet die Getränke zu und verkauft sie.

Bananenmilch

2 Bananen	schälen und mit
½ l Milch	im Mixer mischen,
1 EL Zitronensaft, Zucker	zum Abschmecken.

Mandarinenbuttermilch

½ kleine Dose Mandarinen	mit
½ l Buttermilch	mischen, im Mixer zerkleinern. Mit
2 bis 3 EL Zucker	abschmecken.

Joghurt, pikant

2 Becher Joghurt	mit
600 ml Tomatensaft	im Mixer mischen. Mit
2 bis 3 EL gehackten Kräutern, 1 Pr. Salz	abschmecken.

Süßer Traum

½ l Milch	mit
½ Packung Erdbeereis	in den Mixer geben, verschlagen. Sofort servieren.

Kefir-Drink

¼ l Kefir	und
400 ml Maracujasaft	im Mixer mischen. Mit
1 EL Honig	abschmecken.

Apfelsinenmilch

2 Apfelsinen	auspressen, unter Rühren
½ l Milch	untermischen, die Milch gerinnt sonst.
1 EL Zitronensaft, Zucker	zum Abschmecken.

Grundrezept: Rührmasse

125 g Margarine	in einer Rührschüssel mit
125 g Zucker	schaumig rühren.
2 Eier	dazugeben, schaumig rühren.
250 g Mehl	mit
2 gestr. TL Backpulver	mischen. Mehl abwechselnd mit
4 EL Milch (1/16 l)	unter die Fett-Zucker-Ei-Masse rühren.

Blitzkuchen (12 Stück)

1 Rezept Rührmasse	herstellen.
Margarine	zum Einfetten eines Backblechs. Rührmasse gleichmäßig auf dem halben Backblech verteilen.
40 g Butter	in Flöckchen auf die Masse geben.
2 EL Zucker	und
100 g Mandelsplitter	darüberstreuen.
	Backen: mittlere Schiene – 20 bis 25 Minuten.
	E-Herd: 220 °C, **Gasherd:** Regler 4.

Marmorkuchen (12 Stück)

1 Rezept Rührmasse	herstellen.
	1/3 der Rührmasse abnehmen.
1 EL Zucker,	
1 gehäuften EL Kakao	und
1 EL Milch	unter das abgenommene Drittel der Masse mischen.
Margarine	zum Einfetten einer Kastenform. Die Hälfte der hellen Masse in die Kastenform füllen. Dann die dunkle Masse darübergeben und obenauf den Rest der hellen Masse füllen.
	Backen: untere Schiene – 40 Minuten.
	E-Herd: 180 °C, **Gasherd:** Regler 2.

Nusskuchen (12 Stück)

1 Rezept Rührmasse	herstellen, anstelle von 250 g Mehl
125 g Mehl	und
125 g gemahlene Haselnüsse	verwenden.

Grundrezept: Quarkölteig, süß

150 g Magerquark,	
75 g Zucker,	
6 EL Milch, 6 EL Öl	und
1 Pr. Salz	in eine Rührschüssel geben. Zutaten verkneten.
1 Backpulver	unter
300 g Weizenmehl	mischen. Mehl-Backpulver-Gemisch unterkneten.

Obstkuchen (16 Stück)

1 Rezept Quarkölteig	herstellen.
1 kg Obst, z. B. Zwetschgen	waschen, halbieren, entsteinen.
Margarine	zum Einfetten eines Backblechs. Teig auf dem Backblech ausrollen. Zwetschgen mit der Innenfläche nach oben auf den Teig legen. **Backen:** mittlere Schiene – 20 Minuten. **E-Herd:** 200 °C, **Gasherd:** Regler 3. Zwetschgenkuchen nach dem Backen mit etwas Zucker bestreuen.

Streuselkuchen (16 Stück)

1 Rezept Quarkölteig	herstellen.
Streusel: 200 g Butter oder Margarine	in einem Topf verflüssigen. Mit
300 g Mehl	und
300 g Zucker	und
1 Vanillinzucker	in eine Rührschüssel geben. Zutaten mit dem Handrührgerät – Knethaken – zu Streuseln vermengen.
Margarine	zum Einfetten eines Backblechs. Teig auf dem Backblech ausrollen. Streusel auf den Teig krümeln. **Backen:** mittlere Schiene – 20 Minuten. **E-Herd:** 200 °C, **Gasherd:** Regler 3.

Obstkuchen mit Streuseln (16 Stück)

1 Rezept Quarkölteig	herstellen.
½ Rezept Streusel	herstellen.
1 kg Obst	waschen, putzen, zerkleinern.
	Obst auf den Teig legen, Streusel darüberstreuen.

Grundrezept: Mürbeteig

250 g Mehl	auf ein Backbrett bzw. in eine Schüssel geben. In die Mitte eine Vertiefung drücken.
65 g Zucker	und
1 Ei	in die Vertiefung geben.
125 g Margarine	in kleinen Stücken auf den Rand geben.
	Zutaten von der Mitte her zunächst verrühren, dann schnell durchkneten. Den Teig 15 Minuten kalt stellen.

Apfelkuchen mit Rahmguss (12 Stück)

1 Rezept Mürbeteig	herstellen.
Margarine	zum Einfetten einer Springform. 2/3 des Teiges auf dem Boden der Form ausrollen, mehrmals mit einer Gabel einstechen. Aus dem Rest in der Springform einen Rand formen.
50 g Sultaninen	waschen.
750 g säuerliche Äpfel	waschen, schälen, vierteln, entkernen, in Scheiben schneiden. Die Apfelscheiben schuppenförmig auf dem Teigboden verteilen.
	Sultaninen mit
50 g Mandelblättchen	über die Äpfel geben. Mit
1 EL Zucker	und
1 TL Zimt	bestreuen.
Rahmguss: 3 Eier	mit
80 g Zucker	schaumig rühren,
200 g geschlagene Sahne	unterheben.
	Guss über den Kuchen gießen.
	Backen: mittlere Schiene – 45 Minuten.
	E-Herd: 180 °C, **Gasherd:** Regler 2.

Kleingebäck, süß

1 Rezept Mürbeteig	herstellen.
	Teig ausrollen. Kreise und andere Formen ausstechen. Plätzchen auf ein gefettetes Backblech legen. Mit
Eigelb oder Kondensmilch	bestreichen. Mit
Hagelzucker	oder
gehackten Nüssen	bestreuen.
	Backen: obere Schiene – 5 Minuten.
	E-Herd: 200 °C, **Gasherd:** Regler 3.

Gemüsequiche (8 Stück)

250 g Mehl	auf ein Backbrett geben. Eine Vertiefung in die Mitte drücken. In die Vertiefung
1 Ei und 1/4 TL Salz	geben.
125 g Butter oder Margarine	in kleinen Stücken auf den Rand geben. Zutaten von der Mitte her verrühren, dann gut durchhacken. Teig mit den Handballen schnell durchkneten. Teig ausrollen, in eine gefettete Springform geben, einen Rand formen.
Belag	auf den Teig geben. **Backen:** mittlere Schiene – 35 Minuten **E-Herd:** 180 °C, **Gasherd:** Regler 2

Lauchquiche-Belag

2 Stangen Lauch	putzen, waschen, in Streifen schneiden.
1 EL Butter oder Margarine	erhitzen, Lauch andünsten. Mit
Salz, Pfeffer, 1 Pr. Zucker	abschmecken.
1 TL Mehl	über den Lauch stäuben, durchschwitzen lassen.
100 g Gouda	reiben.
200 ml Schlagsahne,	
4 Eier, Salz, Pfeffer	und
Muskat	verquirlen.
	Lauch auf dem Teig verteilen. Käse darüberstreuen und die Sahne-Ei-Masse darübergießen.

Brokkoliquiche-Belag

500 g Brokkoli	waschen, in Röschen zerteilen. In
1/4 l Brühe	10 Minuten garen, abtropfen lassen.
100 g Emmentaler	reiben und mit
1 Becher saurer Sahne,	
4 Eiern, Salz, Pfeffer	und
Muskat	verquirlen.
	Brokkoliröschen auf dem Teig verteilen.
50 g Speckwürfel	darüberstreuen. Die Sahne-Ei-Masse darübergießen.

Grundrezept: Hefeteig, salzig

500 g Mehl	in eine Rührschüssel geben, in die Mitte eine Vertiefung drücken.
40 g Hefe	in die Vertiefung bröckeln.
1 TL Zucker	darüberstreuen.
1/8 l lauwarme Milch	dazugeben. Milch mit Hefe, Zucker und etwas Mehl verrühren.
50 g Margarine	verflüssigen, lauwarm auf den Mehlrand geben,
1/2 TL Salz	auf den Rand streuen.
	Teig von der Mitte her verkneten.
1/8 l lauwarme Milch	dazugeben. Kräftig durchkneten, bis sich der Teig vom Schüsselrand löst. Der Teig soll weich und formbar sein, also evtl. mehr Milch oder Mehl dazugeben.

Pizza (8 Stück)

1 Rezept Hefeteig, salzig	herstellen.
	Teig auf einem gefetteten Backblech ausrollen. 20 Minuten abgedeckt an einem warmen Ort gehen lassen. Tipp: Der Teig geht schneller, wenn er abgedeckt in einen auf 50 °C vorgeheizten Backofen gestellt wird.
Belag: 200 g Zwiebeln	schälen, in Scheiben schneiden, in Ringe teilen.
750 g Tomaten	waschen, putzen, in Scheiben schneiden.
200 g Käse, z. B. Gouda,	raspeln.
150 g Champignons	waschen, putzen, in Scheiben schneiden.
250 g passierte Tomaten	auf den Teig streichen. Champignons, Zwiebeln, Tomaten und Käse gleichmäßig auf dem Hefeteig verteilen.
Basilikum und Oregano	darüberstreuen. **Backen:** mittlere Schiene – 30 Minuten. **E-Herd:** 200 °C, **Gasherd:** Regler 3.

Zwiebelkuchen (12 Stück)

1 Rezept Hefeteig, salzig	herstellen, ausrollen, gehen lassen, vgl. Pizza.
Belag: 1 kg Zwiebeln	schälen, halbieren, in Scheiben schneiden.
125 g durchwachsenen Speck	würfeln. Speckwürfel im Topf erhitzen, Zwiebeln dazugeben, 20 Minuten dünsten.
1/4 l saure Sahne, 2 Eier	und
1/2 TL Salz, etwas Pfeffer	verquirlen. Zwiebeln auf den Teig geben. Eiermilch darübergießen. Backen: vgl. Pizza.

Biskuitrolle (16 Stück)

	Backblech mit Pergamentpapier oder Backtrennpapier belegen. Backofen vorheizen: **E-Herd:** 220 °C, **Gasherd:** Regler 4.
80 g Mehl, 80 g Stärke	und
1 TL Backpulver	in einer Schüssel mischen.
4 Eier	in eine Rührschüssel geben und mit
4 EL warmem Wasser	mit dem Handrührgerät schaumig rühren.
160 g Zucker	langsam unter Rühren dazugeben, weiterrühren, bis eine hellgelbe, schaumige Masse entstanden ist. Mehl/Stärke auf die Eimasse sieben, vorsichtig unterheben, nicht rühren. Masse sofort auf das Blech streichen. **Backen:** mittlere Schiene – 12 Minuten. **E-Herd:** 220 °C, **Gasherd:** Regler 4.
200 g Konfitüre	mit
2 EL Wasser	glatt rühren.
	Sauberes Geschirrtuch dünn mit
Zucker	bestreuen. Biskuit auf das Geschirrtuch stürzen. Pergamentpapier mit
Wasser	anfeuchten, abziehen. Biskuit mit Konfitüre bestreichen. Biskuit schnell mithilfe des Geschirrtuches aufrollen.

Möhrentorte (12 Stück)

	Springform mit
Margarine	ausfetten und mit
Semmelmehl	ausstreuen.
300 g Möhren	waschen, putzen, reiben, abdecken.
100 g Mehl	mit
1/4 Backpulver	in einer Schüssel mischen.
6 Eiklar	in einer Rührschüssel steif schlagen,
100 g Zucker	löffelweise unter Rühren dazugeben.
6 Eigelb	in einer Rührschüssel mit
150 g Zucker	schaumig schlagen.
4 EL Zitronensaft, 250 g gemahlene Haselnüsse	und die Möhren unterheben. Mehl-Backpulver-Gemisch ebenfalls unterheben. Eischnee vorsichtig unterheben, nicht mehr rühren.
	Masse in die Springform füllen. **Backen:** untere Schiene – 55 Minuten. **E-Herd:** 175 °C, **Gasherd:** Regler 2.

Mandel-Honig-Muffins (12 Stück)

100 g gehackte Mandeln
100 g Honig

200 g Mehl
2 TL Backpulver

80 g Butter, 100 g Zucker
200 g saure Sahne
4 EL Orangensaft
1 Pr. Salz
2 Eier

Muffinblech dünn einfetten.

100 g Mandeln mit 100 g Honig mischen. 6 Minuten einkochen. Nicht fest werden lassen. Abkühlen lassen.

200 g Mehl mit 2 TL Backpulver mischen.

80 g Butter im Topf schmelzen.

Die geschmolzene Butter, 100 g Zucker, 200 g saure Sahne, 4 EL Orangensaft und 1 Prise Salz verquirlen. 2 Eier unterrühren.

Mehlmischung und die Honigmandeln unterrühren.

Teig in die Blechvertiefungen füllen.

Backen: im vorgeheizten Ofen mittlere Schiene – 25 Minuten.
E-Herd: 180 °C, **Gasherd:** Regler 2.

Muffins 5 Minuten auskühlen lassen, herausnehmen.

Waffeln

125 g Margarine
50 g Zucker
1 Vanillinzucker
2 Eier
1/4 l Milch
250 g Mehl
1 TL Backpulver

Speiseöl

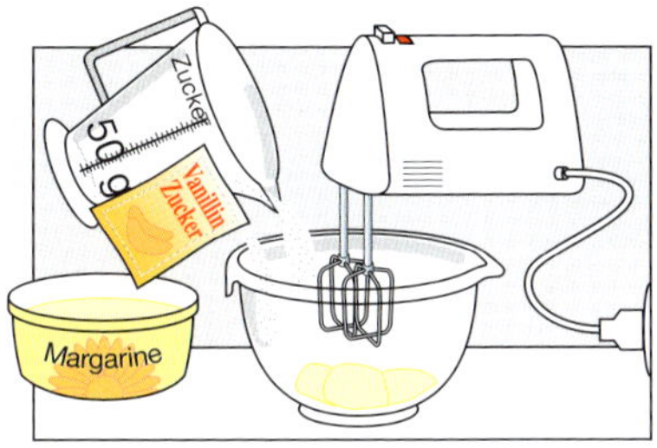

Margarine, Zucker und Vanillinzucker schaumig rühren.

Eier dazugeben, schaumig rühren.

Backpulver mit dem Mehl mischen.

Mehl und Milch abwechselnd unterrühren.

Waffeleisen fetten und vorheizen.

Teig in die Mitte des Waffeleisens geben. Deckel beim Schließen andrücken, damit die Masse gleichmäßig verteilt wird.

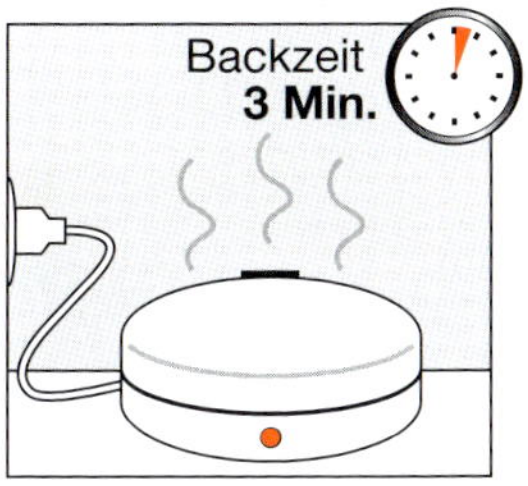

Waffeln 3 Minuten backen.

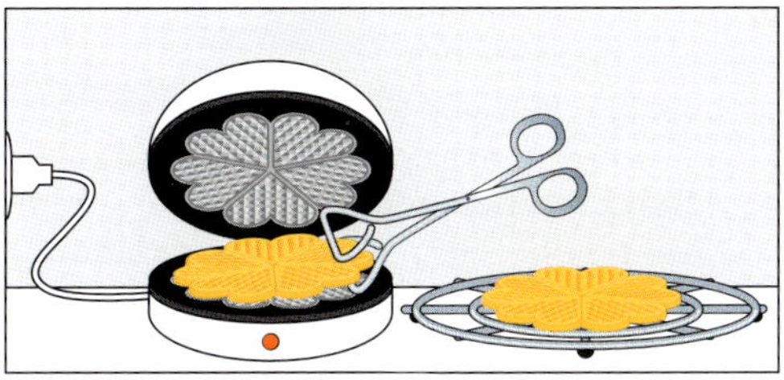

Waffeln herausnehmen. Auf einem Rost auskühlen lassen.

Herzen auseinander-schneiden.

Weihnachtsgebäck

Vanillekipferl (etwa 100 Stück)

250 g Mehl,	
1 Pr. Backpulver,	
125 g Zucker,	
1 Vanillinzucker,	
1 Pr. Salz,	
3 Eigelb,	
200 g Butter	und
125 g gemahlene Mandeln	in eine Rührschüssel geben. Zutaten verkneten. Eine Teigrolle formen, kleine Stücke abschneiden, etwa 5 cm lange Rollen formen.
	Kipferl auf ein gefettetes Backblech setzen. **Backen:** obere Schiene – 10 Minuten. **E-Herd:** 190 °C, **Gasherd:** Regler 3.

Zimtsterne (etwa 40 Stück)

3 Eiklar	steif schlagen,
200 g Puderzucker	nach und nach unterschlagen. 4 EL von der Schaummasse abnehmen.
1 Vanillinzucker,	
1 TL Zimt	und
325 g gemahlene Mandeln	vorsichtig unter den restlichen Eischnee heben.
	Masse ½ cm dick auf
Puderzucker	ausrollen. Sterne ausstechen, auf ein mit Backtrennpapier belegtes Backblech setzen. Mit der restlichen Eiklar-Zucker-Schaummasse bestreichen. **Backen:** obere Schiene – 30 Minuten. **E-Herd:** 150 °C, **Gasherd:** Regler 1.

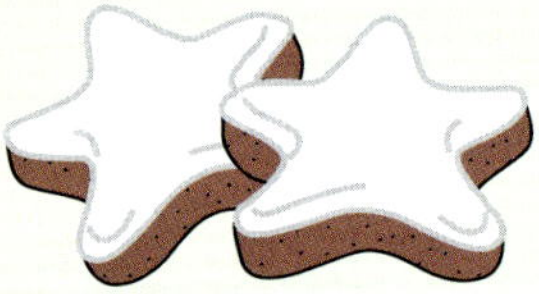

Wespennester (etwa 40 Stück)

3 Eiklar	steif schlagen.
250 g Zucker,	
1 Vanillinzucker,	
125 g geriebene Schokolade,	
250 g gehackte Mandeln	zum Eischnee geben, vorsichtig unterheben. Mit einem Löffel Häufchen auf ein mit Backtrennpapier belegtes Backblech setzen.
	Backen: obere Schiene – 30 Minuten. **E-Herd:** 150 °C, **Gasherd:** Regler 1.

Zitronenplätzchen (etwa 40 Stück)

3 Eigelb, 125 g Zucker	und
1 Vanillinzucker	schaumig rühren.
250 g gemahlene Mandeln	und
$^1/_2$ TL Backpulver	unterkneten. Es entsteht ein fester Teig, der kaum noch klebt.
	Masse $^1/_2$ cm dick auf
Puderzucker	ausrollen. Herzen ausstechen, auf ein gefettetes Backblech setzen. **Backen:** obere Schiene – 30 Minuten. **E-Herd:** 150 °C, **Gasherd:** Regler 1.
Guss:	
150 g Puderzucker	mit
1 bis 2 EL Zitronensaft	glatt rühren. Herzen damit bestreichen.

Knusperpralinen (etwa 40 Stück)

50 g geschälte Mandeln,	
50 g Sesamkerne,	
50 g Pinienkerne,	
50 g Sonnenblumenkerne	und
60 g Kürbiskerne	in einer Pfanne leicht anrösten.
50 g Sultaninen,	
1 TL Zimt	und
geriebene Schale von	
1 Zitrone	unter die abgekühlten Kerne mischen.
300 g Vollmilchschokolade	im Wasserbad schmelzen, zu den vorbereiteten Zutaten geben und verrühren. Die Masse mit zwei Teelöffeln zu Pralinen formen und auf Backtrennpapier setzen. Kalt stellen und fest werden lassen.

- Anstelle von Vollmilchschokolade kann auch Zartbitter- oder weiße Schokolade verwendet werden.

Marzipankartoffeln (etwa 40 Stück)

200 g Mandeln	brühen, schälen, zweimal mahlen. Gemahlene Mandeln mit
1 Eiklar	und
200 g Puderzucker	vermengen.
	Marzipankugeln formen, in
Kakao	wenden, trocknen lassen.

Nährwerttabelle

Die Nährstoffangaben beziehen sich auf 100 g käufliche Ware. Z. B. 100 g Kartoffeln mit Schale = 80 g Kartoffeln ohne Abfall.

* Lebensmittelmenge in Portion, Stück/Scheibe oder EL.
+ = in Spuren vorhanden.

Lebensmittel 100 g bzw. ml eingekaufte Ware	Eiweiß	Fett	Kohlenhydrate	Ballaststoffe	Energie		Mineralstoffe		Vitamine				Wasser	Menge*
	g	g	g	g	kJ	kcal	Calcium mg	Eisen mg	A µg	B_1 mg	B_2 mg	C mg	ml	g bzw. ml
Alkoholfreie Getränke														
Apfelsaft	+	+	12	+	205	49	7	0,3	7	0,02	0,02	4	87	200
Apfelfruchtsaftgetränk	+	+	12	+	205	49	3	0,1	3	0,01	0,01	2	87	200
Cola-Getränk	0	0	11	0	185	44	4	0	0	0	0	0	88	200
Cola-Getränk, light	0	0	+	0	10	2	3	0	0	0	0	0	99	200
Früchtetee	0	0	0	0	5	1	10	0,1	0	0,01	0,01	0	99	200
Gemüsesaft	1	+	6	+	120	29	40	0,3	50	0,05	0,05	10	92	200
Grapefruitsaft	1	+	10	+	185	44	8	0,5	2	0,03	0,02	35	88	200
Holunderbeersaft	2	+	8	+	170	40	5	1,0	40	0,03	0,06	26	90	200
Johannisbeernektar, rot	0	+	12	+	205	49	15	0,3	4	0,01	0,01	6	86	200
Karottensaft	1	+	6	+	120	29	27	0,2	437	0,01	0,01	4	92	200
Kirschsaft	1	+	5	+	100	24	8	0,2	1	0,01	0,01	5	93	200
Limonade	0	0	12	0	205	49	5	0,1	0	0	0	0	88	200
Mineralwasser	0	0	0	0	0	0	10	0,2	0	0	0	0	99	200
Multivitaminnektar	1	+	11	+	205	49	20	0,3	220	0,50	0,80	40	87	200
Orangensaft	1	+	10	+	185	44	13	0,3	12	0,08	0,02	44	88	200
Orangennektar	+	+	10	+	170	40	7	0,1	6	0,04	0,01	40	88	200
Tee, schwarz	0	0	0	0	0	0	10	0,1	0	0	0,01	0	99	250
Tomatensaft	1	+	4	+	85	20	15	0,6	90	0,05	0,04	17	94	200
Traubensaft	+	+	18	+	305	73	12	0,4	1	0,04	0,02	1	80	200
Zitronensaft	0	0	8	+	135	32	11	0,1	0	0,04	0,01	53	90	EL 10
Getreide und Mehle														
Amarant	15	9	57	4	1575	375	215	9,0	+	0,80	0,20	0	17	EL 10
Buchweizen	9	2	71	4	1440	343	20	3,2	0	0,25	0,15	0	12	EL 10
Buchweizen, Grütze	8	2	73	3	1455	346	10	2,0	0	0,30	0,08	0	12	EL 10
Cornflakes	7	1	80	4	1520	362	13	2,0	0	0,06	0,06	75	12	30
Gerste	10	2	63	10	1320	314	40	2,8	1	0,45	0,18	0	13	60
Grünkern	11	3	63	9	1375	327	22	4,2	10	0,40	0,15	0	12	60
Hafer	12	7	60	6	1495	356	80	5,8	0	0,52	0,17	0	13	60
Haferflocken	13	7	63	5	1565	373	50	4,0	0	0,65	0,15	0	13	EL 10
Hirse	10	4	69	3	1500	357	25	7,0	0	0,26	0,14	0	11	60
Maismehl	8	3	72	5	1475	351	18	2,4	300	0,44	0,13	0	11	10
Müsli mit Nüssen	12	12	55	7	1605	382	90	4,4	2	0,42	0,10	0	12	EL 10
Nudeln, gekocht	5	1	28	1	600	143	10	0,9	25	0,04	0,04	0	64	150
Vollkornnudeln, gekocht	5	2	24	4	570	136	20	1,0	25	0,10	0,03	0	63	150
Vollkornreis, gekocht	3	1	27	1	550	131	33	0,7	0	0,07	0,02	0	66	150
Reis, poliert, gekocht	2	+	29	+	530	126	9	0,1	0	0,01	0,01	0	73	150
Wildreis	7	2	73	3	1440	343	25	2,0	0	4,00	0,09	0	13	60
Roggen	9	2	61	13	1270	302	65	4,6	60	0,35	0,17	0	13	60
Roggenmehl, Type 1800	10	2	59	13	1250	298	25	2,7	58	0,30	0,14	0	14	EL 10
Roggenmehl, Type 1150	8	1	68	8	1330	317	20	2,4	41	0,22	0,10	0	14	EL 10
Speisestärke	+	+	86	1	1460	348	0	0	0	0	0	0	12	EL 10
Weizen	12	2	61	10	1320	314	44	3,3	3	0,50	0,15	0	13	60
Weizenmehl, Type 1700	11	2	60	10	1285	306	40	3,3	0	0,45	0,15	0	15	EL 10
Weizenmehl, Type 550	11	1	68	4	1380	329	15	1,9	0	0,11	0,10	0	15	EL 10
Weizenmehl, Type 405	10	1	71	4	1415	337	15	1,1	0	0,06	0,03	0	13	EL 10
Weizengrieß	10	1	70	7	1400	333	15	1,0	0	0,12	0,04	0	10	EL 10
Weizenkeime	27	9	24	24	1220	290	70	8,1	10	2,00	0,72	0	12	EL 10
Brot und Backwaren														
Baguette	8	1	55	3	1110	262	18	1,2	0	0,06	0,05	0	31	80
Brötchen (Semmeln)	8	2	50	3	1065	254	27	1,2	0	0,10	0,03	0	36	40
Butterkeks	8	11	74	3	1825	435	45	1,8	135	0,05	0,08	0	3	6
Croissant	6	26	35	1	1710	407	80	1,0	120	0,06	0,05	0	31	30
Erdnussflips	10	35	46	4	2315	551	20	2,7	80	0,35	0,20	0	4	40
Grahambrot	8	1	44	8	925	220	45	1,6	2	0,21	0,20	0	37	50
Knäckebrot	9	1	66	14	1315	313	85	4,7	2	0,20	0,18	0	9	10
Laugenbrezel	8	1	50	2	1025	244	20	0,9	4	0,10	0,10	0	38	55
Mehrkornbrot	8	2	43	9	945	225	25	2,2	0	0,13	0,12	0	36	40
Pumpernickel	8	1	41	10	855	204	55	1,9	0	0,05	0,05	0	40	30
Roggenbrot	7	1	48	6	955	227	30	2,5	0	0,18	0,11	0	38	40
Roggenvollkornbrot	6	1	41	8	855	204	40	3,3	5	0,18	0,15	0	31	50
Roggen-Toastbrot	7	4	48	4	1090	260	35	1,8	25	0,13	0,35	0	36	20
Weizen-Toastbrot	7	4	48	4	1090	260	45	1,4	25	0,10	0,19	0	36	20
Weizenvollkornbrot	7	1	41	8	855	204	60	2,0	5	0,25	0,15	0	42	50
Paniermehl, Semmelbrösel	7	2	72	4	1505	358	30	2,6	0	0,20	0,30	0	9	EL 10
Waffeln	12	30	30	1	1750	417	100	0,9	100	0,03	0,11	0	34	40
Zwieback, eifrei	4	4	73	4	1550	369	20	1,0	6	0,11	0,07	0	9	10
Backpulver	+	0	25	0	425	101	1100	0	0	0	0	0	0	EL 10
Hefe	17	1	0	0	310	74	28	4,9	0	1,43	2,31	0	73	40

Lebensmittel 100 g bzw. ml eingekaufte Ware	Eiweiß g	Fett g	Kohlenhydrate g	Ballaststoffe g	Energie kJ	Energie kcal	Mineralstoffe Calcium mg	Mineralstoffe Eisen mg	Vitamine A µg	Vitamine B_1 mg	Vitamine B_2 mg	Vitamine C mg	Wasser ml	Menge* g bzw. ml
Kartoffeln														
Kartoffeln, ungeschält	2	+	15	3	290	69	10	0,4	1	0,10	0,05	17	78	250
Bratkartoffeln	3	8	19	2	685	163	12	1,1	1	0,09	0,04	16	66	200
Kartoffelbrei	2	2	12	1	315	75	42	0,6	1	0,07	0,07	9	81	200
Kartoffelchips	6	40	41	4	2360	562	50	2,3	10	0,20	0,10	17	7	30
Kartoffelklöße	4	1	19	1	430	102	15	1,0	10	0,09	0,08	9	73	200
Kartoffelkroketten	2	18	23	1	1125	268	12	1,1	10	0,07	0,10	8	54	150
Kartoffelpuffer	5	21	25	2	1330	317	20	1,4	10	0,10	0,30	13	46	50
Pellkartoffeln	2	+	17	2	290	69	10	0,8	1	0,10	0,04	18	77	200
Pommes frites	4	13	31	4	1100	262	20	1,6	7	0,15	0,20	23	44	150
Salzkartoffeln	2	+	15	2	290	69	20	0,7	1	0,07	0,03	12	79	200
Gemüse														
Auberginen	2	+	3	1	90	21	80	0,4	7	0,04	0,05	5	92	300
Avocados	2	15	4	3	685	163	10	0,6	32	0,08	0,15	13	74	200
Bambussprossen	3	+	5	2	140	33	15	0,7	5	0,13	0,08	7	89	250
Blattsellerie	1	+	4	2	90	21	50	0,5	5	0,03	0,04	7	91	150
Blumenkohl	3	+	3	3	100	24	20	0,6	2	0,11	0,10	73	89	250
Bohnen, dick	6	1	13	2	360	86	25	2,0	50	0,23	0,14	33	76	250
Bohnen, grün	2	+	5	2	120	29	60	0,8	60	0,08	0,12	20	89	200
Brokkoli	3	+	3	3	105	25	105	1,3	145	0,10	0,21	114	89	250
Champignons	3	+	1	2	70	17	20	1,1	2	0,10	0,45	4	92	150
Chicorée	1	+	2	1	55	13	25	0,7	575	0,05	0,03	10	94	150
Chinakohl	1	+	1	2	40	10	40	0,6	70	0,03	0,04	36	94	150
Eisbergsalat	1	+	2	1	55	13	20	0,4	210	0,11	0,01	3	94	150
Endivien	2	+	+	2	40	10	55	1,4	280	0,05	0,12	9	94	150
Erbsen, grün	7	1	13	4	380	90	25	1,8	50	0,30	0,16	25	73	250
Essiggurke	1	+	3	1	70	17	30	1,6	65	0	0,02	5	93	50
Feldsalat, Rapunzel	2	+	1	2	55	13	35	2,0	650	0,07	0,08	35	92	50
Frühlingszwiebel	2	+	3	2	90	21	40	1,9	105	0,05	0,03	26	91	50
Fenchel	2	+	3	3	90	21	100	2,7	785	0,22	0,11	93	90	100
Gelbe Rüben	1	+	5	3	105	25	40	2,1	1600	0,07	0,05	7	89	250
Grünkohl	4	1	3	4	160	38	210	1,9	860	0,10	0,25	105	86	250
Knoblauch	6	+	24	4	515	123	38	1,4	0	0,20	0,08	14	64	10
Kohlrabi	2	+	4	1	100	24	70	0,9	35	0,05	0,05	64	91	250
Kopfsalat	1	+	1	2	40	10	35	1,1	240	0,06	0,08	13	94	100
Kürbis	1	+	5	1	100	24	22	0,8	125	0,05	0,07	12	91	250
Mangold	2	+	1	3	55	13	105	2,7	590	0,10	0,16	39	92	200
Paprikaschote	1	+	3	2	120	29	10	0,8	180	0,06	0,05	139	92	250
Peperoni	3	1	1	2	105	25	30	1,2	80	0,07	0,08	120	91	5
Pfifferlinge	2	1	+	6	75	18	4	6,5	217	0,02	0,20	6	90	150
Petersilie, Kresse	4	+	1	4	90	21	245	5,5	730	0,14	0,30	166	89	EL 5
Porree, Lauch	2	+	3	2	90	21	87	1,0	165	0,10	0,06	30	91	250
Radieschen, Rettich	1	+	2	2	55	13	35	1,5	4	0,03	0,03	29	93	125
Rhabarber	1	+	3	3	70	17	52	0,5	12	0,03	0,03	10	91	125
Rosenkohl	5	+	4	4	155	40	30	1,1	75	0,15	0,14	114	85	250
Rote Bete	2	+	9	3	185	44	30	0,9	2	0,02	0,04	10	86	250
Rotkohl	2	+	4	3	100	24	35	0,5	3	0,07	0,05	50	89	250
Salatgurke	1	+	2	1	55	13	15	0,5	65	0,02	0,03	8	94	150
Sauerkraut	2	+	2	2	70	17	50	0,6	3	0,03	0,05	20	92	125
Schnittlauch	3	+	5	6	135	32	130	1,6	50	0,14	0,15	47	84	EL 5
Schwarzwurzeln	1	+	2	17	55	13	50	3,3	3	0,10	0,50	4	78	250
Sellerieknolle	1	+	5	4	105	25	50	0,4	2	0,05	0,05	6	88	125
Senf	6	6	6	1	440	105	70	2,0	10	0	0,20	3	79	EL 15
Spargel	2	+	2	2	70	17	20	1,0	85	0,10	0,10	21	92	250
Spinat	3	+	1	2	70	17	120	4,1	780	0,10	0,20	52	92	250
Steckrübe	1	+	1	2	40	10	50	0,5	50	0,05	0,06	33	94	250
Tomate	1	+	3	2	70	17	15	0,5	85	0,06	0,04	24	92	70
Tomatenketchup	2	+	24	1	445	106	25	1,2	100	0,07	0,06	10	71	EL 15
Tomatenmark	2	1	9	1	225	54	27	0,5	102	0,09	0,06	9	85	EL 15
Weißkraut	1	+	5	3	105	25	45	0,5	12	0,05	0,04	46	89	250
Wirsingkohl	3	+	3	2	100	24	47	0,9	7	0,05	0,06	45	90	250
Zucchini	2	+	2	1	70	17	30	1,5	30	0,05	0,09	16	93	250
Zuckermais	3	1	16	4	376	90	6	0,6	8	0,15	0,12	12	74	250
Zwiebel	1	+	6	3	120	29	31	0,5	1	0,03	0,03	9	88	55
Hülsenfrüchte														
Bohnen, weiß	21	2	57	17	1405	335	105	6,1	67	0,45	0,15	3	2	60
Bohnensprossen	5	1	2	2	160	38	30	1,0	0	0,37	0,22	20	88	100
Erbsen, gelb, geschält	22	1	59	16	1415	337	51	5,2	13	0,75	0,27	1	1	60
Kichererbsen	20	3	49	21	1290	307	125	6,9	30	0,50	0,20	4	5	60
Kidneybohnen	22	1	44	16	1160	276	100	6,4	1	0,65	0,20	4	15	60
Limabohnen	19	1	45	20	1130	269	85	6,3	1	0,50	0,20	0	13	60
Linsen	24	1	56	11	1400	333	75	6,9	20	0,45	0,25	2	7	60
Saubohnen	24	2	49	22	1320	314	100	6,0	65	0,4	0,20	0	1	60
Sojabohnen	34	18	6	22	1380	329	200	6,6	63	1,0	0,50	0	10	60
Sojadrink	3	2	2	0	165	39	3	0,8	1	0,12	0,04	0	91	200
Sojasprossen	5	1	3	1	175	42	42	0,8	4	0,20	0,12	0	88	100
Tofu	7	4	3	+	325	77	510	1,2	2	0,06	0,02	0	84	100

Lebensmittel 100 g bzw. ml eingekaufte Ware	Eiweiß g	Fett g	Kohlenhydrate g	Ballaststoffe g	Energie kJ	Energie kcal	Mineralstoffe Calcium mg	Mineralstoffe Eisen mg	Vitamine A µg	Vitamine B_1 mg	Vitamine B_2 mg	Vitamine C mg	Wasser ml	Menge* g bzw. ml
Obst														
Ananas	+	+	20	1	340	81	16	0,4	3	0,08	0,03	20	77	125
Apfel, frisch	+	+	12	2	210	50	7	0,5	4	0,04	0,03	12	86	160
Apfel, getrocknet	1	1	65	10	1160	276	30	1,2	3	0,10	0,11	11	21	10
Aprikose, frisch	1	+	11	2	205	49	17	0,6	265	0,04	0,05	10	84	50
Aprikose, getrocknet	5	+	70	9	1275	304	82	4,4	5790	0,01	0,11	12	14	10
Backobst	3	1	57	9	1060	252	50	2,5	265	0,10	0,11	10	27	75
Banane	1	+	16	3	290	69	8	0,6	8	0,05	0,06	11	78	150
Birne	1	+	13	3	240	57	9	0,3	3	0,03	0,04	5	81	150
Brombeeren	1	+	9	3	170	40	44	0,9	45	0,03	0,04	17	85	125
Clementine	1	+	8	2	155	37	30	0,2	11	0,09	0,04	54	87	60
Datteln, frisch	1	+	27	3	475	113	21	0,3	25	0,05	0,06	12	67	30
Datteln, getrocknet	2	+	65	9	1140	248	63	1,9	30	0,04	0,07	3	34	8
Erdbeeren	1	+	7	2	140	33	25	1,0	3	0,03	0,06	62	88	125
Feigen, frisch	1	+	13	2	240	57	54	0,6	8	0,06	0,05	3	82	30
Feigen, getrocknet	4	1	55	10	1040	248	190	3,2	8	0,11	0,10	2	32	20
Granatapfel	+	+	9	6	155	40	8	0,5	0	0,05	0,02	7	86	200
Grapefruit	1	+	7	1	135	32	10	0,2	34	0,05	0,03	44	89	375
Hagebutten	4	0	19	6	390	93	255	0,5	800	0,06	0,07	1250	69	125
Heidelbeeren	1	+	13	5	240	57	13	0,9	6	0,02	0,02	22	79	125
Himbeeren	1	+	8	5	155	37	40	1,0	4	0,03	0,07	25	84	125
Holunderbeeren	3	+	7	7	170	40	37	1,6	60	0,07	0,07	18	81	125
Honigmelone	1	+	5	1	100	24	6	0,2	783	0,06	0,02	32	91	150
Johannisbeeren, rot	1	+	9	4	170	40	30	0,9	4	0,04	0,03	36	84	125
Johannisbeeren, schwarz	1	+	12	7	220	52	45	1,3	13	0,05	0,05	190	78	125
Kirschen	1	+	14	1	255	61	17	0,4	6	0,04	0,04	15	82	125
Kiwi	1	+	12	4	220	52	40	0,8	7	0,02	0,05	71	81	50
Mandarine	1	+	8	2	155	40	33	0,3	71	0,06	0,03	32	87	60
Mango	1	+	11	2	205	49	10	0,4	200	0,05	0,4	37	84	150
Mirabellen	1	+	15	2	270	64	12	0,5	38	0,06	0,04	7	80	35
Nektarine	1	+	16	2	290	69	4	0,5	1	0,02	0,05	8	79	125
Obstcocktail	+	+	15	1	255	61	5	0,3	20	0,01	0,01	5	82	125
Oliven	1	14	2	2	600	143	95	1,7	48	0,03	0,08	0	79	5
Orange	1	+	9	2	170	40	42	0,4	11	0,09	0,04	50	86	200
Papaya	+	+	8	2	135	32	20	0,4	160	0,03	0,04	80	88	150
Pfirsich	1	+	10	2	185	44	8	0,5	15	0,03	0,05	10	85	125
Pflaume, Zwetsche	1	+	14	2	255	61	15	0,4	65	0,07	0,04	5	81	35
Pflaume, getrocknet	2	+	59	9	1035	246	40	2,3	23	0,15	0,12	4	28	8
Preiselbeeren	+	+	9	3	155	40	14	0,5	4	0,02	0,02	12	86	125
Quitten	+	+	7	6	120	29	10	0,6	6	0,03	0,03	14	85	125
Renekloden	1	+	14	2	255	61	13	1,1	30	0,05	0,04	6	81	35
Korinthen	2	+	63	7	1105	263	95	1,8	30	0,03	0,08	0	25	EL 10
Stachelbeeren	1	+	9	3	170	40	25	0,6	18	0,02	0,02	34	85	125
Sultaninen	2	+	65	7	1140	271	50	1,8	30	0,10	0,08	0	26	EL 10
Wassermelone	+	+	3	2	50	12	11	0,4	87	0,05	0,05	6	93	150
Weintrauben	1	+	15	2	270	64	18	0,5	5	0,05	0,03	4	80	125
Zitronen	1	+	5	4	100	24	10	0,5	1	0,05	0,02	53	88	80
Nüsse														
Cashewnüsse	18	42	30	3	2455	585	30	2,8	10	0,63	0,25	0	5	2
Erdnüsse, frisch	26	48	8	11	2450	583	40	1,8	1	0,90	0,15	0	5	75
Erdnüsse, geröstet	26	49	9	11	2505	596	65	2,3	110	0,25	0,14	0	3	50
Erdnussbutter	28	50	17	1	2715	646	65	2,0	110	0,13	0,13	0	2	EL 10
Haselnüsse	14	62	13	7	2875	685	225	3,8	5	0,40	0,20	3	2	2
Kokosnuss	4	37	5	9	1595	380	20	2,3	0	0,06	0,01	0	43	50
Kokosraspel	6	62	6	9	2620	624	22	3,6	0	0,04	0,60	2	21	EL 10
Leinsamen	19	31	7	37	1755	418	260	8,2	0	0,17	0,16	0	6	EL 10
Mandeln	18	54	16	10	2685	639	250	4,1	23	0,22	0,60	1	2	2
Maronen, Esskastanie	3	1	42	5	805	191	33	1,4	4	0,23	0,22	20	49	5
Mohnsamen	20	42	4	20	2045	487	2	9,5	10	0,85	0,17	0	12	EL 10
Paranüsse	14	67	7	7	2970	707	130	3,4	3	1,00	0,04	1	3	4
Pekannüsse	9	72	4	7	3030	721	75	2,4	13	0,86	0,13	2	6	4
Pinienkerne	13	60	21	1	2920	695	12	5,2	8	1,30	0,23	1	3	EL 10
Pistazienkerne	21	52	12	7	2590	617	130	7,3	25	0,69	0,20	7	6	1
Sesamsamen	21	50	1	8	2325	554	785	10,0	6	1,00	0,25	0	17	EL 10
Sonnenblumenkerne	27	49	8	7	2505	596	100	6,3	2	1,90	0,14	0	1	EL 25
Walnüsse	15	63	14	5	2950	702	85	2,1	10	0,35	0,10	3	1	4
Milch und Milchprodukte														
Vollmilch, 3,5 % Fett	4	4	5	0	310	74	120	0,1	31	0,04	0,18	2	85	200
Roh-, Vorzugsmilch	4	4	5	0	310	74	120	0,1	31	0,04	0,18	2	85	200
Milch, fettarm	4	2	5	0	230	55	118	0,1	13	0,04	0,18	2	87	200
Milch, entrahmt	4	0	5	0	155	40	123	0,1	2	0,04	0,17	1	89	200
Buttermilch	4	1	4	0	175	42	110	0,1	9	0,03	0,16	1	89	200
Dickmilch	4	3	4	0	255	61	120	0,1	31	0,03	0,18	1	87	150
Joghurt, Vollmilch	5	4	5	0	325	77	120	0,1	31	0,04	0,18	2	84	150

Lebensmittel 100 g bzw. ml eingekaufte Ware	Eiweiß g	Fett g	Kohlenhydrate g	Ballaststoffe g	Energie kJ	Energie kcal	Mineralstoffe Calcium mg	Mineralstoffe Eisen mg	Vitamine A µg	Vitamine B_1 mg	Vitamine B_2 mg	Vitamine C mg	Wasser ml	Menge* g bzw. ml
Vollmilchjoghurt mit Früchten	4	3	15	1	410	98	120	0,1	20	0,04	0,15	224	76	150
Joghurt, fettarm	4	2	5	0	230	55	115	0,1	13	0,04	0,17	2	87	150
Joghurt, entrahmt	5	0	5	0	170	40	123	0,1	2	0,04	0,17	2	88	150
Kakaotrunk	4	1	10	0	275	65	120	0,3	30	0,04	0,17	1	83	200
Kefir	4	4	5	0	310	74	120	0,1	31	0,04	0,17	3	85	150
Kondensmilch, 10% Fett	9	10	13	0	765	182	320	0,1	72	0,09	0,50	1	66	EL 15
Sahne, saure	3	18	4	0	820	195	110	0,1	74	0,04	0,16	1	73	EL 15
Schlagsahne	2	30	4	0	1270	302	80	0,1	275	0,03	0,15	1	62	EL 15
Schmand	3	24	3	0	1040	248	93	0,1	200	0,04	0,14	1	68	EL 15
Crème fraîche	2	40	3	0	1645	392	73	0,1	275	0,03	0,11	1	53	EL 15
Käse und Quark														
Brie	21	26	1	0	1390	331	400	0,3	280	0,04	0,52	0	50	30
Butterkäse	17	35	1	0	1670	398	600	0,4	380	0,05	0,30	0	45	30
Chester	25	32	1	0	1690	402	750	0,6	360	0,04	0,45	0	40	30
Camembert, 45% Fett	21	22	2	0	1250	298	570	0,2	240	0,04	0,50	0	53	30
Camembert, 30% Fett	23	13	1	0	915	218	600	0,2	140	0,04	0,56	0	61	30
Doppelrahmfrischkäse	15	35	2	0	1655	394	80	0,1	310	0,02	0,20	0	45	30
Rahmfrischkäse	14	24	1	0	1190	283	110	0,4	200	0,04	0,26	0	59	30
Edamer Käse, 45% Fett	24	26	3	0	1475	351	680	0,6	280	0,05	0,30	0	45	30
Edamer Käse, 30% Fett	25	15	2	0	1045	249	800	0,6	180	0,06	0,35	0	54	30
Emmentaler Käse	28	31	2	0	1665	396	1020	0,3	330	0,05	0,34	0	39	30
Feta, Schafskäse	17	19	1	0	1045	249	450	0,7	210	0,04	0,30	0	61	40
Goudakäse	24	27	2	0	1495	356	800	0,3	300	0,04	0,30	0	45	30
Harzer-/Korbkäse	27	+	4	0	525	125	125	0,3	10	0,03	0,35	0	67	30
Mozzarella	20	16	1	0	980	233	450	0,3	200	0,04	0,35	0	61	30
Raclettekäse	23	28	1	0	1500	357	750	0,3	310	0,04	0,30	0	46	30
Schmelzkäse, 45% Fett	14	24	6	0	1275	304	545	0,9	250	0,03	0,38	0	54	30
Schmelzkäse, 20% Fett	25	9	7	0	895	213	600	0,9	110	0,03	0,38	0	57	30
Schmelzkäse, Scheibletten	22	11	5	0	890	212	700	0,9	120	0,03	0,38	0	60	30
Tilsiter	26	28	1	0	1550	369	800	0,2	280	0,04	0,35	0	43	30
Kräuterquark	10	10	5	1	645	154	90	0,3	200	0,03	0,25	2	73	50
Sahnequark, 40% Fett	12	11	3	0	720	171	120	0,4	100	0,03	0,24	1	62	50
Speisequark, 20% Fett	13	5	3	0	485	115	120	0,4	44	0,04	0,27	1	77	50
Speisequark, mager	14	+	4	0	305	73	120	0,4	20	0,04	0,30	1	80	50
Hühnereier														
Hühnerei, Stück	7	6	1	0	370	88	30	1,2	115	0,04	0,17	0	45	60
Eidotter, mittelgroß, Stück	3	6	1	0	300	71	28	1,2	115	0,03	0,10	0	9	20
Eiklar, mittelgroß, Stück	4	+	+	0	70	17	2	0,1	0	0,01	0,07	0	25	30
Rührei	12	14	1	0	765	182	70	1,8	190	0,10	0,28	0	71	50
Spiegelei	13	18	1	0	940	224	50	1,7	190	0,07	0,28	0	66	50
Fisch														
Aal	9	18	+	0	855	204	17	0,6	980	0,18	0,32	2	71	150
Barsch	18	1	+	0	345	82	20	1,0	7	0,08	0,12	1	79	200
Felchen	9	3	+	0	270	64	60	0,5	21	0,08	0,08	1	86	150
Forelle	10	1	+	0	210	50	18	0,7	12	0,08	0,08	1	87	150
Hecht	10	1	+	0	210	50	20	1,1	15	0,09	0,06	1	87	200
Heilbutt	16	2	+	0	350	83	15	0,6	32	0,08	0,07	1	80	200
Hering, Filet	18	15	+	0	890	212	35	1,1	40	0,05	0,25	1	65	200
Kabeljau-, Dorschfilet	17	+	+	0	290	69	11	0,5	10	0,05	0,05	2	81	150
Karpfen	10	3	+	0	285	68	50	1,1	44	0,07	0,05	1	85	200
Lachs	13	9	+	0	570	136	13	1,0	15	0,17	0,17	1	76	150
Makrele	12	8	+	0	515	123	12	1,0	100	0,13	0,36	1	78	200
Rot-, Goldbarschfilet	18	4	+	0	460	110	22	0,7	12	0,11	0,08	1	76	150
Schellfisch	10	+	+	0	170	40	18	0,6	17	0,05	0,17	1	88	200
Scholle	10	+	+	0	170	40	60	0,9	3	0,21	0,22	2	88	200
Seehecht	10	1	+	0	210	50	40	0,8	3	0,10	0,20	1	87	200
Seelachsfilet	18	1	+	0	345	82	15	1,0	11	0,10	0,35	0	79	150
Thunfisch	22	16	+	0	1000	238	20	1,0	450	0,16	0,16	1	60	200
Zander	19	1	+	0	360	86	27	1,4	2	0,16	0,25	1	78	200
Fischdauerwaren														
Aal, geräuchert	14	22	+	0	1095	261	20	0,7	940	0,20	0,36	1	62	50
Bismarckhering	16	15	+	0	855	204	38	1,5	36	0,05	0,21	0	67	100
Brathering	17	15	+	0	875	208	26	1,1	20	0,01	0,13	0	66	100
Fischfrikadelle	12	14	16	2	1070	255	8	0,5	8	0,11	0,15	0	54	50
Fischstäbchen	16	7	20	1	885	211	7	0,4	8	0,13	0,13	0	54	30
Forellenfilet, geräuchert	32	5	+	0	740	176	26	1,2	80	0,07	0,19	10	61	50
Garnelen, ausgelöst	19	1	0	0	360	86	90	1,8	2	0,05	0,03	2	78	50
Heringsfilet in Tomatensoße	15	15	3	0	875	208	50	1,9	10	0,06	0,18	5	66	100
Heringssalat	5	24	+	1	1070	255	30	1,0	10	0,04	0,06	0	65	50
Hummer, ausgelöst	16	2	0	0	350	83	60	1,0	1	0,13	0,09	1	80	50
Krabben	19	2	2	0	435	106	100	1,7	0	0,05	0,04	1	75	50
Lachs, geräuchert	25	5	+	0	620	148	20	0,6	15	0,16	0,17	1	68	40
Matjeshering	16	23	+	0	1170	255	43	1,3	15	0,05	0,21	0	59	80

Lebensmittel 100 g bzw. ml eingekaufte Ware	Eiweiß g	Fett g	Kohlenhydrate g	Ballaststoffe g	Energie kJ	Energie kcal	Mineralstoffe Calcium mg	Mineralstoffe Eisen mg	Vitamine A µg	Vitamine B_1 mg	Vitamine B_2 mg	Vitamine C mg	Wasser ml	Menge* g bzw. ml
Rollmops	16	15	+	+	855	204	60	2,6	9	0,05	0,14	1	67	50
Scampi	17	1	1	0	345	82	68	1,3	25	0,10	0,08	2	79	50
Schillerlocke	21	24	+	0	1295	308	20	1,1	20	0,05	0,10	0	53	65
Shrimps, ausgelöst	17	1	0	0	330	79	125	2,5	2	0,01	0,02	1	80	50
Tintenfisch	12	1	+	0	245	58	27	1,0	450	0,10	0,10	1	85	125
Thunfisch in Öl	24	21	+	0	1225	292	10	0,6	370	0,05	0,06	1	53	50
Geflügel														
Brathähnchen	15	4	+	0	415	99	10	0,7	35	0,08	0,14	2	79	250
Hähnchenkeule	15	2	+	0	335	80	15	1,8	30	0,10	0,24	0	81	200
Hähnchenbrust	16	1	+	0	310	74	14	1,1	30	0,07	0,09	1	81	125
Ente	15	14	+	0	800	190	11	2,4	50	0,14	0,30	0	69	125
Gans	10	20	+	0	950	226	12	1,9	65	0,12	0,26	0	68	125
Suppenhuhn	20	13	0	0	845	201	11	1,5	50	0,08	0,14	0	65	125
Putenfleisch	23	3	+	0	510	121	10	0,8	10	0,01	0,18	0	72	100
Kalbfleisch														
Filet	21	1	+	0	395	94	12	2,1	0	0,15	0,30	0	75	125
Herz	16	5	+	0	465	111	16	3,7	6	0,60	1,10	5	77	125
Keule	21	2	+	0	435	104	13	2,3	0	0,15	0,27	0	75	125
Kotelett	21	3	+	0	475	113	13	2,1	1	0,14	0,26	0	74	125
Leber	19	4	+	0	480	114	9	7,9	21,9mg	0,28	2,61	35	75	100
Rindfleisch														
Filet	21	1	+	0	395	94	3	2,3	20	0,23	0,26	0	75	125
Hackfleisch	20	9	+	0	690	164	10	2,5	12	0,16	0,16	0	69	90
Hochrippe	20	9	+	0	690	164	4	2,1	15	0,08	0,15	0	69	150
Keule	21	2	+	0	435	104	3	2,6	10	0,09	0,17	0	75	125
Leber	19	4	+	0	480	114	7	6,5	15,3mg	0,30	2,90	31	75	100
Ochsenschwanz	20	12	+	0	810	193	4	2,5	12	0,20	0,16	0	66	125
Roastbeef	22	4	+	0	530	126	3	2,5	15	0,09	0,16	0	72	125
Tatar	22	3	+	0	490	117	10	3,0	5	0,18	0,20	0	73	90
Zunge	17	6	+	0	525	125	10	3,0	0	0,14	0,29	0	75	125
Schweinefleisch														
Eisbein	18	20	+	0	1085	258	11	1,5	8	0,32	0,19	0	60	125
Filet	20	9	+	0	690	164	2	3,0	6	1,10	0,31	0	69	125
Hackfleisch	20	11	+	0	770	183	9	3,0	5	0,80	0,20	0	67	90
Kasseler	21	17	+	0	1020	243	15	1,9	5	0,56	0,14	0	60	125
Keule	18	19	+	0	1045	249	9	1,7	0	0,80	0,19	0	61	125
Kotelett	20	9	+	0	690	164	11	1,8	9	0,80	0,19	0	69	125
Leber	20	6	+	0	575	137	10	15,8	39,1mg	0,31	3,17	23	72	100
Lende	22	2	+	0	450	107	5	1,5	6	0,95	0,28	0	74	125
Schnitzel, mager	21	2	+	0	435	104	9	1,7	6	0,80	0,19	0	75	125
Sonstige Fleischarten														
Hase	17	2	+	0	365	87	14	2,8	0	0,09	0,06	0	79	125
Hirsch	16	3	+	0	390	93	7	2,3	0	0,10	0,25	0	79	125
Kaninchen	21	8	+	0	670	160	15	3,5	0	0,10	0,07	0	69	125
Lammgulasch	16	28	+	0	1365	325	7	1,2	0	0,10	0,18	0	54	125
Lammkotelett	15	35	+	0	1620	386	7	1,2	0	0,09	0,16	0	48	125
Reh	21	1	+	0	395	94	25	3,0	0	0,10	0,25	0	76	125
Wurst, Fleischwaren														
Bierschinken	15	19	+	0	995	237	15	1,5	0	0,31	0,18	20	64	25
Big Mac	14	14	18	1	1090	260	95	1,4	28	0,40	0,13	1	52	80
Blutwurst	14	44	+	0	1955	465	7	6,4	6	0,07	0,13	0	40	25
Bockwurst	12	25	+	0	1180	281	11	0,6	2	0,23	0,06	20	61	100
Bratwurst, Kalb	10	25	+	0	1145	273	5	1,0	3	0,28	0,22	20	63	150
Bratwurst, Schwein	10	29	+	0	1300	310	5	1,0	3	0,28	0,22	20	59	150
Brühe, gekörnt	24	9	+	0	760	181	150	2,0	0	0,20	0,24	0	67	EL 10
Cervelatwurst	17	41	+	0	1890	450	25	1,7	4	0,10	0,20	20	40	20
Corned Beef, deutsch	22	6	+	0	610	145	30	2,5	10	0,03	0,10	20	70	25
Currywurst	19	24	+	0	1260	300	22	1,7	1	0,15	0,14	20	55	100
Fleischwurst	11	30	+	0	1355	323	14	1,7	3	0,50	0,16	20	57	100
Frikadelle	17	18	6	1	800	190	27	1,8	21	0,32	0,20	0	56	50
Geflügelwurst	16	5	+	0	465	111	25	1,9	24	0,18	0,23	20	77	25
Gelatine, Blatt	84	+	+	0	1430	340	10	0	0	0	0	0	14	2
Gelbwurst	12	33	+	0	1490	355	10	2,2	5	0,40	0,15	0	53	25
Jagdwurst	12	33	+	0	1490	355	14	2,9	0	0,11	0,12	20	53	25
Kasseler Aufschnitt	23	18	+	0	1095	261	35	1,7	4	0,91	0,24	0	57	25
Knackwurst	12	28	+	0	1295	308	28	2,0	15	0,20	0,20	20	58	100
Leber-, Fleischkäse	13	23	+	+	1120	267	4	2,0	4	0,10	0,12	0	62	25
Leberwurst, grob	12	40	1	+	1780	424	40	5,3	8300	0,21	0,92	20	45	30
Leberwurst, mager	17	21	+	0	1110	264	9	5,5	1700	0,15	1,10	20	60	30
Lyoner, Breslauer	12	30	+	0	1275	304	14	1,0	3	0,44	0,10	20	56	25
Mettwurst	12	51	+	0	2195	523	13	1,6	3	0,20	0,15	20	35	20
Mortadella	12	32	+	0	1450	345	40	3,1	0	0,10	0,15	20	54	20

Lebensmittel 100 g bzw. ml eingekaufte Ware	Eiweiß	Fett	Kohlenhydrate	Ballaststoffe	Energie		Mineralstoffe		Vitamine				Wasser	Menge*
							Calcium	Eisen	A	B_1	B_2	C		
	g	g	g	g	kJ	kcal	mg	mg	µg	mg	mg	mg	ml	g bzw. ml
Münchner Weißwurst	11	27	+	0	1240	295	25	2,1	2	0,43	0,13	20	50	80
Pfälzer Saumagen	10	16	6	1	895	213	20	1,9	4	0,29	0,15	5	66	80
Rostbratwurst	30	13	+	0	1015	242	26	2,6	4	0,11	0,21	20	55	100
Salami	17	47	+	0	2120	505	35	2,7	6	0,18	0,20	20	34	10
Schinken, gekocht	19	20	+	0	1105	263	12	2,4	27	0,58	0,20	0	59	50
Schinken, roh	16	29	+	0	1405	335	10	2,0	0	0,50	0,21	0	53	50
Speck, durchwachsen	9	65	+	0	2690	640	5	0,6	0	0,48	0,18	0	24	35
Speck, fett	2	80	+	0	3155	751	10	0,8	0	0,40	0,14	0	16	35
Sülzwurst	23	23	+	0	1290	307	12	2,0	438	0,10	0,18	10	52	25
Teewurst	16	33	+	0	1560	371	17	1,6	6	0,63	0,17	20	49	20
Wiener Würstchen	15	21	+	0	1075	256	15	1,4	3	0,34	1,20	20	62	80
Speisefette, Öle														EL
Butter	1	83	0	0	3100	754	13	0,2	590	0,01	0,02	0	14	10
Butterschmalz	0	100	0	0	3685	897	6	0	850	0	0	0	0	10
Erdnussöl	0	100	0	0	3700	900	0	0,1	0	0	0	0	0	10
Gänseschmalz	0	100	0	0	3700	900	1	0	0	0	0	0	0	10
Halbfettbutter	3	40	0	0	1610	383	20	0,1	380	0,01	0,02	0	55	10
Halbfettmargarine	6	40	0	0	1495	364	12	0	500	0	0	0	52	10
Kokosfett	1	100	0	0	3700	900	2	0,1	1	0	0	0	0	10
Kräuterbutter	1	73	1	+	2880	686	15	0,1	580	0,01	0,02	0	23	10
Maiskeimöl	0	100	0	0	3700	900	0	1,3	23	0	0	0	0	10
Margarine	1	80	0	0	2970	722	10	0,1	500	0	0	0	17	10
Mayonnaise, 80 % Fett	2	80	3	0	3080	733	18	1,0	60	0,04	0,04	0	13	12
Olivenöl	0	100	0	0	3700	900	0	0,4	120	0	0	0	0	10
Rapsöl	0	100	0	0	3700	900	0	0	0	0	0	0	0	10
Remoulade	1	50	9	0	2120	505	25	0,9	50	0,04	0,05	10	38	12
Rindertalg	1	97	0	0	3680	895	3	0,3	280	0	0	0	1	10
Saflor-, Distelöl	0	100	0	0	3700	900	0	0	5	0	0	0	0	10
Salatmayonnaise	1	52	5	0	2130	507	14	0,4	50	0,01	0,02	0	40	12
Salatsoße, französisch	2	32	12	0	2120	505	30	0,5	25	0	0,01	0	54	10
Salatsoße, Joghurt	2	16	11	0	845	201	122	0,5	40	0,05	0,17	8	69	10
Schweineschmalz	+	100	0	0	3700	900	1	0	0	0	0	0	0	10
Sojaöl	0	100	0	0	3700	900	0	0	583	0	0	0	0	10
Sonnenblumenöl	0	100	0	0	3700	900	0	0	4	0	0	0	0	10
Thousand Island	2	26	14	0	1285	306	45	0,4	1	0,04	0,10	13	56	10
Weizenkeimöl	0	100	0	0	3700	900	0	0	0	0	0	0	0	10
Sonstige Lebensmittel														
Bienenhonig	+	+	81	0	1375	327	5	1,3	1	0,01	0,01	5	17	EL 10
Eiscreme	4	12	21	0	895	213	160	0,1	40	0,04	0,04	1	61	30
Fruchteis	2	2	29	1	605	144	45	0,4	10	0,02	0,02	14	64	30
Fruchtbonbons	0	0	100	0	1700	405	0	0	0	0	0	0	0	5
Fruchtgummi	10	0	80	0	1530	364	2	0,1	0	0	0	0	8	5
Gelee	0	0	65	0	1105	263	10	1,0	0	0,01	0,01	5	33	EL 10
Kakaogetränkpulver, löslich	5	2	81	6	1540	367	33	2,4	0	3,00	4,50	0	4	EL 5
Kakaopulver	20	25	38	12	1960	467	115	11,5	8	0,10	0,10	0	3	EL 5
Kakaopulver, fettarm	24	12	17	6	1165	277	190	12,0	1	0,40	0,40	0	39	EL 5
Kandiszucker	0	0	99	0	1685	401	1	0,2	0	0	0	0	0	5
Kaugummi	0	0	79	0	1345	320	10	0,5	0	0	0	0	2	5
Kinderschokolade	11	31	52	0	2280	543	300	2,1	72	0,13	0,50	1	4	5
Konfitüre	+	0	66	1	1120	267	20	0,5	10	0,01	0,01	5	32	EL 10
Lakritzen	+	+	60	0	1020	243	0	0	0	0	0	0	20	5
Marzipan	8	25	57	3	2080	495	45	0,9	0	0,10	0,45	2	12	50
Milchkaramellen	3	5	84	0	1675	399	15	2,0	0	0,04	0,03	0	6	5
Müsliriegel	8	19	48	5	1695	404	85	2,7	25	0,27	0,14	3	18	30
Mohrenkopf	+	11	74	0	1685	401	45	0,2	2	0,02	0,04	0	13	20
Nugat	5	24	66	1	2145	511	75	3,0	0	0,12	0,06	0	3	50
Nuss-Nugat-Creme	5	35	50	1	2300	548	130	3,0	30	0,12	0,20	1	8	EL 10
Puddingpulver	1	1	92	0	1620	386	15	1,4	0	0	0	0	4	30
Tortengusspulver	+	+	86	0	1460	348	2	0,5	0	0,01	0,01	0	2	20
Vanillezucker	+	0	97	0	1650	393	0	0,2	0	0	0	0	12	10
Vollmilchschokolade	9	32	54	0	2320	552	215	2,3	50	0,11	0,37	0	3	5
–, mit Nuss	10	36	48	4	2390	569	240	3,0	45	0,15	0,37	0	4	5
Weiße Schokolade	8	31	58	0	2330	555	270	0,2	4	0,08	0,49	0	2	5
Zartbitterschokolade	9	34	39	0	2140	510	45	3,6	0	0,04	0,10	0	16	5
–, mit Nuss	10	40	36	8	2340	557	80	3,6	0	0,11	0,12	0	12	5
Zucker	0	0	100	0	1700	405	1	0,3	0	0	0	0	0	5
Alkoholische Getränke														
Apfelwein	+	0	3	0	190	45	8	0,5	0	0	0	0	90	125
Liköre (30 %)	+	+	30	0	700	167	2	0	0	0	0	0	60	20
Malzbier	1	0	11	0	200	48	2	0,2	0	0	0,03	0	80	330
Rotwein	+	0	3	0	280	67	7	0,9	0	0	0,01	2	90	125
Sekt	+	0	4	0	350	83	3	0,5	0	0	0,01	0	93	100
Vollbier	1	0	3	0	200	48	3	0	0	0	0,03	0	90	330
Weißwein	+	0	3	0	290	69	10	0,6	0	0	0,01	0	90	125
Weinbrand	0	0	2	0	1020	243	2	0	0	0	0	0	66	20
Wermut, süß	+	0	1	0	415	99	9	0,1	0	0	0,01	0	88	50

Rezeptverzeichnis

Sachwortverzeichnis

Bildquellenverzeichnis

A to Z cleaning, www.cleanyou.com, USA: S. 22/4 – AEG Hausgeräte GmbH, Nürnberg: S. 22/6 – Arbeitskreis Iodmangel, praxis press, Groß-Gerau: S. 132/2 – Anthony Picture Power, Eurasburg: S. 69/2 – Backaldrin, Alois Augendopler GmbH, Wien: S. 234/3 – Udo Bär GmbH & Co. KG, Duisburg: S. 31 – Bayerisches Staatsministerium für Landwirtschaft und Forsten www.food-from-bavaria.de, München: S. 225/3 – BDEW Bundesverband der Energie- und Wasserwirtschaft e.V., Berlin: S. 28/5 – Bonner Camping Freizeit Shop Heinz, Bonn: S. 201/4c – Bundesministerium für Soziales und Konsumentenschutz, Wien: S. U1/6; 22/3 – BURGER KING Press Office, Ketchum GmbH, München: S. 154/2 – Cimbal, Walter, Hamburg: S. U1/4, 8; 55; 71/2; 72/4; 76; 133/3, 4; 136/2, 3; 194; 195; 196; 197; 198/1–3; 199/1–3; 210/3; 213/1; 219/1; 223/ 2; 225/1 – CMA, Centrale Marketinggesellschaft der deutschen Agrarwirtschaft mbH, Bonn: S. 126 – Corbis GmbH, Düsseldorf: S. 154/1 – CPH Design, Frankfurt, LSI Language Studies International: S. 161/3 – Davidson, St. Passmore, R. Brook, I., F.: Truswell A.S. Human Nutrition and Dietetics, Churchill Livingstone, Edinburgh: S. 122 – Deutscher Fachverlag GmbH, Frankfurt/Main (Foto: Siemens AG): S. 158 – Dettmer, „Kochen als Beruf“